交通运输部公路工程监理工程师执业资格考试用书

公路工程监理工程师执业资格考试

〈监理理论〉应试辅导

（第六版）

重庆交通大学　魏道升　黄显贵　范智杰　编著

人民交通出版社

内 容 提 要

本套丛书紧扣最新大纲，内容精炼，直击考点。作者根据多年的培训经验，提炼出每个科目的知识点、重点、难点，辅以典型例题、重点复习题以及模拟试题，帮助考生在最短的复习时间内迅速掌握考点，顺利通过考试。

本次第六版依据《交通运输部公路水运工程监理工程师过渡考试大纲》(2013 年版)编写，更新了相应内容，修订了前一版本的错漏。

本书可供参加交通运输部公路工程监理工程师考试的考生进行考前培训和复习备考。

图书在版编目(CIP)数据

公路工程监理工程师执业资格考试应试辅导．监理理论／魏道升，黄显贵，范智杰编著．—6 版．—北京：人民交通出版社，2013.5

ISBN 978-7-114-10658-3

Ⅰ．①公… Ⅱ．①魏… ②黄… ③范… Ⅲ．①道路工程—工程施工—监督管理—资格考试—自学参考资料 Ⅳ．①U415.1

中国版本图书馆 CIP 数据核字(2013)第 113929 号

Gonglu Gongcheng Jianli Gongchengshi Zhiye Zige Kaoshi 〈Jianli Lilun〉 Yingshi Fudao

书　　名：公路工程监理工程师执业资格考试〈监理理论〉应试辅导(第六版)
著 作 者：魏道升　黄显贵　范智杰
责任编辑：王　霞(wx@ccpress.com.cn)
出版发行：人民交通出版社
地　　址：(100011)北京市朝阳区安定门外外馆斜街 3 号
网　　址：http://www.ccpress.com.cn
销售电话：(010)59757973
总 经 销：人民交通出版社发行部
经　　销：各地新华书店
印　　刷：北京市密东印刷有限公司
开　　本：787×1092　1/16
印　　张：17.25
字　　数：399 千
版　　次：2006 年 11 月　第 1 版
2007 年 6 月　第 2 版
2009 年 8 月　第 3 版
2010 年 5 月　第 4 版
2012 年 7 月　第 5 版
2013 年 5 月　第 6 版
印　　次：2013 年 5 月　第 1 次印刷　累计第 10 次印刷
书　　号：ISBN 978-7-114-10658-3
定　　价：38.00 元

出 版 说 明

公路工程监理工程师执业资格考试，是我国交通建设工程监理执业资格管理体制改革的一项重大举措，其目的是为了规范公路工程监理工程师执业资格管理，通过科学、公正、客观、合理地考核应考者的工程专业技术与管理水平、监理知识及分析解决工程实际问题的能力，以提高交通建设监理队伍的整体素质。

为满足广大考生复习备考的需要，人民交通出版社特委托重庆交通大学组织有多年培训经验的专家，编写了公路工程监理工程师执业资格考试应试辅导系列丛书。

本套丛书第一版于2006年正式出版，此前作为重庆交通大学监理考试培训讲义使用，一直受到广大考生的欢迎。作为一套经典的复习备考用书，本套丛书能够帮助考生提高复习效率，切中考试要点，帮助工作繁忙、缺少复习时间的考生们以最短的时间复习备考并通过考试。

本套丛书各分册从考试大纲入手，总结了考试要点，列出了常见的出题点，给出了大量的复习题，并附历年考题和考前模拟题，供考生复习和考前训练。

此次第六版系在第五版的基础上，依据《交通运输部公路水运工程监理工程师过渡考试大纲》(2013年版)，更新了相应内容，进行了局部修订。

本书由重庆交通大学魏道升、黄显贵和范智杰编写。具体分工为:第一部分至第九部分由魏道升编写，第十部分至第十五部分由黄显贵编写，附录1至附录8由范智杰编写。

本书读者交流QQ群:246956164。欢迎广大读者交流讨论，并真诚祝愿本套丛书能够帮助考生顺利通过考试!

人民交通出版社

2013年5月

目 录

学习方法和考试攻略

针对公路监理工程师考试，作者就复习方法和应试技巧方面提出几点建议，供读者参考。

学习方法

客观地说，公路监理工程师考试不是选拔考试，而是一个提高考试，从近年的应试情况来看，考试本身并不难。然而，如果没有时间的积累，没有努力刻苦，通过考试的可能性几乎是“零”。要想通过公路监理工程师考试，不能抱任何的侥幸心理，一定要制定一个详细的学习计划，扎扎实实去复习。

第一阶段　知己知彼，百战不殆

在正式的使用本书之前，建议读者先试做本节所附的检测题，对照答案估分，参考历年分数线，找出自己的差距和知识结构方面的欠缺，在接下来的复习中有的放矢。

第二阶段　方法正确，事半功倍

对于已过而立之年的应试者来说，理解记忆效率更高，因此，应避开机械记忆方式，推荐读者本阶段结合工作实践，按照本书提出的“知识点提炼—习题巩固—模拟题提高”的节奏循序渐进地安排复习进程，以提高记忆效果和复习的效率。如果时间允许，本书一定要做两遍以上，而且要标注和记忆错误及重点（主要是新知识、自己以前不掌握的知识、考试经常考的知识点等）的地方。提示：越是简单、短小的内容，越要记牢。

第三阶段　巩固提升

复习的最后一阶段要将应试辅导中的错题及重点过一遍，记忆一下。认真做模拟试卷，而且要模拟考场状态，尽量比规定考试时间缩短 10 到 15 分钟。

提示：备考时，一定要掌握重点（有所得），也要舍弃次要（有所弃），同时结合自身的特点和优势，采取“牢记、一般记忆、有点印象”的综合记忆策略。

考试攻略

一般情况下，考生记忆力有限，应重点掌握下列的内容同时根据自己的记忆力取舍

1. 监理基本知识和目标控制以及“三监理”主要内容的要点；
2. 工程监理组织；
3. “三阶段”监理的工作内容；
4. 安全监理与环保监理，安全为主；
5. 施工监理招标投标；
6. 监理大纲、监理计划、监理细则等监理文件；

7. 合同管理的内容(与合同管理的内容重复,可以在合同管理课程中掌握)。

考试的一些技巧

所有的试题应全部完成,如果不会也应该在排除法的基础上猜测,可根据下列技巧进行:

1. 判断题的概率50%,如果不会,一定要根据知识的基本原理猜测。

2. 单选题,只能选择一个最合适的选项;其他选项对于该题目(题干)的内容来说,不一定是错误项,一般称之为干扰项,会有一定的干扰度,在选择有困难时,考生可以采用一些技巧。

(1)归类法

四个选项中有三个选项都属于同一类,而另一个不是该类时,此时往往该选项是正确项。例如2004年公路工程监理工程师执业资格考试《合同管理》第4题:

例1 工程一切险中的意外事故,包括火灾和(　　)或飞机坠毁。

A. 地震　　B. 雷击　　C. 地崩　　D. 飞行物体坠落

答案与分析 D。因为地震、雷击、地崩3项都属于自然界的灾害,唯独飞行物体坠落不属于自然界的事故。因此,如果考生在未看到或未记忆住教材的内容时,可根据技巧进行猜测。实际上,该题目的题干中"或飞机坠毁"应去掉,这样对考生的干扰度会更大。这个题目是出自原合同管理教材P233页(新教材P138),如果根据"火灾"和"或飞机坠毁"猜测是"雷击"选项,因为"地震、地崩"与大地有关的自然灾害,作为单选题不适合而排除,如果根据题干的"飞机坠毁"和原合同管理教材P424工程一切险合同条款的责任范围很容易猜错为"雷击",按照非自然界灾害猜就一定是"飞行物体坠落"。

例2 不属于网络计划时间参数的是(　　)。

A. 工作最早开始时间　　B. 工作持续时间

C. 相邻两项工作时间间隔　　D 计算工期

答案与分析 B。该题的难度较大,四个选项都有时间的含义,不易做出正确的选择。如果进一步分析,A项"工作最早开始时间"、C项"相邻两项工作时间间隔"和D项"计算工期"都属于计算的结果;唯独B项"工作持续时间"是作为已知的时间,是为计算服务的,而非计算结果,就能判断出正确项是B。

(2)四个选项较难选定时的确定难题尽可能选D或C项。

有时某些难题四个选项看似都差不多,此时如果没有把握确定,尽量选D或C项,此时概率较大。因为一般情况下出题人尽可能让考生在前面几个看似正确的选项中选择,正确项放在最后;当然也有例外情况,恰恰相反,将正确项放在第一项,例如2004年的《监理理论》第1题。

例1 根据《安全生产法》安全生产管理的基本方针,下列论述中最能体现这一方针的是(　　)。

A. 要树立以人为本的观念,尊重人的价值,保障人民的生命和财产安全

B. 不允许以劳动者的生命为代价来换取经济的发展

C. 不能为了降低生产经营成本,追求经济效益,而取消或减少安全生产所需的资金投入

D. 在各项工作中要把人民群众的生命安全放在首位,同时做到安全生产管理防患于未然

答案与分析 D。安全生产管理的基本方针是"安全第一,预防为主",选项D就能体现这一方针,前三项没有涉及"预防为主"的内容。

例2 某双代号网络图有A、B、C、D、E五项工作,A、B完成后D才能开始,B、C完成后E开始。试选择正确的图形(　　)。

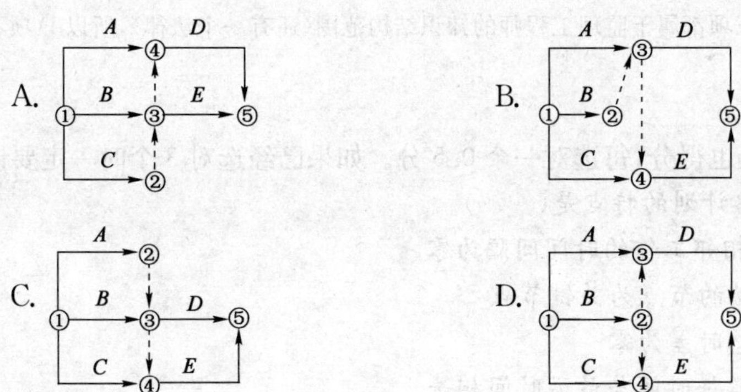

答案与分析 D。前三个 D 或 E 工序的紧前工作都多了一个，只有 D 选项中 E 和 D 工作的紧前工作符合题意。

例 3 ［2004 年监理理论 1 题］把对工程的（　　）交给监理工程师，是执行好监理制度的关键。

A. 工程费用支付的签认和否决权　　B. 停工与返工权

C. 旁站与验收权　　D. 验收与计量权

答案与分析 A。而验收与计量权相当于质量控制权和计量权，计量权不等于支付权，质量控制权要靠支付权作保证。该题当年选 D 项的考生非常多。

（3）单选题的排除法

可以将选项中的错误项排除。当排除三个时，无法排除的项则是正确项。例如。

例 1 关键线路具有以下特征（　　）。

A. 线路上各工序的时间间隔均为零　　B. 线路上各工序的费用最省

C. 线路上各工序持续时间相等　　D. 线路上不存在虚工序

答案与分析 A。一般考生都知道关键线路最长，对于 A 选项一般不知道是对的，但可以用排除法去掉 B、C 项，而 D 项也是错的，关键线路可以包含虚工序。所以只有 A 选项是正确项。

例 2 在下列建设工程组织管理模式中，不能独立存在的是（　　）。

A. 总分包模式　　B. 项目总承包模式

C. CM 模式　　D. Parting 模式

答案与分析 D。总分包模式、项目总承包模式、CM 模式都是可独立存在，虽然 Parting 模式一般不知道什么意思，但唯独是他可能属于不能独立存在的模式。

例 3 下面提法正确的是（　　）。

A. 关键线路上的工作是关键工作，关键工作连接起来一定是关键线路

B. 关键线路上的节点是关键节点，关键节点连接起来一定是关键线路

C. 非关键线路上的工作都是非关键工作

D. 非关键线路与关键线路是不会互相转换的

答案与分析 A。实际上 A 项严格意义上说，在双代号网络图中是成立的，而在单代号网络图中不成立，所以 A 项不一定是正确项。但是，B、C、D 三项都是明显错误的，双代号网络图中关键节点连接起来不一定是关键线路；非关键线路上的工作不一定都是非关键工作，只要含有一个非关键工作该线路就是非关键线路；非关键线路与关键线路是可以互相转换的。因此，对比后 A 项的正确性最大，单双代号图在关键线路中的差异在许多教材中未涉及，就连建设部编制的“网络计划技术规范”在网络计划的关键线路的描述中也是如此：“关键工作连接起来就是关键线路”。

例 4 （　　）不属于监理工程师的知识结构范围。

A. 技术　　B. 管理　　C. 经济　　D. 实践经验

答案与分析 D。ABC三项都属于监理工程师的知识结构范围(还有一个法律),所以D项不属于监理工程师的知识结构范围。

3.多选题

(1)有把握才选,少选也得分,每选对一个0.5分。如果已经选对3个时一定要谨慎。

例1 工程双代号网络计划的特点是(　　)。

A.关键线路上相邻工作的时间间隔为零

B.关键工作两端的节点为关键节点

C.关键工作的总时差为零

D.关键节点的最早时间与最迟时间相等

E.关键线路的总持续时间最长

答案与分析 A、B、E。该题是全国一级建造师考试题(正确项不超过4个)。如果按照我们教材CD是正确项,因为网络时间参数反向计算时,工期是采用"计算工期";而一级建造师考试用书中反向计算的工期可以是"计算工期"、"计划工期"或"合同工期"。关键工作的总时差为零,以及关键节点的最早时间与最迟时间相等是有条件的;而关键工作的总时差最小则是无条件的。对于关键工作和关键线路要慎重选择,多选题时少选为好,有把握才选。A选项一定是对的,"关键线路上相邻工作的时间间隔为零"不论单代号还是双代号都成立。B选项也一定是对的,这句话是定义;但是如果说成"两端关键节点之间的工作是关键工作"则是错误的。E选项也一定是对的,这句话也是定义。CD选项不一定是对的,如果是对的则一定是都对,那么超过4个不符合要求,所以只有都是错误的才符合题意。该题目属于难题,一般的考生凭感觉往往做错,要认真分析。多选题有把握才选,少选为好。

(2)多选题的选项要注意"选大不选小"的规则,例如:

例1 对路面的基本要求有(　　)。

A.强度和刚度　　B.稳定性

C.平整度　　D.抗滑性

E.表面性能

答案与分析 A、B、E。而C项平整度和D项抗滑性都属于E项表面性能,所以只能选E项表面性能而不能选C和D。

例2 公路工程施工期间(　　)均接受质量监督部门的管理和监督检查。

A.供货商　　B.监理单位

C.业主　　D.承包商

E.施工人员

答案与分析 A、B、C、D。而E项"施工人员"属于D项"承包商",所以只能选D项而不能E。同时A、B、C、D、E四项都是单位,而E项"施工人员"是人员,从归类角度也不该选E项。

例3 公路工程实行社会监理的优点是(　　)。

A.赋予监理工程师全面监督管理的权限,加强其地位

B.有助于提高管理水平

C.有助于转变各级政府主管部门的职能

D.有利于提高工程质量和加快工程进度

E.有利于控制费用、节约投资

答案与分析 A、B、C。由于B选项"有助于提高管理水平"已经包含了D选项"有利于提高工程质量和加快工程进度"和E选项"有利于控制费用、节约投资",所以不能选D、E。本题的A、B、C三项是原教材中的原话。该题当年考试时,许多考生都选了D、E;甚至某些参考书对该题的参考答案中也包含D、E,这说明此类问题要引起考生的关注。

例 4 进度监理的基本方法有(　　)。

A. 横道图法　　B. S 曲线法

C. 斜条图法　　D. 网络计划图法

E. 计划评审法

答案与分析 A、B、C、D。由于 D 选项网络计划图法已经包含了 E 选项计划评审法，所以选大不选小。

4. 综合分析题

(1)认真阅读题意，分清需要回答的问题，避免答非所问。

(2)答题时应按照题号回答，同时应注意答题试卷上的题号，第 2 题应翻过一页答在第 2 页上。

(3)综合分析题是考核考生的应用能力和记忆能力，平时复习时应强化记忆前面提到的重点掌握的内容，综合分析题根据往年的试题一般侧重在 2～7 点中(程序和内容要点)。当综合分析题涉及合同管理、质量监理和费用监理时，主要是考核考生的应用能力，应抓住关键点往往可根据原理分析并回答问题。

最后预祝广大考生顺利通过考试！

模拟检测题(时间 2 小时 30 分钟)

一、单选题(下列各题中,只有一个备选项最符合题意,请将你认为最符合题意的一个备选项在答题卡相应的代号框格内涂黑,选错或不选不得分。每题 1 分,共 20 分)

1. 单项工程与单位工程的最主要不同点是(　　)。

A. 路段长度的不同

B. 结构部位的不同

C. 是否具有独立设计文件

D. 建成后是否能独立发挥生产能力和效益

2. 我国工程监理是根据(　　)基本理论,结合我国的具体情况提出来的。

A. CM　　B. QS　　C. PP　　D. PM

3. 社会监理在公路工程质量保证体系的工程管理新体制中的地位是(　　)。

A. 龙头地位　　B. 主体地位　　C. 核心地位　　D. 主导地位

4. 要管好工程质量首先必须要(　　)。

A. 管好人的工作质量　　B. 控制好材料质量

C. 选用相适应的先进设备　　D. 采用先进施工方法

5. 对于监理单位的资质管理,省级交通主管负责(　　)的行政许可工作。

A. 公路专业乙、丙级资质　　B. 公路专业丙级资质

C. 公路专业二、三级资质　　D. 公路专业三级资质

6. 监理单位经营活动应当遵循其基本准则。加强企业(　　)是完善我国工程监理制度的重要保证。

A. 信用管理　　B. 经济管理　　C. 技术管理　　D. 行政管理

7. 项目监理机构人员数量并不取决于(　　)。

A. 工程类别　　B. 工程建设强度

C. 工程复杂程度　　D. 监理单位资质等级

8. 动态控制的基本步骤是(　　)。

A. 检查成效—分析原因—纠正偏差　　B. 确定目标—检查成效—纠正偏差

C. 确定目标—分析原因—纠正偏差　　D. 检查成效—分析原因—纠正偏差

9. 工程费用与工期的关系为(　　)。

A. 直接费和间接费均随工期缩短而减少

B. 直接费和间接费均随工期缩短而增加

C. 直接费随工期缩短而增加,间接费随工期缩短而减少

D. 直接费随工期缩短而减少,间接费随工期缩短而增加

10. 在工程网络计划执行过程中,如果发现某工作进度拖后,则受影响的工作一定是该工作的(　　)。

A. 平行工作　　B. 先行工作　　C. 后续工作　　D. 紧前工作

11. 施工过程 4 个组织原则中,3 个原则最终应以(　　)原则来衡量。

A. 连续性　　B. 协调性　　C. 均衡性　　D. 经济性

12. 关键线路具有以下特征(　　)。

A. 工期最长　　B. 费用最省

C. 工序持续时间相等　　D. 不存在虚工序

13. 工程计量的程序是(　　)。

A. 计量通知或申请→填写中间计量表→审查有关文件资料→附上计量主要文件

B. 计量通知或申请→审查有关文件资料→填写中间计量表→附上计量主要文件

C. 计量通知或申请→附上计量主要文件→审查有关文件资料→填写中间计量表

D. 计量通知或申请→填写中间计量表→附上计量主要文件→审查有关文件资料

14. 交工验收中监理单位应负责完成的工作(　　)。

A. 合同段监理工作总结　　B. 宣读项目监理工作报告

C. 提交项目监理工作报告　　D. 项目监理工作报告

15. 下列哪一条不属于第一次工地会议内容(　　)。

A. 介绍人员及组织机构　　B. 审议施工进度计划

C. 明确施工监理例行程序　　D. 审议工程分包

16. 监理计划按照(　　)编写。

A. 单位工程　　B. 单项工程　　C. 合同段工程　　D. 项目

17. 不属于原始记录的是(　　)。

A. 巡视记录　　B. 旁站记录　　C. 监理日记　　D. 各类台账

18. 对于施工现场不具备检测条件或无法进行现场检测的设备和材料,监理工程师应到生产厂家监督检测,监督检测的频率不得低于(　　),但设备数量少于等于 3 台件时宜逐台检测。

A. 15%　　B. 20%　　C. 25%　　D. 30%

19. 监理招标单位应具备的条件(　　)。

A. 全部或者部分使用国有资金投资或者国家融资的项目

B. 项目技术复杂或有特殊技术要求

C. 设计监理等单项合同估算价在 50 万元人民币以上的

D. 具有对投标人进行资格审查和组织评标的能力

20. 综合评标法,是指对投标人的商务文件和技术建议书、财务建议书进行评分、排序,确定得分最高者为中标候选人的方法。其中财务建议书的评分权值应当不超过(　　)。

A. 10%　　B. 15%

C. 20%　　D. 25%

二、多选题

(在下列各题的备选答案中,有两个或两个以上的备选项符合题意,请将你认为符合题意的备选项在答题卡相应的代号框格内涂黑;若选项中有错误选项该题不得分,选项正确但不完全的每个选项给 0.5 分,完全正确的得满分。每题 2 分,共 40 分)

1. 当前我国工程建设项目管理体制的基本格局是以(　　)。

A. 国家宏观监督调控为指导　　B. 项目法人责任制为核心

C. 工程监理制为服务体系　　D. 招标投标制为手段

E. 合同管理制为强制条件

2. 在工程项目实施过程中均应接受质量监督部门的监督的从业单位有（　）。

A. 建设单位　　B. 招标代理

C. 设计单位　　D. 施工单位

E. 监理单位

3. 社会监理的主要任务有（　）。

A. 进度监理　　B. 合同管理

C. 环保监理　　D. 计量监理

E. 安全监理

4. 施工企业自检系统的建立包括的内容有（　）。

A. 确定质量控制目标　　B. 建立质量控制的组织机构

C. 配备高级职称的人员　　D. 配置满足施工技术要求的设备

E. 建立和健全标准化规范化制度

5. 工程风险转移的有效途径是（　）。

A. 合理分包　　B. 工程担保

C. 工程保险　　D. 工程招投标

E. 合同规定双方风险责任

6. 施工监理准备阶段监理自身的准备工作有（　）。

A. 配备试验室设备　　B. 熟悉合同文件

C. 召开监理交底会　　D. 参加设计交底

E. 编制监理计划

7. 安全生产的五种关系有（　）。

A. 安全与环保的并存　　B. 安全与生产的统一

C. 安全与质量的同步　　D. 安全与速度的互促

E. 安全与效益的兼顾

8. 根据《建设工程安全生产管理条例》，下列说法正确的是（　）。

A. 工程监理单位应审查施工组织设计中的安全技术措施或者专项施工方案是否符合工程建设强制性标准

B. 工程监理单位在实施监理过程中，发现存在安全事故隐患的，应当要求施工单位暂时停止施工，并及时报告建设单位

C. 工程监理单位和监理工程师对建设工程安全生产承担监理责任

D. 工程监理单位在实施监理过程中，发现存在情况严重的安全事故隐患，应当要求施工单位暂时停止施工，并及时向有关主管部门报告。

E. 工程监理单位和监理工程师应当按照法律、法规和工程建设强制性标准实施监理

9. 施工阶段的环境保护监理内容有（　）。

A. 审查施工单位提交的施工组织设计和开工报告，对施工方案中环保目标和环保措施提出审查意见

B. 审查施工单位编制的分部（分项）工程施工方案中环保措施是否可行

C. 审查施工单位的环保管理体系是否责任明确，切实有效

D. 监测各项环境指标，出具检测报告或成果

E. 编写环保监理月报

10. 现阶段网络计划优化的目标有（　　）。

A. 按资源有限优化工程质量　　B. 按合同工期缩短关键线路

C. 按工期最短优化资源均衡　　D. 进行工程费用优化

E. 按费用最低优化有限资源

11. 年度进度计划中应反映的内容有（　　）。

A. 本年度完成单位工程的内容

B. 本年度的工程数量和投资指标

C. 施工队伍和主要施工设备的数量及调配顺序

D. 在年度进度计划下对各项工程进行局部调整的详细说明

E. 不同季节及气温条件下各项工程的时间安排

12. 监理工程师对进度计划的审查内容为（　　）。

A. 工期安排的合理性　　B. 施工准备的可靠性

C. 实现目标的准确性　　D. 机械设备的协调性

E. 计划与能力的适应性

13. 在工程量清单的编制工作中，工程量整理计算的依据是（　　）。

A. 项目编号　　B. 细目名称　　C. 设计图纸

D. 技术规范　　E. 工程定额

14. 公路工程交工验收阶段与竣工验收阶段的都要进行工程（　　）结果评定。

A. 参与方初步的　　B. 参与方综合的　　C. 不合格

D. 合格　　E. 优良

15. 缺陷责任期监理的主要工作有（　　）。

A. 检查承包人剩余工程的实施

B. 巡视检查已完工程

C. 记录发生的工程缺陷，指示修复并确定修复费用

D. 监理安全设施和绿化工程的施工

E. 督促承包人按合同规定完成竣工资料

16. 监理交底会的组织举行可以在（　　）。

A. 技术交底会一起举行　　B. 工程开工前单独举行

C. 第一次工地会议一起举行　　D. 澄清会一起举行

E. 监理会面会举行

17. 监理档案的分类为（　　）。

A. 原始记录档案　　B. 行政档案

C. 报表系列档案　　D. 技术档案

E. 财务（支付）档案

18. 监理工作报告内容有（　　）。

A. 监理工作概况和工程质量管理情况

B. 对施工单位、建设单位和质量监督单位评价

C. 计量支付、工程进度和合同管理情况

D. 设计变更情况和对设计单位评价

E. 交工验收中存在问题及处理情况

19. 建设工程施工监理服务收费的计费方式有(　　)。

A. 单价计算法

B. 工资加一定比例的其他费用计算法

C. 按工程建设成本百分比计算法(也称费率法)

D. 监理成本加固定费用计算法

E. 固定价格计算法

20. 技术建议书的主要内容有(　　)。

A. 监理工作的指导思想和监理目标　　B. 监理服务费涉及的工作范围

C. 现场监理机构设置和人员安排　　D. 自备的监理仪器和设备

E. 监理工作程序

三、判断题

(认为下述观点正确的在括号内划"√",错误的划"×",判断准确得分,否则不得分。每题1分,共10分)

1. 年度基本建设计划是确定年度基本建设任务,进行建设拨款的依据。　(　　)

2. 施工监理制度的核心,是业主把公路施工活动中各项管理工作交给监理工程师,树立其在项目管理和监督中的权威和地位。　(　　)

3. 工程质量评定等级分为合格与不合格,应按分项、分部、单位工程、合同段和建设项目逐级评定。如某分部工程所属的某一分项工程不合格,则该分部工程为不合格,从而该分部所归属的合同段工程也为不合格。　(　　)

4. 施工环境保护达标监理是以环保法律和监理合同以及公路项目环境评价内容为依据,主要是对水处理、声屏障等工程达到环境保护的标准监理。　(　　)

5. 工程费用支付必须以工程计量为基础,以技术规范和报价单为依据来进行。　(　　)

6. 工地例会的目的,在于监理工程师对工程实施过程的进度、质量、费用、安全、环保的执行情况进行全面检查,为正确决策提供依据,确保工程顺利进行。　(　　)

7. 监理交底会必须与第一次工地会议一起举行。　(　　)

8. 公路工程施工监理招标可采取直接委托方式。　(　　)

9. 投标文件应当按照招标文件的要求密封。投标文件及任何说明函件应当经投标人盖章,并经法定代表人或者其授权代理人签字。　(　　)

10. 在考虑费用的监理评标中,工程越复杂,越重要,则费用在评标中占有的权重应越大。　(　　)

四、综合分析题

(按所给问题的背景资料,正确分析并回答问题,请将答案和题号写在答题纸上,每题15分,共30分)

1. 某省内高速公路工程全长180km,划分为A、B、C、D、E五个施工合同段,并设置了相应现场监理机构。请按照监理规范要求的机构形式并根据题意选择适当的监理组织形式,画出监理组织结构图,并分析该组织模式的优缺点。

2. B监理公司与建设单位A公司签订了监理合同后,建设单位A公司要求监理单位B公司提交监理计划,B监理公司负责本项目的总监理工程师指派负责合同管理的专业监理工程师组织有关人员进行编制,并在规定的时间内完成了监理计划。经B监理公司负责人审批后，在第一次工地会议之后报送建设单位。

问题：1)以上关于监理计划的编制有何不妥之处？正确的做法是什么？

2)监理细则的主要内容是什么？

模拟检测题参考答案

一、单选题

1. D　2. D　3. C　4. A　5. B　6. A　7. D　8. B　9. C　10. C
11. D　12. A　13. B　14. A　15. D　16. D　17. B　18. A　19. D　20. A

二、多选题

1. ABC　2. ACDE　3. ABCE　4. ABE　5. ABCE
6. ABE　7. BCDE　8. ACE　9. BDE　10. BD
11. ABCE　12. ABE　13. CD　14. CD　15. ABDE
16. BCDE　17. BDE　18. ACDE　19. BCDE　20. ACDE

三、判断题

1. ×　2. √　3. √　4. ×　5. √　6. √　7. ×　8. ×　9. √　10. ×

四、综合分析题

1. 答：(1)按照现行《公路工程施工监理规范》，在设置现场监理机构时，一般按工程招标合同段设置基层机构，可视情况分别设置一级、二级监理机构。由于该工程为省内高速公路并超过 20km，根据监理机构设置的适用条件，应设置二级监理机构，有 4 种监理组织结构可供选择，直线式、职能式、直线职能式、矩阵式；一般常用的是直线式或直线职能式。本题以直线式为例。

(2)画直线式结构图如下：

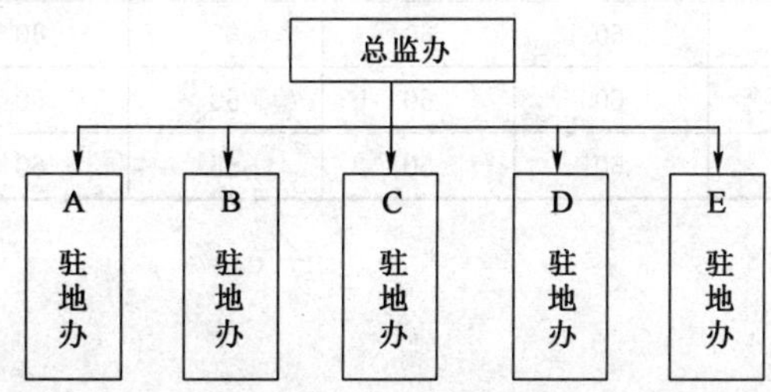

(如以直线—职能式结构形式绘出图也可，但优缺点与其相应)

该项目采用直线式监理组织结构很适用。根据合同段的数量可设置五个合同段驻地办公室。

(3)直线式监理组织具有结构简单、职责分明、权力集中、命令统一、决策迅速、指挥灵活等优点;其缺点是结构呆板,专业分工差,横向联系困难等。

(如果采用直线—职能式等形式的特点叙述正确亦可,但要结构图一致)

2.答:1)监理计划编制的不妥之处有:

(1)由专业监理工程师组织编制监理计划,不妥。

正确的做法为:由总监理工程师组织编制监理计划。

(2)监理计划由B监理公司负责人审批,不妥。

正确做法为:监理计划由B监理公司的技术负责人审批。

(3)在第一次工地会议之后报送建设单位,不妥。

正确做法为:监理计划应在第一次工地会议之前报送建设单位。

2)监理细则的主要内容(12点)

(1)总则。

(2)开工审批程序:合同工程开工审批,分项、分部工程开工审批。

(3)施工过程监理。

(4)质量监理内容、措施和方法。

(5)进度监理内容、措施和方法。

(6)费用监理内容、措施和方法。

(7)施工安全与环境保护监理内容、措施和方法。

(8)合同其他事项管理的主要内容。

(9)信息管理。

(10)交工验收与缺陷责任期监理工作内容。

(11)其他根据合同工程或专业需要应包括的内容。

(12)报告与报表格式。

2009~2012年公路监理工程师执业资格考试分数线

科目/年份	监理理论	合同管理	工程经济	道路桥梁	隧道工程	机电工程	综合考试
2009	60	60	58	58	55	55	55
2010	60	60	60	60	60	50	60
2011	60	60	60	50	60	50	55
2012	60	60	50	55	60	55	50

第一部分 基本知识

了解:1.0.1 项目、项目管理和建设项目管理的概念;
1.0.2 工程监理的概念及其内涵;
1.0.3 公路工程施工监理制度的管理模式;
1.0.4 实行工程监理制度的必要性。
熟悉:1.0.5 当前我国工程建设项目管理体制的基本格局;
1.0.6 公路工程基本建设程序的具体内容;
1.0.7 与工程监理有关的行为主体及其各方的相互关系;
1.0.8 监理工程师的知识结构;
1.0.9 公路工程质量保证体系的四个组成部分;
1.0.10 全面质量管理的含义、要点、方法(PDCA)和特点。
掌握:1.0.11 公路建设项目的划分;
1.0.12 施工监理的阶段划分及各阶段监理工作的主要内容。

一、工程项目管理的知识要点

1.了解项目、项目管理和建设项目管理的概念

1)项目的概念和特征(帮助理解和记忆工程项目的概念)

(1)项目的概念

项目是指在一定的约束条件下具有专门组织和特定目标的一次性任务。

(2)项目的特征

项目特征
- 目标性
  - 成果性目标:产出目标
  - 约束性目标:过程目标——约束性(质量、费用、工期或进度)
- 系统性(时限性、生命周期)
- 一次性(包含单件性以及独特性和不确定性)

项目的特征应注重以下几点:

(1)项目的制约性是决定一个项目成功与失败的关键特性。

(2)项目的目标性是最重要和最需要项目管理者注意的特性 。

(3)项目的不确定性主要是由项目的独特性造成的。

(4)对项目管理带来较大风险是由于工程项目的单件性和管理过程的一次性。

(5)项目的时限性(生命周期)是由项目的单件性和过程的一次性决定的。

2)工程项目的概念和条件

按照一个总体设计进行施工,有一个或几个相互有内在联系的单项工程组成,经济上实行

统一核算、行政上实行统一管理的**实体(建设的计量单位)**。工程建设项目可以说是**一项固定资产投资**项目。

工程建设项目也称工程项目。一个项目可以是一个单项工程,也可以是一个系统的群体工程。

工程项目的必备条件(6点,分4个记忆点):

(1)工程要有明确的建设目的和投资理由(成果性目标)。

(2)工程要有明确的建设任务量,即要有确定的建设范围、具体内容及质量目标;投资条件要明确,即总投资量及其资金来源明确(费用目标);进度目标要明确(共三大约束性目标)。

(3)工程各组成部分之间要有明确的组织关系,应是一个系统。

(4)项目实施的一次性。

3)项目管理的概念和特征

项目管理是指在一定的约束条件下,为**达到项目的目标**对项目所实施的**计划、组织、协调和控制的过程**(即管理的过程)。

项目管理的4个特征:目标明确、项目经理负责制、充分的授权保证系统、具有全面项目管理职能(**计划、组织、协调和控制**)。

【例题】

(1)项目作为一次性事业,其成果具有明显的(C)。

A. 约束性　　B. 时限性　　C. 单件性　　D. 独特性

(2)项目的特征中最重要和最需要项目管理者注意的特性是(A)。

A. 目标性　　B. 时限性　　C. 一次性　　D. 独特性

(3)项目的(C)是决定一个项目成功与失败的关键特性。

A. 时限性　　B. 目标性　　C. 制约性　　D. 独特性

(4)工程项目的单件性和管理过程的一次性,都会为管理带来较大的风险。 (√)

2. 掌握公路建设项目划分

(1)公路建设项目划分:建设项目、单项工程、单位工程、分部工程、分项工程。

(2)建设项目:符合国家总体规划,独立发挥生产功能,有项目建议书和可行性研究。

(3)单项工程:具有独立设计文件,**建成竣工后**能独立发挥**生产能力和效益。**

(4)单位工程:具有独立设计文件、独立组织施工、成本对象,但建成竣工后不能独立发挥生产能力和效益;

(5)分部工程:按结构部位、路段长度(3km)、**施工特点**、**施工任务**划分。

(6)分项工程:按**施工方法**、材料、工序、路段长度划分,定额和清单的分项细目。

(7)单项工程与单位工程的异同点:

①相同——具有独立设计文件,独立组织施工;

②不同点——单项工程建成竣工后能独立发挥生产能力和效益,而单位工程却不能。

【例题】

(1)单项工程与单位工程的最主要不同点是(B)。

A. 路段长度的不同　　B. 建成后是否能独立发挥生产能力和效益

C. 结构部位的不同　　D. 是否具有独立设计文件

(2)分部工程一般是按单位工程中(ACDE)划分的。

A. 结构部位　　B. 所用材料

C. 路段长度　　　　　　　　　　D. 施工任务

E. 施工特点

(3)公路工程中的单项工程可进一步划分为(BCD)。

A. 单体工程　　　　　　　　　　B. 单位工程

C. 分部工程　　　　　　　　　　D. 分项工程 E. 分层工程

3. 熟悉当前我国工程建设项目管理体制的基本格局

(1)四项制度:项目法人责任制、招标投标制、工程监理制、合同管理制。

(2)当前我国工程建设项目管理体制的基本格局是:

①以国家宏观监督调控**为指导**;

②以项目法人责任制**为核心**;

③以招标投标制和工程监理制**为服务体系**;

④以合同管理制**为手段**。

(3)实行项目法人责任制是推行工程建设管理体制改革的关键,是我国建设市场繁荣发展的基础,是全面实行工程招标投标制和工程监理制的必要条件。

【例题】

(1)当前我国工程建设项目管理体制的基本格局是以(B)为核心。

A. 国家宏观监督调控　　　　　　B. 项目法人责任制

C. 招标投标制　　　　　　　　　D. 工程监理制

(2)[2004 年考题]在工程项目建设中,始终处于主要负责者地位的是(A)。

A. 项目法人　　　　　　　　　　B. 监理单位

C. 承包人　　　　　　　　　　　D. 政府建设主管部门

(3)实行(A)是推行工程建设管理体制改革的关键。

A. 项目法人责任制　　　　　　　B. 招标投标制

C. 工程监理制　　　　　　　　　D. 合同管理制

(4)当前我国工程建设项目管理体制的基本格局是以(CD)为服务体系。

A. 国家宏观监督调控　　　　　　B. 项目法人责任制

C. 招标投标制　　　　　　　　　D. 工程监理制

E. 合同管理制

(5)当前我国建设项目管理体制的基本格局核心是(A)。

A. 项目法人责任制　　　　　　　B. 招标投标制

C. 工程监理制　　　　　　　　　D. 合同管理制

(6)实行(A)是推行工程建设管理体制改革的关键,是我国建设市场繁荣发展的基础。

A. 项目法人责任制　　　　　　　B. 工程监理制

C. 招标投标制　　　　　　　　　D. 合同管理制

(7)改革开放以来,我国在基本建设领域推行了(ABDE)等一系列改革举措。

A. 项目法人责任制　　　　　　　B. 招标投标制

C. 政府监督制　　　　　　　　　D. 工程监理制

E. 合同管理制

(8)实行项目法人责任制是我国推行工程建设管理体制改革的关键,是建设市场繁荣发展的基础。　(√)

(4)项目法人的职责(概论 P7)。

对项目的策划、资金筹措、建设实施、生产经营、债务偿还、资产的保值增值,实行全面负责。

【例题】

(1)以下选项中属于项目法人职责的是(BCDE)。

A. 查处项目建设违法行为　　B. 向主管部门办理开工报告

C. 筹措建设资金　　D. 组织项目后评价

E. 组织项目交工验收

(2)在公路工程项目建设中,项目法人始终处于主要负责者的地位。(√)

4. 熟悉公路工程基本建设程序的具体内容

(1)公路工程基本建设程序 10 个细阶段(7 个粗阶段——建议、工可、设计、准备、施工、验收、后评估)。

①简化为三个阶段。

这 3 个阶段为决策、实施、使用,重点是决策和实施的概念。

②项目建议书和工程可行性研究的区别点。

项目建议书(含或代替预可)的批准并非项目最终决策,只是可以进行工程可行性研究(工可),筹备项目法人(业主),并没有正式组建。只有"工可"批准,才表明项目必上无疑,说明决策阶段完成;然后才正式成立项目法人,进入实施的第一阶段——设计阶段。

初步设计批准后列入**年度基本建设计划**,工程项目的资金才有保证。

(2)世界银行程序 6 个阶段:选定、准备、评估、谈判、实施与监督、总结评价。

(3)初步设计文件的内容。

(4)二、三阶段设计的含义:三阶段是初步设计、技术设计、施工图设计;两阶段少技术设计;当一阶段设计时,只进行施工图设计。

【例题】

(1)不论一阶段设计还是两阶段设计甚至三阶段设计,必须进行的设计是(C)。

A. 初步设计　　B. 技术设计

C. 施工图设计　　D. 施工组织规划设计

(2)建设项目开工准备阶段,作为建设拨款的依据是(D)。

A. 初步设计　　B. 总概算

C. 施工图预算　　D. 年度基本建设计划

(3)不论两阶段设计还是三阶段设计,必须进行的设计是(AD)。

A. 初步设计　　B. 技术设计

C. 招标图设计　　D. 施工图设计

E. 施工组织规划设计

(4)下列哪些属于初步设计内容(ABCE)。

A. 设计指导思想和依据　　B. 施工组织规划设计(施工方案)

C. 劳动力需要量　　D. 施工详图

E. 建设工期

(5)新上项目在(A)被批准后,应及时组建项目法人筹备组。

A. 项目建议书　　B. 可行性研究报告

C. 初步设计文件　　　　　　　　　　D. 施工图设计文件

(6)在我国公路工程建设程序中，处于决策阶段的是（ B ）。

A. 设计阶段　　　　　　　　　　　　B. 可行性研究阶段

C. 开工准备阶段　　　　　　　　　　D. 后评价阶段

(7)不属于我国公路工程建设程序内容的是（ CE ）。

A. 工程可行性研究阶段　　　　　　　B. 设计阶段

C. 招标、投标阶段　　　　　　　　　D. 组织施工阶段

E. 交工验收阶段

(8)公路工程基本建设程序可分为决策阶段和实施阶段。　　(√)

(9)项目法人的成立是在项目建议书批准后。　　(×)

二、工程监理的知识要点

1. 了解工程监理(施工监理)的概念及其内涵

1)工程监理的概念

工程监理是对工程建设的有关活动的监理（监督与管理），监理的执行者依据法律法规和技术标准，运用法律、经济、技术等手段，对参与各方的行为和权利义务（职责）进行必要的协调和约束，使工程建设目标(**安全、质量、环保、费用、进度**)得以最优（最合理）实现。

工程监理是一项目标性很明确的具体行为，他不同于一般性的监督管理，而是一个以严密的制度构成为显著特征的综合管理行为（即行之有效的方法和手段，全方位、统筹兼顾、协调平衡）。建设单位（业主）**委托或指定**监理工程师（单位）全面监督、管理工程实施，对工程安全、质量、环保、费用、进度全面监理。

监理活动的 4 个基本条件：执行者—组织，准则—依据，主体—对象，目标方法手段。

2)工程监理的内涵（6 点）

(1)工程监理是针对项目建设实施的监督管理；

(2)工程监理的行为主体是监理单位；

(3)工程监理的实施需要业主委托和授权；

(4)工程监理是有明确依据的工程建设行为；

(5)工程监理在现阶段主要发生在施工阶段；

(6)工程监理是微观管理活动。

【例题】

(1)公路工程监理实施的前提条件是（ B ）。

A. 需要得到政府交通主管部门的批准

B. 需要建设单位的委托和授权

C. 监理单位必须具有相应的监理资质

D. 监理单位应公正地履行监理职责

(2)在现阶段工程监理的特点中，错误的是（ D ）。

A. 工程监理的服务对象具有单一性

B. 工程监理属于强制推行的制度

C. 工程监理具有监督功能

D. 工程监理市场准入仅对监理人员资格采取控制

(3)对工程监理而言,正确的说法是(BCE)。

A. 工程监理的行为主体是承包人

B. 业主和监理单位是委托合同关系

C. 业主和承包人是合同关系

D. 监理单位和承包人没有关系

E. 工程监理是一种专业化的技术服务

2. 了解公路工程施工监理制度的管理模式

关注:监理核心、最重要权力和优点。

(1)公路工程施工监理的管理模式是以国际通用的 FIDIC 土木工程合同为基础,以业主为主导、监理单位为核心、承包人为主力、合同为依据、经济为纽带;形成三方行为主体之间互相监督、互相制约的管理模式。**监理是核心地位。**

(2)**监理的最重要权力:对工程财务有签认权和否决权。**

【例题】

把对工程的(A)交给监理工程师,是执行好监理制度的关键。

A. 工程费用支付的签认和否决权

B. 停工与返工权

C. 旁站与验收权

D. 验收与计量权

(3)施工监理管理模式的优点:

①各参与方权利义务责任明确,有利于规范各方的建设行为。

②促进建设项目管理向专业化、社会化方式转变,大大提高管理水平。

③突出了监理单位的监督管理和组织协调作用。

④赋予监理工程师工程财务支付的签认和否决权。

⑤促进工程建设各参与方的观念、职能、行为机制发生根本性的变化,保护了各方的合法权益。

【例题】

(1)公路工程实行社会监理的优点是(ABC)。

A. 赋予监理工程师全面监督管理的权限,加强其地位

B. 有助于提高管理水平

C. 有助于转变各级政府主管部门的职能

D. 有利于提高工程质量和加快工程进度

E. 有利于控制费用、节约投资

(2)工程监理的作用(或优点)有(ABCE)。

A. 有利于提高工程项目管理水平

B. 有利于规范工程建设参与各方的建设行为

C. 有利于促使承建单位保证工程质量和使用安全

D. 有利于深化投资领域的体制改革

E. 有利于实现工程项目投资效益的最大化

3. 熟悉与工程监理有关的行为主体及其各方的相互关系

(1)工程有关的行为主体:业主(项目法人、发包人)、承包人、监理单位(监理人)。

(2)强调监理与业主之间是委托关系,而不是雇佣、业主代表,被领导的关系。

(3)监理与承包人的关系:监理与被监理的关系。

(4)四项制度中三元主体体系,项目法人是工程建设中的主要责任主体。

【例题】

(1)监理工程师与业主的关系是(B)。

A. 监理和被监理　　B. 委托与被委托

C. 雇佣与被雇佣　　D. 相当于业主代表

(2)在工程监理过程中,监理单位与承包人之间的监理与被监理关系是由(B)确定的。

A. 监理委托合同　　B. 施工承包合同

C. 监理与承包人工作合同　　D. 业主、监理与承包人三方合同

(3)在公路工程施工监理过程中,承包人是根据(C)接受监理单位监理的。

A. 设计文件　　B. 监理合同

C. 施工承包合同　　D. 交通主管部门指令

(4)监理工程师的指令对业主同样有约束力。 (√)

(5)监理单位与承包人之间的监理与被监理关系由业主与承包人签订的施工合同中予以明确。 (√)

(6)社会监理是受业主委托,为工程建设提供的有偿技术服务;因此,当业主与承包人发生利益冲突时,监理工程师应尽量维护业主的利益。 (×)

4. 熟悉监理工程师的知识结构

1)监理工程师的知识结构主要包括 4 个方面:技术、经济、管理、法律

注意区别:监理工程师的知识要求(知识结构)与素质要求。

2)施工监理原则和施工监理准则

(1)原则:原提倡的原则为"严格监理,热情服务,秉公办事,一丝不苟。"

2008 年《公路工程施工监理招标文件范本》提倡的原则是"严格监理、优质服务、公正科学、廉洁自律"。

(2)准则:守法、诚信、公正、科学。

【例题】

监理工程师一般应具备的知识结构是(C)。

A. 技术知识　　B. 技术与经济知识

C. 技术、经济、管理与法律知识　　D. 经济与合同知识

5. 了解实行工程监理制度的必要性

工程建设管理体制改革的需要、深化工程建设领域改革的需要、提高工程建设项目管理水平的需要、规范建设市场和发展市场经济的需要、扩大对外开放与国际接轨的需要、有利于我国建设领域中介服务业的发展。(体制领域两改革,提高水平,规范市场,接轨、中介服务)

三、公路工程质量保证体系的要点

1. 熟悉公路工程质量保证体系的四个组成部分

公路工程质量保证体系是由政府监督、法人管理、社会监理、企业自检这 4 部分组成。

1)四环节的地位与作用

①政府监督:龙头主导地位,强化政府监督的作用。

②法人管理:项目法人(业主)的主体地位,选人(监理与承包人)、监管人的作用,建设中的主要责任者,项目法人对工程质量负管理责任,实行全过程负责制度。

③社会监理:工程管理的核心地位;对工程质量影响产生重大监控作用,利用业主授予的权力实行全面监理。**监理无保证作用。**

注意区别:监理是工程管理的核心地位。在安全生产方面的核心地位是施工单位。

【例题】

施工单位在建设工程安全生产中处于核心地位,施工单位的负责人依法对本单位的安全生产工作负责。 (√)

④企业自检:产品直接生产者、质量形成者的地位,起到实现三大目标的必要条件和形成保证体系的前提条件的作用。

【例题】

(1)凡列入基本建设计划的公路工程项目,都应实行(ACDE)的质量保证体系。

A. 政府监督　　B. 舆论监督

C. 社会监理　　D. 企业自检

E. 法人管理

(2)监理工程师对工程项目三大目标的实现所起的作用是(A)。

A. 监控作用　　B. 保证作用

C. 监控和保证作用　　D. 关键作用

(3)在公路工程质量保证体系中,(A)处于龙头主导地位。

A. 政府监督　　B. 法人管理　　C. 社会监理　　D. 企业自检

(4)在公路工程质量保证体系中,(B)处于主体地位。

A. 政府监督　　B. 项目法人　　C. 社会监理　　D. 企业自检

(5)在公路工程质量保证体系中,(C) 处于核心主导地位。

A. 政府监督　　B. 法人管理　　C. 社会监理　　D. 企业自检

(6)公路工程质量保证体系是(A)

A. 政府监督、法人管理、社会监理、企业自检

B. 政府监督、社会监理、企业自检

C. 法人管理、社会监理、企业自检

D. 政府监督、法人管理、企业自检

(7)凡是列入国家基本建设计划的公路项目应实行质量保证系统。 (√)

(8)工程监理的实质是监理工程师在工程管理中处于核心地位,运用业主授予的权力,对三大目标实行全面监理。 (√)

(9)我国公路工程质量保证体系为:政府监督、法人管理、社会监理、企业自检。 (√)

(10)工程监理是建立完善的工程质量保证体系的前提和必要条件。 (×)

2)政府监督的性质和职责

①政府监督的含义:是指建设主管部门和其所属质监部门对建设活动进行监督,对从业单位和人员(包括社会监理)的监督管理。

②政府监督的性质:强制性、执法性、全面性、宏观性(干扰项用社会监理)。

③政府监督的职责:包括建设的政府监督职责和质量的政府监督职责。

【例题】

(1)政府监督具有如下性质(BCDE)。

A. 公正性　　B. 强制性

C. 全面性　　D. 执法性

E. 宏观性

(2)在工程项目实施过程中均应接受质量监督部门监督的从业单位有(BCDE)。

A. 工程质量　　B. 建设单位

C. 设计单位　　D. 施工单位

E. 监理单位

(3)在工程项目实施过程中均应接受政府监督部门监督的建设活动有(ABCD)。

A. 工程质量　　B. 工程费用

C. 工程进度　　D. 工程安全

(4)公路工程施工期间(ABCD)均接受质量监督部门的管理和监督检查。

A. 供货商　　B. 监理单位

C. 业主　　D. 承包商

E. 施工人员

(5)以下选项中属于政府监督职责的是(ABDE)。

A. 监督公路建设市场秩序　　B. 监督公路建设资金使用

C. 筹措公路建设资金　　D. 监督公路建设质量和安全

E. 查处公路建设违法行为

(6)以下依据中,不属于政府监督依据的是(D)。

A. 国家的相关法律、政策　　B. 国家的相关技术标准

C. 政府批准的建设计划　　D. 监理合同与施工合同

(7)政府监督的依据 主要包括(ABC)。

A. 国家的相关法律、政策　　B. 国家的相关技术标准

C. 政府批准的建设计划　　D. 监理合同

E. 施工合同

(8)县级以上人民政府交通主管部门在履行公路建设监督管理职责时,有权要求(ABC)。

A. 被检查单位提供有关公路建设的文件和资料

B. 进入被检查单位的工作现场进行检查

C. 对发现的工程质量和安全问题以及其他违法行为依法处理。

D. 监督管理建设项目工程概预算、年度投资计划安排与调整、财务决算

E. 督促项目法人及时编报工程财务决算,做好竣工验收准备工作

3)熟悉社会监理(施工监理、工程监理)的含义、性质、依据、任务

(1)社会监理的含义:是指具有**法人资格**和相应**监理资质**的社会监理单位,**受项目业主的委托**,**依据监理合同和施工合同**,全面监督、管理工程的实施,对工程**质量**、**安全**、**环保**、**进度**、**费用及合同**其他事项进行全面监理,同时做好**信息管理工作和组织协调**的专业化的管理活动。

(2)监理的性质:服务性、科学性、委托性、公正性(旧有独立性)。

【例题】

(1)社会监理的性质有(ABDE)。

A. 公正性　　B. 服务性

C. 强制性　　D. 科学性

E. 委托性

(2)如果不具有(A),监理就难以保证三大目标的实现。

A. 科学性　　B. 服务性

C. 独立性　　D. 委托性

(3)(B)是监理单位区别于其他一般服务性组织的重要特征,也是其赖以生存的重要条件。

A. 委托性　　B. 科学性

C. 公正性　　D. 执法性

(4)监理单位只有具备了维护其独立性、公正性所需要的条件和从事监理工作应当具备的人员素质、专业技能、管理水平、监理经验等条件,才能有效地开展工程建设监理业务。 (√)

(5)社会监理是具有服务性、公正性、严谨性 和科学性。 (×)

(3)监理的依据:除法规、设计文件、标准之外,还有三个直接依据——两个合同(施工和监理合同)以及现场的多种文件资料。

【例题】

(1)有关"规范"的叙述正确的是(ABCD)。

A. 其是合同文件的必备部分　　B. 其是一种技术法规

C. 其是计量支付的依据之一　　D. 其是质量控制的依据

(2)在公路工程监理过程中,承包人应当按照(A)的规定接受监理。

A. 公路工程承包合同　　B. 公路工程监理合同

C. 监理单位给承包人的书面通知　　D. 项目法人给承包人的书面通知

(3)公路工程施工过程中,施工监理的主要依据是(A)。

A. 监理委托合同及施工承包合同　　B. 建设单位的会议纪要

C. 设计合同文件　　D. 质量监督信息

(4)工程建设过程中,施工监理的主要依据是(A)。

A. 业主和承包人签订的承包合同　　B. 业主的要求

C. 建设市场的要求　　D. 承包人的要求

(5)《公路工程施工监理规范》中规定可以作为监理依据的补充文件不包括(B)。

A. 监理工程师和承包人在施工过程中有关会议记录、电函和其他文字记录

B. 监理月报

C. 监理工程师批准的所有图纸

D. 监理工程师发出的所有指令

(6)在工程项目实施过程中,监理、业主、承包人三方之间来往的函件也是监理的依据。 (√)

(7)施工监理业务的依据,是根据国家法律和有关技术、经济法规和技术标准而订立的施工合同文件。 (√)

(8)监理工程师与业主、承包人的正式函件对各方当事人均不具有约束力。 (×)

(9)社会监理依据主要包括(ABCD)。

A. 国家和地方法律、法规
B. 技术标准和规范
C. 施工合同与监理合同
D. 工程设计文件和图纸
E. 施工方案及工艺说明

(4)监理的任务(主要是施工阶段):简单来说是五监理(控)、两管、一协调。还应注意其中重点是合同管理的内容,合同的分类。合同管理的内容有分包、保险、变更、延期、索赔、违约和争端。(主要是施工阶段)

【例题】

(1)公路工程监理的主要内容"三监控、两管理"系指(D)。

A. 质量监理、进度监理、费用监理、合同管理、工程管理
B. 质量监理、进度监理、费用监理、材料管理、设备管理
C. 质量监理、进度监理、费用监理、信息管理、工程管理
D. 质量监理、进度监理、费用监理、合同管理、信息管理

(2)社会监理的主要任务(BDE)。

A. 计量监理
B. 安全监理
C. 工期监理
D. 合同管理
E. 环保监理

(3)下列违约中属于承包人一般违约的有(BC)。

A. 无正当理由不开工或拖延工期
B. 未按合同照管好工程
C. 由于承包人的责任,使业主的利益受到损害
D. 无视监理工程师的警告,一贯公然忽视履行合同规定的责任与义务

(4)监理工程师必须在确认延期事件满足(ABDE)条件后,才能受理工程延期申请。

A. 由于非承包人的责任,工程不能按原定工期完工
B. 延期情况发生后,承包人在合同规定期限内向监理工程师发出工程延期的通知
C. 未经监理工程师同意,随意分包工程,或将整个工程分包出去
D. 延期时间终止后,承包人在合同规定的期限内,向监理工程师提交正式的延期申请报告
E. 承包人承诺继续按合同规定向监理工程师提交有关延期的详细资料,并根据监理工程师的要求随时提供有关证明

(5)确定监理单位监理服务质量的高低,最终是看其监理工程质量的好坏。 (×)

4)企业自检

(1)企业自检的含义:是指施工企业按照与业主签订的施工合同文件的要求,为保证工程质量,通过建立内部质量自检系统,开展自身质量控制与质量管理的活动。

(2)自检系统的建立:质量控制目标、质控组织机构、人员配备、设备配置、建立和健全标准化规范化制度。

【例题】

(1)承包人的质量控制主要靠(C)来实现。

A. 监理工程师的监控
B. 质量监督部门的监督

C. 承包人的质量自检系统　　D. 业主提供的条件

(2)在质量保证体系中,施工企业占有特别重要的地位,施工企业建立完善的自检系统是形成质量保证体系的前提条件。 (√)

2. 掌握施工监理的阶段划分及各阶段监理工作的主要内容

(1)施工监理三阶段的划分。

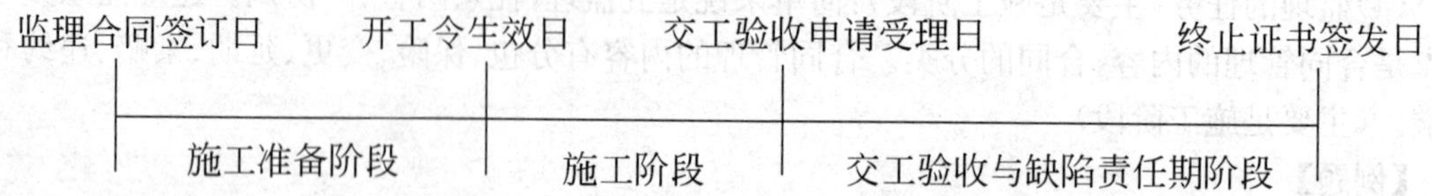

(2)第一阶段——施工准备阶段的监理内容:应注意区别准备阶段的准备。

①施工准备阶段的准备工作内容(5点):

配试验室设备、熟悉合同、调查施工环境、编监理计划、编监理细则。

②施工准备阶段的监理内容(13点):设计交底、审批施组、检查质保体系和试验室、审批现场准备(有4点复测、地面线、工程划分、占地)、核算清单、签发预付款、监理交底、第一次工地会议、签发开工令。

(3)第三阶段——交工验收和缺陷责任期阶段的监理内容:审查交工申请、交工验收、签交工结账书、缺陷责任期的剩余和缺陷修复、签缺陷责任期终止证书、竣工验收。

【例题】

(1)(B)签订后即进入施工准备阶段的监理。

A. 工程承包合同　　B. 监理服务合同　　C. 设计委托合同

(2)下列说法不正确的是(D)。

A. 完工验收指完成分部施工的中间交验

B. 交工验收指承包单位向业主申请对承建的整个合同工程进行交验

C. 竣工验收指由业主向上级主管部门申请对已完成了交工验收的工程项目进行竣工验收

D. 完成交工验收的工程,不能标志工程施工阶段的结束

(3)监理单位最早开始进入监理的时间是(B)。

A. 投标阶段　　B. 施工准备阶段

C. 施工阶段　　D. 交工验收及缺陷责任期阶段

(4)属于施工准备阶段监理准备工作的是(C)。

A. 检查保证体系　　B. 参加设计交底

C. 编制监理计划　　D. 审批工程划分

(5)以下选项属于施工监理工作的是(ADE)。

A. 对工程质量、安全实施控制　　B. 提高工程项目的功能

C. 提高工程项目的经济性　　D. 控制新增工程费用

E. 控制工程变更

(6)公路工程项目的交工验收由(B)负责。

A. 政府监督部门　　B. 项目法人

C. 项目总监办　　D. 施工单位

(7)公路工程施工监理即对公路工程从施工准备到交工验收过程进行监理。(×)

3. 熟悉全面质量管理的含义、要点、方法(PDCA)和特点

(1)全面质量管理的含义：全员和部门，运用技术、方法和手段，开发生产满意产品的**管理活动**。

(2)全面质量管理的要点：

①建立了新的质量观(广义质量概念：**使用价值**、管工程质量是**管人的工作质量**)；

②贯彻生产**全过程**的质量保证管理体系；

③加强企业**全员参与**和**全方位的工作质量**，以保证工程质量；

④贯彻以**预防为主**的原则，加强动态控制；

⑤面向市场，让客户满意(下道工序是用户)；

⑥要按客观规律办事，尽量用数据说话。

(3)全面质量管理方法和特点：PDCA 循环，A 阶段(处理、措施)是循环的关键，循环是不断提高、逐级上升、符合认知规律。

【例题】

(1)PDCA 循环的阶段是(ABCE)。

A. 计划　B. 执行　C. 检查　D. 讨论　E. 处理

(2)全面质量管理的基本点是(ABDE)。

A. 预防为主　B. 产品的质量就是其使用价值

C. 合理分包　D. 通过工作质量来保证工程质量

E. 下道工序是用户

(3)推动 PDCA 循环转动的关键是(D)。

A. P 阶段　B. D 阶段　C. C 阶段　D. A 阶段

(4)全面质量管理工作的方法是(C)。

A. 运用数理统计方法，分析问题，改进质量

B. 号召全员职工注重质量意识，使质量工作上一台阶

C. PDCA 循环

D. 强调事后控制

(5)无论是质量控制、进度控制还是费用控制，工作的重点应当放在(A)上。

A. 事前控制　B. 事中控制

C. 事后控制　D. 全过程控制

(6)在全面质量管理方法中，处于第二阶段的是(D)。

A. 计划　B. 检查　C. 处理　D. 执行

(7)PDCA 管理循环的四个阶段，符合“实践—认识—再实践—再认识”的规律。(√)

(8)按照全面质量管理的要求，应从“定量”管理上升到“定性”管理。(×)

(9)工程质量的好坏是由人的工作质量决定的，管好人的工作质量，工程质量就一定有保证。(×)

四、重点复习题及参考答案

1. 单选题

(1)项目的不确定性 主要是由项目的(　　) 造成的。

A. 一次性　　B. 制约性　　C. 目标性　　D. 独特性

(2)不属于项目管理基本职能的是(　　)。

A. 计划　　B. 监督

C. 组织　　D. 协调

(3)(　　)是可以独立组织施工,并可单独作为成本计算对象的部分。

A. 分部工程　　B. 单位工程

C. 分项工程　　D. 施工工序

(4) 具有单独设计,可以独立组织施工的是(　　)。

A. 单项工程　　B. 单位工程

C. 分部工程　　D. 分项工程

(5)分部工程和分项工程都具有的划分依据是(　　)。

A. 结构部位　　B. 路段长度

C. 施工特点　　D. 材料

(6)不属于建设项目管理体制的基本格局的是(　　)。

A. 项目法人责任制　　B. 工程监理制

C. 合同管理制　　D. 投资包干责任制

(7)当前我国建设项目管理体制的基本格局核心是(　　)。

A. 项目法人责任制　　B. 招标投标制

C. 工程监理制　　D. 合同管理制

(8)以下职责中不属于项目法人职责的是(　　)。

A. 筹措建设资金　　B. 办理开工报告

C. 组织项目交工验收　　D. 查处建设违法行为

(9)国际上,工程咨询公司最基本、最广泛的业务是(　　)。

A. 为业主服务　　B. 为承包人服务

C. 为贷款方服务　　D. 联合承包工程

(10)在工程监理法律法规体系中,(　　)是工程监理工作最直接和重要的依据。

A. 国家法律　　B. 合同文件

C. 行业行政法规　　D. 技术标准和规范

(11)在工程项目质量控制方面起主导作用的是(　　)。

A. 质量监督机构　　B. 业主

C. 监理单位　　D. 承包人

(12)在监理过程中,当施工合同的要求高于技术规范或标准的要求时,在进行监理工作时应以(　　)为准。

A. 工程合同　　B. 监理合同

C. 技术规范或技术标准　　D. 强制性标准

(13)当施工合同的要求低于技术规范或标准的要求时,监理工作中应以(　　)为准。

A. 工程合同　　B. 监理合同

C. 技术规范或技术标准　　D. 强制性标准

(14)不属于施工准备阶段监理准备工作的是(　　)。

A. 配备试验室设备　　B. 参加设计交底

C. 编制监理计划　　D. 调查施工环境条件

(15)属于施工准备阶段监理准备工作的是(　　)。

A. 检查保证体系　　B. 参加设计交底

C. 编制监理计划　　D. 审批工程划分

(16)公路工程项目的交工验收由(　　)负责。

A. 政府监督部门　　B. 项目法人

C. 项目总监办　　D. 施工单位

(17)在全面质量管理工作循环中,(　　)阶段是推动循环转动的关键环节。

A. 计划　　B. 检查

C. 处理　　D. 执行

(18)公路工程基本建设程序划分的阶段有:①列入年度基本建设计划;②可行性研究,编制设计任务书;③施工;④设计和编制概(预)算;⑤竣工验收,交付使用。它们的先后顺序正确的是(　　)。

A. ①③②④⑤　　B. ②③④①⑤

C. ②④①③⑤　　D. ④①②③⑤

(19)利用世行贷款建设的公路工程,选择监理队伍必须采用(　　)。

A. 国内竞争性招标　　B. 国际竞争性招标

C. 国内有限招标　　D. 国际有限招标

(20)监理工程师维护业主的利益表现在(　　)。

A. 提高工程质量　　B. 力争反索赔

C. 在争端中为业主辩护　　D. 按合同条件监理工程

(21)(　　)签订后即进入施工准备阶段的监理。

A. 工程施工承包合同　　B. 监理服务合同

C. 勘察设计委托合同　　D. 监理设施购置合同

(22)工程质量主要取决于(　　)。

A. 工作质量　　B. 企业管理水平

C. 企业素质　　D. 企业技术能力

2. 多选题

(1)技术改造项目是以(　　)为主要的项目。

A. 节约资金　　B. 提高质量

C. 扩大再生产　　D. 劳动安全

E. 治理三废

(2)项目管理的基本职能包括(　　)。

A. 计划　　B. 组织　　C. 协调　　D. 控制　　E. 监督

(3)项目管理的类型可以按照(　　)几个方面划分。

A. 管理对象　　B. 管理主体

C. 服务对象　　D. 服务内容

E. 服务阶段

(4)项目管理的主要特点包括(　　)。

A. 目标明确　　B. 项目经理负责制

C. 充分的授权保证系统　　　　　　　D. 具有全面的项目管理职能
E. 项目管理具有委托性

(5)以下选项中属于项目法人职责的是(　　)。
A. 查处项目建设违法行为　　　　　　B. 向主管部门办理开工报告
C. 筹措建设资金　　　　　　　　　　D. 组织项目后评价
E. 组织项目交工验收

(6)改革开放以来,我国在基本建设领域推行了(　　)等一系列改革举措。
A. 项目法人责任制　　　　　　　　　B. 招标投标制
C. 政府监督制　　　　　　　　　　　D. 工程监理制
E. 合同管理制

(7)在我国基本建设领域中投标承包体系的主体主要包括(　　)等。
A. 建设单位　　　　　　　　　　　　B. 设计单位
C. 监理单位　　　　　　　　　　　　D. 施工单位
E. 材料、设备供应单位

(8)建设工程质量责任主体包括(　　)等。
A. 政府行政主管部门　　　　　　　　B. 勘察设计单位
C. 建设单位　　　　　　　　　　　　D. 施工单位
E. 监理单位

(9)以下有关工程监理的阐述中正确的有(　　)。
A. 工程监理的服务对象具有单一性　　B. 工程监理属于强制推行的制度
C. 工程监理是宏观的管理活动　　　　D. 工程监理具有监督功能
E. 工程监理市场准入只对监理人员资格采取控制

(10)在工程监理的相关学科中,与工程项目决策咨询相关的学科有(　　)。
A. 投资学　　　　　　　　　　　　　B. 组织论
C. 工程监理学　　　　　　　　　　　D. 技术经济学
E. 控制论

(11)在工程监理的相关学科中,与工程项目实施监理服务相关的学科有(　　)。
A. 投资学　　　　　　　　　　　　　B. 组织论
C. 工程监理学　　　　　　　　　　　D. 技术经济学
E. 可行性研究

(12)以下选项中属于政府监督职责的是(　　)。
A. 监督公路建设市场秩序　　　　　　B. 监督公路建设资金使用
C. 筹措公路建设资金　　　　　　　　D. 监督公路建设质量和安全
E. 查处公路建设违法行为

(13)工程项目的(　　)目标是一个相互关联的整体。
A. 质量　　B. 进度　　C. 费用　　D. 效益　　E. 组织

(14)社会监理的主要任务(　　)。
A. 计量监理　　　　　　　　　　　　B. 安全监理
C. 工期监理　　　　　　　　　　　　D. 合同管理
E. 环保监理

(15)公路工程施工监理阶段可划分为(　　)。

A. 可行性研究阶段　　B. 施工准备阶段

C. 施工阶段　　D. 竣工验收及缺陷责任期阶段

E. 交工验收及缺陷责任期阶段

(16)施工质量监理可划分为哪几个阶段(　　)。

A. 施工图设计阶段　　B. 招标阶段

C. 施工准备阶段　　D. 交工阶段

E. 缺陷责任期阶段

(17)公路工程施工监理阶段可划分为(　　)。

A. 可行性研究阶段　　B. 施工准备阶段

C. 施工阶段　　D. 竣工验收及缺陷责任期阶段

E. 交工验收及缺陷责任期阶段

(18)属于施工准备阶段监理工作的是(　　)。

A. 审批施工组织设计　　B. 检查承包人质量保证体系

C. 召开工地例会　　D. 核算工程量清单

E. 签发工程开工令

(19)下列内容中,属于施工阶段质量控制任务的是(　　)。

A. 审查施工组织设计　　B. 做好工程计量工作

C. 做好工程变更方案比选　　D. 协助业主做好现场准备工作

E. 组织质量协调会

(20)以下选项属于施工监理工作的是(　　)。

A. 对工程质量、安全实施控制　　B. 提高工程项目的功能

C. 提高工程项目的经济性　　D. 控制新增工程费用

E. 控制工程变更

(21)以下选项中属于施工阶段监理工作的是(　　)。

A. 核算工程量清单　　B. 审查施工方案及工艺

C. 召开工地例会　　D. 召开监理交底会

E. 审批工程变更

(22)根据项目法人责任制,在实施工程监理的工程项目中业主应当负责完成(　　)工作。

A. 组织编与工程招标文件、投标资格预审、开标、评标

B. 选择确定设计、施工单位

C. 确定工程项目投资、进度、质量总目标

D. 筹集项目所需资金

E. 实施目标控制

(23)法人应具备的条件是(　　)。

A. 有行政主管部门的明确授权

B. 有必要的财产和经费

C. 有自己的名称、组织机构和场所

D. 能够独立承担民事责任

E. 按照法定程序成立

(24)监理系统含(　　)。

A. 监理主体　　B. 监理对象

C. 目标　　D. 调节功能

E. 信息反馈

(25)世界银行贷款公路项目的工作程序是(　　)。

A. 项目的构思　　B. 项目的选定

C. 项目的建议　　D. 项目的准备

E. 项目的评估　　F. 项目的谈判

G. 项目的执行　　H. 项目的后评价

(26)下列工程的施工监理必须执行《公路工程施工监理规范》的是(　　)。

A. 列入公路基本建设计划的公路工程项目

B. 外资贷款、合资的公路工程项目

C. 计划外自筹资金建设的公路工程项目

D. 农民捐资修建的乡间道路

(27)国际上监理的法规体系一般有(　　)几部分。

A. 国家法律　　B. 行业行政法规

C. 技术规范和标准　　D. 合同文件

(28)施工准备阶段,监理工程师应做好(　　)监理工作。

A. 检查承包人报送的测量放线控制成果及保护措施

B. 审查承包单位准备工程开工的相关资料

C. 审查分包单位资格报审表及相关资料

D. 参加设计交底会

E. 审查分包单位的业绩

F. 重大的工程变更应请业主和设计单位参加

(29)凡列入基本建设计划的公路工程项目,都应实行(　　)的质量保证体系。

A. 政府监督　　B. 施工监理　　C. 社会监理

D. 企业自检　　E. 法人管理

(30)全面质量管理的基本点是(　　)。

A. 质量第一　　B. 产品的质量就是其使用价值

C. 建立一套质量保证管理体系　　D. 通过工作质量来保证工程质量

E. 预防为主　　F. 下道工序是用户

G. 合理分包　　H. 按客观规律办理,尽量用数据说话

(31)企业自检的意义(　　)。

A. 是形成公路工程质量体系的前提条件

B. 是全面质量管理的核心

C. 是 WBS 的第一步骤

D. 是实现质量进度、费用目标的必要条件

(32)在处理索赔事件时监理应(　　)。

A. 注意资料的积累　　B. 及时、合理地处理索赔

C. 加强主动管理,减少工程索赔　　D. 要求承包人做好事前控制

(33)下列哪些内容不属于质监站的任务(　　)。

A. 组织对质监人员、监理人员的培训　　B. 组织对重大工程质量事故的调查

C. 仲裁工程质量争端　　D. 组织对承包人施工组织计划的审批

E. 进行监理单位、监理人员的资格审批　　F. 对设计单位的设计质量进行监督

(34)在工程项目实施过程中的从业单位(　　)均应接受质量监督部门的监督。

A. 工程质量　　B. 工程费用

C. 工程进度　　D. 工程安全

E. 建设单位　　F. 设计单位

G. 施工单位　　H. 监理单位

(35)有关"规范"的叙述正确的是(　　)。

A. 其是合同文件的必备部分　　B. 其是一种技术法规

C. 其是计量支付的依据之一　　D. 其是质量控制的依据

(36)有关工程施工质量监理阶段的说法正确的是(　　)。

A. 阶段不同,重点也不同　　B. 分为四个阶段

C. 分为三个阶段　　D. 第一阶段要审批承包人的质量保证体系

(37)施工监理包括(　　)三个阶段。

A. 设计阶段监理　　B. 施工准备阶段监理

C. 交工及缺陷责任期监理　　D. 施工阶段监理

E. 质量监理　　F. 合同管理

3. 判断题

(1)我国全面实行工程建设监理制的最主要最基本的外部环境条件是建立完善的社会主义市场经济体制。(　　)

(2)利用世行贷款建设的公路项目只能执行世行规定的工作程序,而不能按我国公路工程基本建设程序办事。(　　)

(3)项目的评估是世界银行的任务,由他们直接进行这一阶段的工作。(　　)

(4)三阶段设计是指初步设计、技术设计和施工图设计。(　　)

(5)监理工程师是根据他与承包人签订的合同执行监理工作的。(　　)

(6)工程监理的行业行政法规,其目的在于制约被监理者的行为。(　　)

(7)监理单位及监理人员和承包人及施工人员以及业主的项目管理人员均应接受政府交通主管部门和公路工程质量监督部门的管理和监督检查。(　　)

(8)实行施工企业自检是实现工程建设费用、进度、质量目标的必要条件。(　　)

(9)社会监理处于工程管理新体制中的主导地位。(　　)

(10)有效合同价是指包含暂定金额费用之后的合同价格。(　　)

(11)业主可以按比现行相关规范更严格的要求对承包人进行质量控制。(　　)

(12)工程项目的单件性和管理过程的一次性,都会为管理带来较大的风险。(　　)

(13)实行项目法人责任制是我国推行工程建设管理体制改革的关键,是建设市场繁荣发展的基础。(　　)

(14)社会监理是具有服务性、公正性、严谨性和科学性。(　　)

(15)监理工程师有权监督承包人进入本工程的主要技术和管理人员的构成。(　　)

(16)施工准备阶段监理是从业主与承包人签订施工承包合同之日起，至合同工程开工令确定的开工之日。 （ ）

(17)全面质量管理方法PDCA循环的各个阶段之间存在一定的交叉，对每个具体循环而言，其先后次序可以颠倒或更改。 （ ）

(18)施工准备阶段的起算时间是监理合同签订之日起，终点时间是合同工程开工令确定的开工之日止。 （ ）

4. 综合分析题

(1)论述目前我国的建设工程质量管理体制。

(2)工程项目的质量控制按其控制的主体可分为哪几类？各类分别以何种途径来实现？

(3)论述监理工程师受理工程延期必须满足的条件。

(4)公路工程监理的主要内容有哪些？

(5)某桥梁为30m长的T形梁，承包人在施工过程中，在梁已架设完毕，进行下一道工序施工前，发现图纸中设计桥台台帽高程比路线纵断高程高20cm。监理工程师对工程的处理意见为：将桥台帽高程下降20cm，桥梁板重新安装，工程结束后，因为图纸是监理提供的，承包人提出费用和工期索赔，请你提出自己的处理意见。

(6)简述施工企业建立自检系统的工作内容有哪些？

(7)简述监理工程师在施工准备阶段应当进行哪些主要工作？

参考答案

1. 单选题

(1)D (2)B (3)B (4)B (5)B (6)D (7)A (8)D (9)A (10)B
(11)D (12)A (13)D (14)B (15)C (16)B (17)C (18)C (19)C (20)D
(21)B (22)A

2. 多选题

(1)ABDE (2)ABCD (3)BCE (4)ABCD (5)BCDE
(6)ABDE (7)BDE (8)BCDE (9)ABD (10)AD
(11)BC (12)ABDE (13)ABC (14)BDE (15)BCE
(16)CDE (17)BCE (18)ABDE (19)ACDE (20)ADE
(21)BCE (22)ABCD (23)BCDE (24)ABCDE (25)BDEFGH
(26)AB (27)ABCD (28)ABCE (29)ABCE (30)ABCDEFGH
(31)AD (32)ABCD (33)DF (34)EFGH (35)ABCD
(36)ACD (37)BCD

3. 判断题

(1)√ (2)× (3)√ (4)√ (5)× (6)× (7)√ (8)√ (9)× (10)×
(11)√ (12)√ (13)√ (14)× (15)√ (16)× (17)× (18)√

4. 综合分析题

(1)答：我国的建设工程质量管理体系是“政府监督、法人管理、社会监理、企业自检”。此四者是构成严密、完整、有机的质量保证体系必不可少的四个环节。政府监督处于主导地位；法人管理处于主体地位，建设中的项目法人是主要责任者；社会监理处于管理新体制的核心地位；施工企业建立完善的自检系统是形成工程质量保证体系的前提条件。

(2)**答**：工程项目的质量控制按其控制主体可分为业主的质量控制、承包单位的质量控制、政府的质量控制三类。业主的质量控制通过委托社会监理的形式来实现，承包单位的质量控制靠承包人的质量自检体系来实现，政府的质量控制通过行政主管部门及各级质监站来实现。

(3)**答**：①由于非承包人的责任，工程不能按原定工期完工；

②延期情况发生后，承包人在合同规定期限内向监理工程师提交工程延期意向；

③承包人承诺继续按合同规定向监理工程师提交有关延期的详细资料，并根据监理工程师需求随时提供有关证明；

④延期时间终止后，承包人在合同规定的期限内，向监理工程师提交正式的延期申请报告。

(4)**答**：公路工程监理的主要内容有工程质量监理、工程进度监理、工程费用监理、安全监理、环保监理、合同管理、信息管理、组织协调，即常说的"五(三)监控二管理一协调"。

(5)**答案要点**：

①承包人的依据是合同的规定：图纸由监理提供，规范规定，承包人必须严格按图施工，不对设计负责，故提出索赔。

②根据合同及规范规定，施工前，承包人必须对设计图进行认真审核，并对几何尺寸及控制坐标进行全面计算，在施工放样中加以核实，而这一部分的失误应由承包人自行承担，故工期费用索赔不成立。

(6)**答**：施工企业建立自检系统的工作内容有：

①确定质量控制的目标；

②建立质量控制的组织机构；

③配备相应职称和数量的自检人员；

④配备能满足要求的试验检测设备；

⑤采用标准、规范化的工作方法，建立健全标准、规范化的工作制度。

(7)**答**：监理工程师在施工准备阶段应当进行监理工作的主要内容为：

参加设计交底；审批施工组织设计；检查承包人的质量、安全、环保等保证体系；审核承包人工地试验室；审批承包人提交的对原始基准点、基准线和基准高程的复测结果；验收地面线；审批工程划分；确认场地占用计划；核算工程量清单；签发开工预付款支付证书；召开监理交底会；召开第一次工地会议；签发合同工程开工令等。

第二部分　监理工程师与监理单位

了解：2.0.1　监理单位的组织形式与设立；
2.0.2　监理单位资质的构成要素、等级划分及管理；
2.0.3　监理单位违规行为的处罚；
2.0.4　监理工程师的概念与素质要求。
熟悉：2.0.5　监理工程师的法律地位与法律责任及违规行为的处罚；
2.0.6　监理工程师的资格与岗位登记；
2.0.7　监理单位经营活动的基本准则。
掌握：2.0.8　监理工程师的职业道德准则；
2.0.9　监理工程师在施工监理中的权力及各方面监理的职责。

一、监理工程师与监理单位的知识要点

1. 了解监理工程师的概念和素质要求

(1)监理工程师的概念：是指经全国公路工程监理工程师执业资格考试合格，取得监理工程师执业资格证，并经岗位登记从事公路工程监理业务的专业人员。包含三层含义：

①从事公路工程监理工作的专业人员；

②取得交通主管部门确认的证书；

③经岗位登记。

(2)人员素质要求：

①具有较高的理论水平；

②具有较高的专业技术水平；

③具有合理知识结构——技术、经济、管理、法律；

④要有丰富的工程建设实践经验；

⑤具有高尚的道德情操和良好的敬业精神；

⑥具有较强的组织协调能力和良好的协作精神；

⑦具有较高的外语水平和涉外工作经验；

⑧具有健康的体魄和充沛的精力。

注意区别：监理工程师的知识要求(知识结构)与素质要求的不同。

【例题】

(1)作为监理工程师一般应具备的资格要求有(ABC)。

A. 从事公路工程监理业务的专业人员　　B. 经岗位登记

C. 取得相应执业资格证　　D. 必须获得高级技术职称

E. 必须获得大学工程专业毕业文凭

(2)监理工程师一般应具备的知识结构是(C)。

A. 技术知识　　B. 技术与经济知识

C. 技术、经济、管理与法律　　D. 经济与合同知识

(3)监理工程师要有合理的知识结构主要有以下几方面(ABDE)

A. 经济　　B. 技术

C. 金融　　D. 管理

E. 法律

(3)施工监理的原则和施工监理准则:

①原则——严格监理,热情服务,秉公办事,一丝不苟。

2008 年《公路工程施工监理招标文件范本》的原则是"严格监理、优质服务、公正科学、廉洁自律"。

②准则——守法、诚信、公正、科学(注意与下一点的区别)。

【例题】

(1)我国公路工程监理原则的内容是(ACDE)。

A. 严格监理　　B. 事先监理

C. 优质服务　　D. 科学公正

E. 廉洁自律

(2)监理单位经营活动的准则是(C)。

A. 客观、公正、科学、诚信　　B. 客观、公正、科学、高效

C. 守法、公正、科学、诚信　　D. 守法、公正、科学、高效

2. 掌握监理工程师的职业道德准则

监理人员职业道德(13 点):

(1)热爱本职工作,忠于职守,认真负责,具有对工程建设项目的高度责任感。

(2)严格按照合同(包括合同协议书、合同条件、技术规范等)实施对工程的监理,既要保护业主的利益,又要公正合理地对待承包人。

(3)监理工程师本身要模范地遵守国家以及地方的各级法律、法规和规定,同时也要求承包人模范地遵守,并据以保护业主的正当利益。

(4)监理工程师不得接受业主所支付的酬金以外的报酬及任何回扣、提成、津贴或其他间接报酬。同时,也不得接受承包人的任何好处,以保持监理工程师的廉洁性。

(5)监理工程师要为业主严格保守秘密。监理工程师了解和掌握的有关业务的情报资料,必须严格保密,不得泄漏。

(6)监理工程师认为自己的正确判断或决定被业主否决时,监理工程师应阐明自己的观点,并且应以书面形式通知业主,说明可能给业主带来的不良后果。如认为业主的判断或决定不可行时,应书面向业主提出劝告。

(7)监理工程师当发现自己处理问题有错误时,应向业主及时承认错误,并同时提出改进意见。

(8)监理工程师对本监理机构的介绍应实事求是,不得向业主隐瞒本机构的人员现实情况、过去的业绩以及可能影响服务质量的因素。

(9)监理单位或监理工程师个人,不得经营或参与承包施工或设备、材料采购等经营销售

活动，也不得在政府部门、施工单位、设备、材料供应单位任职、兼职。

(10)监理工程师不得以谎言欺骗业主和承包人，不得伤害、诽谤他人名誉，借以提高自己的地位。

(11)监理工程师不得以个人名义接受委托，开展工程监理任务，只能由监理单位承担。

(12)为自己所监理的工程项目聘请外单位监理人员时，须征得业主的认可。

(13)接受职业继续教育，努力学习专业技术和监理知识，不断提高业务能力和监理水平。

【例题】

(1)下列行为要求中，既属于监理工程师职业道德又属于监理工程师义务的是(C)。

A. 不收受被监理单位的任何礼金

B. 保证执业活动成果的质量，并承担相应责任

C. 不泄露与监理工程有关的需要保密的事项

D. 坚持独立自主地开展工作

(2)监理工程师的职业道德准则中包括(ACE)等内容。

A. 不以个人名义承揽监理业务

B. 严格按照业主意图开展监理业务

C. 不收受被监理单位的任何礼金

D. 可以同时在两个监理单位登记和从事监理业务

E. 不得参与采购、营销设备和建筑材料

(3)属于监理工程师的职业道德准则内容的有(ACE)。

A. 不以个人名义承揽监理业务　　B. 按照业主意图开展监理工作

C. 不接受被监理单位的任何礼金　　D. 为业主、承包人保密

E. 不得参与采购、营销设备和建筑材料

(4)监理工程师为自己所监理的工程项目聘请外单位监理人员时，须征得业主的认可。(√)

(5)当监理工程师认为自己正确的判断或决定被业主否决时，可以口头通知业主，说明可能的不良后果。(×)

(6)监理工程师所了解和掌握的有关业主的情报资料，应及时通报给承包人。(×)

3. 掌握监理工程师在施工监理中的权力及各方面的职责

1)监理工程师的职责和权限：质量、安全、环保、进度、费用、合同(《公路工程施工监理规范》上的相关内容)。这部分的重点是合同管理的内容。

在施工阶段，监理工程师主要职责可归纳为以下几个方面。

(1)工程质量监理方面的职责

①向承包人书面提供图纸中的原始基准点、基准线和基准高程等资料，进行现场交验，并对承包人提交的原始基准点、基准线和基准高程的复测结果进行审核和平行复测；检查承包人使用测量仪器是否按规定进行了校准；审查承包人提交的施工测量放线数据、图表及放线成果，并予以批复。

②在合同规定的期限内及时审批承包人提交的施工组织设计。

③审核承包人工地试验室的人员、设备和试验测试能力是否达到合同要求以及管理制度是否健全。

④检查承包人质量保证体系是否落实，重点检查项目负责人、技术负责人、工地试验室负

责人的资格，检查质量自检人员的履约情况。

⑤在总体工程开工前审批承包人提交的分项、分部、单位工程分划，并报业主备案。

⑥审查承包人申报的原材料、混合料试验资料，对原材料应独立取样进行平行试验，对混合料应在承包人标准试验的基础上进行试验验证，必要时做标准试验，在合同规定的期限内予以批复。

⑦分项工程开工前，审查承包人提交的该分项工程的施工组织及人员（包括技术负责人、质量自检人员、试验检测人员及主要施工操作人员）配备是否符合合同要求并满足施工需要。

⑧审查承包人进场的施工机械设备是否满足合同规定的施工质量要求。

⑨审查承包人提交的分项、分部工程的施工方案及主要工艺，对技术复杂或采取新技术、新工艺、新材料、新设备的工程，应根据试验工程结果审批。

⑩审查承包人提交的分项、分部工程开工申请，在合同规定的时间内应对工程的开工条件进行审查，并批复开工申请。

⑪对承包人外购或订做用于永久工程的构、配件或设备进行验收，并应要求承包人提交产品合格证和自检报告；可采用常规仪器设备进行检测的，应按规定的频率进行抽检，合格后方可准予使用。

⑫在施工过程中，按合同规定的抽检频率，对已批准使用的原材料、混合料和已完工的工程实体质量进行抽检。对于不符合合同要求的材料，有权拒绝使用；对于不符合合同质量要求的工程，有权要求承包人返工或采取其他补救措施，以达到合同规定的技术要求。

⑬在施工过程中对施工现场进行巡视，并重点对正在施工的分项、分部工程检查是否已批准开工，质量检测人员是否按规定到岗，现场使用的原材料或混合料、外购产品、施工机械设备及采用的施工方法与工艺是否与批准的一致，试验检测仪器、设备是否按规定进行了校准，是否按规定进行了施工自检和工序交接，施工质量措施是否落实到位，特种作业人员是否持证上岗等，并做好巡视检查记录。

⑭在施工过程中应对试验工程、重要隐蔽工程和完工后无法检测其质量或返工会造成较大损失的工程的工序、工艺或部位的施工全过程进行旁站。发现的问题应责令承包人立即改正；当可能危及工程质量时，应予制止。旁站项目的工序完工后，应组织检查验收，验收合格的方可进行下道工序的施工，并应按规定的格式做好旁站记录。

⑮在施工过程中应对承包人的检验测试工作全面进行监理；有权使用承包人或自备的测试仪器设备对工程质量进行检验，凭数据对工程质量进行监理。

⑯施工过程中当发生可由监理机构处理的质量缺陷、质量隐患时，应立即向承包人发出工程暂时停工指令，并要求立即书面报告质量问题发生的时间、部位、原因及已采取的措施和进一步处理方案；对处理方案进行审核后应报业主批准，对处理方案的实施进行监理并予以验收，处理合格、隐患消除的可发出复工指令。当发生不属于监理机构处理的质量事故时，应要求承包人按规定速报有关部门，同时应和承包人等一起保护事故现场，抢救人员和财产，防止事故扩大，积极配合调查。此外，要对加固、返工或重建的工程进行监理。

⑰按合同及有关标准规定要求对工程进行独立抽检，对承包人检评资料进行签认，对工程质量进行评定。

(2)施工安全监理方面的职责

①审查承包人的安全保证体系和安全管理规章制度。

②审查承包人的施工组织设计和施工方案中的施工安全方案及安全技术措施。

③审查各类有关安全生产的文件。

④审查各分包单位的安全资质和有关证明文件。

⑤审查施工安全组织体系及安全管理人员的资格。

⑥审核新材料、新技术、新工艺、新结构的使用安全技术方案及安全措施。

⑦对承包人执行施工安全法律、法规和工程建设强制性标准的情况进行监督检查。

⑧对安全保证体系运转和安全技术措施落实情况进行检查。

⑨审核承包人提交的工序交接检查、分部、分项工程安全检查报告。

⑩施工中发现不安全因素和安全事故隐患时，应指示承包人采取措施予以整改，如承包人未作整改，有权下令暂停施工；当发现存在重大安全隐患时，应立即下令承包人暂停施工，并及时报告业主，如有必要，应向有关主管部门报告。

⑪当发生施工安全事故时，应立即报告业主，并协助业主进行安全事故的调查处理工作。

⑫根据工程进度情况，对各工序、主要结构、关键部位的安全情况进行旁站、巡视，并做好记录。

⑬建立施工安全监理台账，按照法律法规和工程建设强制性标准实施监理，并对建设工程安全生产承担监理责任。

(3)施工环境保护监理方面的职责

①审查承包人编制的施工环境保护方案和技术措施。

②审查承包人的环保管理组织体系及管理人员的资格。

③审查新材料、新工艺、新技术、新结构使用的环保措施。

④对承包人执行环境保护法律、法规的情况，以及环保体系运转情况和环保措施落实情况进行监督检查。

⑤审核承包人提交的工序交接及分部分项工程环保检查报告。

⑥监督承包人严格按批准的弃渣规划有序地堆放、处理和利用废渣，防止任意弃渣造成的环境污染。

⑦监督承包人严格执行有关规定，加强对噪声、粉尘、废气、废水、废油的控制，并按有关规定及合同约定进行处理。

⑧要求承包人保持施工区和生活区的环境卫生，及时清除垃圾和废弃物，并运至指定地点进行处理。进入现场的材料、设备应有序堆放。

⑨施工中出现违反有关环保规定或未按合同要求落实环保措施的情况，应书面指令承包人整改；情况严重时，应立即下令承包人暂停施工，并及时报告业主。

⑩根据施工安排及工程进度情况，对施工现场的环保情况进行巡视检查，并做好记录。

⑪若监理合同约定了环境监测事项，应依据合同进行相应的环境监测，以监测数据指导环保监理工作。对于监测结果超标的情况，应要求并监督承包人认真分析原因，有针对性地调整施工行为，甚至采取或调整必要的环境保护措施。

⑫工程完工后，应监督承包人按合同约定拆除施工临时设施，清理场地，做好环境恢复工作。

(4)工程进度监理方面的职责

①审批承包人在开工前提交的总体施工进度计划、现金流动计划和总说明，以及在施工阶段提交的各种详细计划和变更计划。

②审批承包人根据总体施工进度计划编制的年度或月进度计划。

③在收到承包人提交的合同工程开工申请后，应对合同工程的开工条件进行核查。具备条件的，应签发合同工程开工令，并报业主备案。

④在施工过程中监督进度计划的执行情况，检查工程实际进度，分析计划进度与实际进度偏差及产生原因；对每月的工程进度进行分析和评价，并做好进度记录。

⑤对总体工程进度起控制作用的分项工程的实际工程进度明显滞后于计划进度，且承包人未获得延期批准时，应签发监理指令，要求承包人采取措施加快工程进度；需要调整进度计划的，应要求承包人调整进度计划并审批调整后的工程进度计划。承包人获得延期批准时，应要求承包人根据延期批复调整工程进度计划，并审批调整后的工程进度计划。

⑥由于承包人原因造成工程进度延误，在收到监理指令后承包人未有明显改进，致使合同工程在合同工期内难以完成时，应及时身业主提交书面报告，并按合同规定处理。

⑦定期向业主报告工程进度情况，及时提交监理月报。

(5)工程费用监理方面的职责

①在承包人提交了开工预付款担保后，按合同规定的金额签发开工预付款支付证书，并报业主审批。

②依据合同规定的计量原则对工程量清单进行审核。审核无误后，及时对承包人提交的工程量清单复核结果予以签认。

③在承包人提交了计量申请后，应按合同规定及时地计量核实合同工程量清单规定的任何已完工程的数量；对复杂、有争议的需要现场确认的项目，应会同建设、设计、施工等单位现场计量；对于不符合合同规定的项目，有权拒绝计量。

④对承包人提交的工程支付申请进行审核，确认无误后应在合同规定的时间内签发中期支付证书及最后支付证书，并报业主审批；对于不符合合同要求的工程项目和施工活动，有权暂拒支付，直到上述项目和施工活动达到要求。

⑤应建立计量与支付台账，将计量与支付随时发生的变化登账记录，实行动态管理，当有较大差异时应报业主。

(6)合同其他事项管理方面的职责

①主持召开第一次工地会议和施工阶段的工地例会及专题工地会议，并做好会议记录。

②按合同规定的变更范围，对工程或其任何部分的形式、质量、数量及任何工程施工程序做出变更的决定，按合同约定或合同双方协商的结果确定变更工程的单价和价格，经业主同意下达变更令。

③在承包人提出工程延期或费用索赔申请后，应对延期或索赔发生的原因、发展情况、结果测算等资料进行审核，并根据合同规定审定延期的时间或索赔的款项，经业主批准后发出通知。

④按合同规定审查承包人的任何分包人的资格，分包工程的类型、数量，审查合格后报业主批准。

⑤按合同规定，对合同执行期间由于国家或省(自治区、直辖市)颁布的法律、法规、法令等致使工程费用发生的增减和人工、材料或影响工程费用的其他事项价格的涨落而引起的工程费用的变化，应根据合同规定的价格调整方法及可调整的项目，计算确定新的合同价格或调价幅度，予以核定签认。

⑥根据合同规定，结合工程实际需要，批准或指令承包人实施计日工，并按合同已确定的单价和费率，审核应支付的计日工费用。

⑦施工过程中发生质量事故和其他必须暂停施工的紧急事件等情况时，应按合同规定，经业主同意后，签发工程暂停令，并指令承包人保护该部分或全部工程免遭损害，同时做好工程延期和费用索赔的预防。

⑧承包人原因引起工程暂停需复工时，应要求承包人提出复工申请并签发复工指令；非承包人原因引起的工程暂停，在暂停原因消失后具备复工条件时，应及时签发复工指令。

⑨根据合同规定对承包人办理工程保险种类、数额、有效期、保险单及保险费收据等进行检查。

⑩在合同履行期间，应及时提示承包人和业主采取措施，防止违约事件发生；违约事件发生后，应调查分析，掌握情况，依据合同规定和有关证据评估损失，提出处理意见。

⑪在收到合同一方或双方提出的争端协调申请后，应及时调查和收集相关资料，提出争端解决建议，对双方进行调解。在对争端进行仲裁或诉讼时，应向仲裁机关或法院提供有关证据。

2）与此相关的内容有各级监理人员和机构等职责权限。

【例题】

(1)监理工程师必须在确认延期事件满足（ABDE)条件后，才受理工程延期申请。

A. 由于非承包人的责任，工程不能按原定工期完工

B. 延期情况发生后，承包人在合同规定期限内向监理工程师发出工程延期的通知

C. 未经监理工程师同意，随意分包工程，或将整个工程分包出去

D. 延期时间终止后，承包人在合同规定的期限内，向监理工程师提交正式的延期申请报告

E. 承包人承诺继续按合同规定向监理工程师提交有关延期的详细资料，并根据监理工程师的要求随时提供有关证明

(2)已经运到施工现场的施工机械设备是承包人资产，承包人可以（C）。

A. 自由调用

B. 经业主同意后，可自由调用

C. 经监理批准即可自由调用

D. 经监理批准、业主同意，才能自由调用

(3)在法律上，合同的签订可分为要约和承诺两个阶段，一般认为（C）。

A. 工程招标是要约，工程投标是承诺

B. 工程招标是要约，工程投标是再要约，定标则是承诺

C. 工程招标是要约邀请，工程投标是要约，定标则是承诺

D. 工程招标、投标是要约，定标则是承诺

(4)设计单位、监理工程师、承包人均可按照规定程度提出设计变更要求，但必须经过（B）的批准才能生效。

A. 工程专家　　B. 监理工程师

C. 总监理工程师　　D. 业主

注：该题应依据 FIDIC 合同条件选择 B 选项，如果按交通运输部相关文件的规定答案是 D。

(5)承包人的费用索赔是指承包人由于（D）原因而造成的费用损失或增加而向业主提出的费用补偿要求。

A. 不可预见因素　　B. 天气因素

C. 业主因素　　D. 非承包人自身因素

(6)在业主授予监理工程师必要的权力中，以(D)最重要。

A. 技术上的核定权　　B. 工程质量确认与否决权

C. 工程进度确认与否决权　　D. 工程款支付与结算的确认与否决权

(7)总监理工程师应履行的职责是(C)。

A. 签署工程计量原始凭单

B. 编制各专业的监理实施细则

C. 负责合同争议调解

D. 负责各专业监理资料的收集、汇总及整理

(8)不属于专业监理工程师职责的是(C)

A. 负责编制专业监理细则

B. 日常巡视、旁站、并做好记录

C. 验收工程质量，并予以确认或否认

D. 根据本专业实际情况做好监理日志

(9)以下属总监理工程师的职责与权限的有(BCD)。

A. 审查批准工程建设合同　　B. 审查批准工程延期

C. 签发工程支付证书　　D. 处理重大质量事故

(10)公路建设必须招标的项目有(ABCD)。

A. 投资 3000 万元以上　　B. 单项合同价 200 万元以上

C. 材料设备单项合同 100 万元以上　　D. 设计、监理费单项合同 50 万元以上

E. 国家机密工程

(11)监理工程师的权力由业主授权而来，主要有(BDE)。

A. 施工单位的选择权　　B. 技术上的核定权

C. 分包单位的指定权　　D. 组织协调权

E. 工程质量的确认权和否决权

(12)总监理工程师一般应当具有下列职责中的(BCE)。

A. 主持编制监理大纲　　B. 确定项目监理机构的部门负责人

C. 审查并确认分包单位　　D. 审查施工方案

E. 审核并签署工程竣工资料

(13)属于监理工程师在质量监理方面职责的是(ACE)。

A. 审批承包人的施工组织设计　　B. 审批承包人的工程分包

C. 审查承包人的质量保证体系　　D. 审核签认工程量清单

E. 审查承包人的分项、分部工程开工申请

(14)当工程项目出现(ADE)等情况时，监理工程师可按合同规定，下达暂停施工的指令。

A. 隐蔽工程未经监理检验而自行覆盖　　B. 时间拖延导致工期延误

C. 工程成本大量增加　　D. 擅自变更施工图纸施工

E. 施工中出现质量异常，承包人不予改进

(15)对监理人员履行职责的能力、表现和职业道德，进行评价、考核和处理是总监理工程师的职责和权限。　(√)

(16)承包人提出的变更与监理提出的变更一样,一旦获得批准,承包人有权获得额外的费用补偿。 (×)

(17)对于不符合合同质量要求的工程,监理工程师应经业主批准后可以要求承包人返工或采取补救措施。 (×)

4. 熟悉监理工程师的法律地位与法律责任及违规行为的处罚

(1)监理工程师的法律地位:其地位由国家法律法规确定,并建立在监理合同上。

(2)监理工程师的法律责任(概论将此阐述为违反的责任,实际应该是依据法律应该承担的责任和违反后应当承担的责任):

①监理工程师应承担的法律责任:代表业主承担施工质量监理责任(条例)。

②监理工程师违规应承担法律责任:

a. 违反法律法规的行为——降低标准,造成重大安全事故;

b. 违反合同约定的行为——监理单位是主体,监理工程师群体中的个人与单位承担连带责任。

(3)监理工程师违规行为的处罚:不予上岗登记、作为不良信用记录、停止执业(3 月～1 年)、吊销执业资格证书(5 年或终身)、行政处分、刑事责任。

【例题】

(1)当发现存在重大安全隐患时,应(ABC)。

A. 下令暂停施工　　B. 及时报告业主

C. 向主管部门报告　　D. 指示承包人予以整改

E. 协助业主进行调查

(2)违反《建设工程质量管理条例》规定,监理工程师因过错(ACE)。

A. 造成质量事故的,责令停止执业 1 年

B. 造成重大质量事故的,吊销执业资格证书,3 年以内不予注册

C. 造成重大质量事故的,吊销执业资格证书,5 年以内不予注册

D. 情节特别恶劣的,10 年以内不予注册

E. 情节特别恶劣的,终身不予注册

(3)监理工程师的法律地位是由国家法律、法规确定的,并建立在监理合同的基础上。 (√)

(4)监理工程师的法律地位是由国家法律、法规确定的,与监理合同无关。 (×)

(5)由于监理工程师出现过失,违反合同的约定,其行为将被视为监理单位违约,由监理单位承担相应的违约责任。 (√)

(6)监理工程师代表业主对施工质量实施监理并对施工质量承担监理责任。 (√)

5. 熟悉监理工程师的资格与岗位登记

(1)监理工程师执业资格的划分(级别):监理工程师 JGJ,专业监理工程师 JGZ。

(2)监理工程师执业资格确认:考试合格者,部执业资格小组审核并发证确认其资格。

(3)监理工程师岗位登记:上岗登记和业绩登记。

【例题】

(1)监理工程师执业资格可划分为(AD)。

A. 监理工程师　　B. 总监理工程师

C. 驻地监理工程师　　D. 专业监理工程师

E. 测量监理工程师

(2)监理工程师的岗位登记包括(BD)。

A. 职称登记　　B. 上岗登记

C. 职务登记　　D. 业绩登记

E. 学历登记

(3)要取得监理工程师岗位资格必须经过(BCD)。

A. 培训　　B. 执业资格考试

C. 执业资格确认　　D. 岗位登记

E. 业技术考核

(4)作为工程项目总监理工程师应具备的条件是(ACE)。

A. 具有相应专业高级技术职称　　B. 三年以上的工程现场监理经历

C. 五年以上的工程现场监理经历　　D. 担任过同类工程的驻地或总监职务

E. 担任过两项以上同类工程的驻地或总监职务。

(5)作为驻地监理工程师应具备的条件是(ABD)。

A. 具有相应专业中、高级技术职称　　B. 取得交通部监理工程师资格证书

C. 五年以上的工程现场监理经历　　D. 三年以上的工程现场监理经历

E. 担任过同类工程的驻地或总监职务。

(6)经过全国公路工程监理工程师执业资格考试合格,取得监理工程师执业资格证书,即可自动成为监理工程师。　　(×)

6. 了解监理单位的组织形式与设立

(1)监理单位的组织形式:公司制监理企业,中外合资(合作)经营监理企业。

(2)监理单位的设立:

①设立监理单位的基本条件;

②设立监理单位的申报与许可程序;

③监理资质申请与行政许可。

【例题】

监理有限责任公司是指由(B)的股东共同出资。

A. 2 个以上 30 个以下　　B. 2 个以上 50 个以下

C. 3 个以上 30 个以下　　D. 3 个以上 60 个以下

7. 了解监理单位资质的构成要素、等级划分及管理

(1)监理单位的资质构成要素(6 点):监理人员素质、专业配套能力、监理单位的技术装备、监理单位的管理水平、监理单位的经历和成效、财务状况。

(2)监理单位的资质等级划分:甲级、乙级、丙级。

(3)监理单位的资质管理:部负责专业甲级、乙级资质和专项资质的行政许可;省级负责丙级监理资质的行政许可。定期检验制度,每 2 年检验 1 次。

【例题】

(1)监理单位按照其拥有的(ABCD)等资质条件申请监理企业资质。

A. 持有交通运输部监理工程师和专业监理工程师证书监理人员数量

B. 专业技术人员数量

C. 注册资本

D. 监理业绩

E. 成立年限

(2)对于监理单位的资质管理，省级交通主管负责(B)的行政许可工作。

A. 公路专业乙、丙级资质　　B. 公路专业丙级资质

C. 公路专业二、三级资质　　D. 公路专业三级资质

(3)公路水运工程甲级监理资质条件有(ACE)。

A. 企业负责人和技术负责人中至少有2人具有公路或者相关专业高级技术职称。

B. 企业拥有中级职称以上各类专业技术人员不少于40人。(正确为50人)

C. 持监理工程师证书人员中，不少于15人具有2项一类工程监理业绩，不少于5人具有高级驻地监理工程师经历。

D. 企业注册资金不少于500万元。(正确为400万元)

E. 专业技术人员中持监理工程师资格证书的人数不少于30人

8. 熟悉监理单位经营活动的基本准则

基本准则：守法、诚信、公正、科学(注意区别)。

【例题】

(1)监理单位从事工程监理活动应当遵循的基本准则有(ACD)。

A. 守法　　B. 服务

C. 公正　　D. 科学

E. 公平

(2)监理单位经营活动应当遵循其基本准则。加强企业(A)是完善我国工程监理制度的重要保证。

A. 信用管理　　B. 经济管理

C. 技术管理　　D. 行政管理

9. 了解监理单位违规行为的处罚

(1)工程建设质量管理条例的规定：不能超越资质，不能挂靠和转让，应依据法规和标准不能违背质量标准，与被监理对象不能有利益关系。

(2)工程建设安全生产管理条例的规定：对施工组织设计中安全技术措施和专项施工方案进行审查，对安全隐患及时处理和报告，应按照法规和强制标准监理。

二、重点复习题和参考答案

1. 单选题

(1)申请监理工程师资格其条件之一：具有高级专业技术任职资格，或取得中级专业技术任职资格后有(　　)以上工程设计、施工、建设管理实践经历。

A. 1年　　B. 3年　　C. 5年　　D. 10年

(2)获得公路工程专业乙级监理资质的监理单位，可监理(　　)。

A. 全国范围内的一、二、三类工程

B. 本省范围内的一、二、三类工程

C. 全国范围内的二、三类工程

D. 本省范围内的二、三类工程

(3)监理单位资质实行定期检验制度，每(　　)检验一次。

A. 一年　　B. 两年

C. 三年　　D. 四年

(4)签发分项工程的开工通知单是监理工程师在(　　)方面的职责。

A. 工程质量监理　　B. 工程进度监理

C. 工程费用监理　　D. 合同管理

(5)审核工期延长是监理工程师在(　　)方面的职责。

A. 工程质量监理　　B. 工程进度监理

C. 工程费用监理　　D. 合同管理

(6)公路、桥隧甲组监理单位的监理业绩是承担过(　　)项以上一类的公路桥隧工程的施工监理。

A. 2　　B. 3　　C. 4　　D. 5

2. 多选题

(1)总监理工程师应具的条件论述正确的有(　　)。

A. 取得交通运输部监理工程师资格证书

B. 取得交通运输部专业监理工程师以上资格证书

C. 应具有相应专业的高级技术职称

D. 应具有相应专业的中级技术以上的职称

E. 具有2年以上的现场工程监理经历，担任过两项以上同类工程的总监或驻地职务

F. 具有5年以上的现场工程监理经历，担任过两项以上同类工程的总监或驻地职务

(2)作为驻地监理工程师应具备的条件是(　　)。

A. 具有相应专业中、高级技术职称　　B. 取得交通部监理工程师资格证书

C. 五年以上的工程现场监理经历　　D. 三年以上的工程现场监理经历

E. 担任过同类工程的驻地或总监职务

(3)获得公路工程乙级监理资质的监理单位，可在全国范围内监理(　　)。

A. 高速公路　　B. 一级公路

C. 二级公路　　D. 大、中桥

E. 中、短隧道

(4)监理单位按照其拥有的(　　)等资质条件申请资质。

A. 监理人员数量　　B. 专业技术人员

C. 注册资本　　D. 监理业绩

E. 成立年限

(5)监理工程师的执业特点主要表现在(　　)。

A. 执业范围广泛　　B. 执业道德高尚

C. 执业内容复杂　　D. 执业技能全面

E. 执业责任重大

(6)监理工程师必须具备的基本知识包括(　　)。

A. 气象　　B. 法律

C. 经济　　D. 管理

E. 技术

(7)各种等级的监理单位所能承担的工程类型正确的有(　　)。

A. 甲级可以监理高速公路　　B. 乙级可以监理一级公路

C. 丙级可以监理二级公路　　D. 丁级可以监理三级公路

E. 甲级可以监理各级公路

(8)以下桥梁工程属于一类监理等级的有(　　)。

A. 3×30+90+200+90+2×30　　B. 16×50

C. 20×50　　D. 2×40+180+360+180

(9)下列各类单位中,合法从事监理业务活动的是(　　)。

A. 具有法人资格的工程咨询单位　　B. 具有法人资格的工程设计单位

C. 具有法人资格工程监理单位　　D. 质量监理站

E. 具有法人资格,取得监理资质证书的科研单位

(10)国际咨询工程师联合会所规定的道德行为准则除了"社会和职业责任"之外,还包括以下几方面要求(　　)。

A. 独立性　　B. 能力

C. 正直性　　D. 公正性

E. 对他人的公正

3. 判断题

(1)监理工程师是一种技术职务,他可以受业主委托从事工程监理业务。(　　)

(2)监理工程师所了解和掌握的有关业主的情报资料,应及时通报给承包人。(　　)

(3)监理工程师的法律地位是由国家法律、法规确定的,并建立在监理合同的基础上。(　　)

(4)监理工程师的法律地位是由国家法律、法规确定的,与监理合同无关。(　　)

(5)获得公路工程专业乙级监理资质,可在全国范围内从事除特殊独立大桥外的一、二、三类公路工程、桥梁工程监理。(　　)

(6)根据合同有关规定,业主或承包人应通过监理工程师向对方索取合同价格以外的费用。(　　)

(7)监理工程师是施工合同文件中授权承担工程监理工作的个人。(　　)

(8)承包人只要经业主同意就可进行工程分包,无须再经监理审查批准。(　　)

4. 综合分析题

(1)简述监理工程师在开工后施工阶段的主要监理工作内容。

(2)作为一个合格的监理人员应当具备的基本素质有哪些?

参考答案

1. 单选题

(1)C　(2)C　(3)B　(4)A　(5)D　(6)A

2. 多选题

(1)ACF　(2)ABD　(3)BCDE　(4)BCE　(5)ACDE

(6)BCDE　(7)AE　(8)ACD　(9)CE　(10)BCD

3. 判断题

(1)×　(2)×　(3)√　(4)×　(5)×　(6)√　(7)×　(8)×

4. 综合分析题

(1)**答案要点**:围绕"五监理、两管理、一协调"展开论述。[可参见第一部分相关知识点]

(2)**答**:①具有较高的理论水平;

②具有较高的专业技术水平;

③具有合理知识结构:技术、经济、管理、法律;

④要有丰富的工程建设实践经验;

⑤具有高尚的道德情操和良好的敬业精神;

⑥具有较强的组织协调能力和良好的协作精神;

⑦具有较高的外语水平和涉外工作经验;

⑧具有健康的体魄和充沛的精力。

第三部分　工程监理组织

了解:3.0.1　组织的基本原理;

3.0.2　工程项目承发包的组织模式与监理模式。

熟悉:3.0.3　建立工程项目监理机构的步骤;

3.0.4　公路工程项目监理机构的四种组织模式;

3.0.5　公路工程项目监理机构中监理试验、检测、办公、生活设施设备的配备。

掌握:3.0.6　公路工程项目监理机构的设置;

3.0.7　公路工程项目监理机构的人员配备及职责分工。

一、工程监理组织的知识要点

1.了解组织的基本原理

1)组织的概念

(1)组织的4层含义:目标、责任制、系统、运转。

(2)组织的4个作用:完成任务、秩序性和预见性、竞争力和综合效益、向心力和自信心。

(3)组织构成的4个因素:管理层次、管理跨度、管理部门、管理职能。

(4)组织构成的4个因素之间的关系:管理层次与管理跨度的反比关系;管理4个层次的宝塔关系等。

(5)组织作为生产力的第四要素与其他三要素(人、劳动对象、劳动工具)有其不可替代的特点。

【例题】

(1)在生产力的几个要素中,具有不可替代性特点的要素是(B)。

A.劳动者　　B.组织

C.劳动对象　　D.劳动工具

(2)一个系统的组织结构包括(ADE)。

A.组织结构模式　　B.物质流程组织

C.信息流程组织　　D.任务分工

E.管理职能分工

2)组织设计的原则

(1)目的性原则;

(2)管理跨度和分层统一原则(有效管理跨度原则);

(3)集权与分权相结合原则;

(4)责、权、力、效、利相匹配的原则;

(5)统一指挥原则;

(6)适应性原则。

【例题】

(1)组织设计的原则包括(ABDE)。

A. 目的性原则　　B. 有效管理跨度原则
C. 精简原则　　D. 集权与分权相结合原则
E. 责、权、力、效、利相匹配原则

(2)管理跨度是指(AB)。

A. 一个管理者直接有效地指挥和协调下级的人数
B. 一个上级职位指挥和协调下级职位的数目
C. 组织形式
D. 组织要素

(3)管理跨度与管理层次的关系是(B)。

A. 成正比关系　　B. 成反比关系
C. 数目相等关系　　D. 没有关系

(4)监理组织结构的四个层次中,人数最少的是(B)。

A. 协调层　　B. 决策层
C. 操作层　　D. 执行层

(5)在监理组织结构的各个层次中,人数最多的是(C)。

A. 协调层　　B. 决策层
C. 操作层　　D. 执行层

(6)组织构成一般是上小下大的形式,由(ABDE)等因素组成。

A. 管理层次　　B. 管理跨度
C. 管理制度　　D. 管理部门
E. 管理职能

(7)符合统一指挥原则的组织结构模式有(AE)。

A. 直线式　　B. 职能式
C. 混合式　　D. 矩阵式
E. 直线职能式

3)组织结构的基本模式(监理组织结构与其对应,而不是监理组织机构)

四种模型的特点和适用情况:

(1)直线式:结构简单但呆板、权力集中、命令统一、决策迅速、指挥灵便,专业分工差、横向联系困难;适用于技术简单、专业分工不细的中小型项目。

(2)职能式:发挥各职能部门的专长、有利于生产专业化和人才培养,政出多门、责任不清、互相矛盾、协调困难;适用于工作内容多、技术专业化强、管理分工细的企业组织

(3)直线职能式(直线参谋式):集中领导、统一指挥、分工明确、高效有序,信息差、部门间易矛盾,注意协调;广泛适用。

(4)矩阵式:弹性,适合于资源的不均衡,高效,协调要求高;适用于大型复杂项目。

【例题】

(1)组织结构的基本模式有(ABC)。

A. 直线式　　B. 职能式　　C. 直线职能式　　D. 参谋式

(2)直线式项目监理组织形式具有(ABCE)特点。

A. 不能发挥职能部门的专家作用

B. 命令单一,责任分明

C. 决策迅速,提高办事效率

D. 有利于减少决策失误

E. 有利于减少横向部门之间相互扯皮,互相推诿的现象

(3)命令源最多的组织结构是(B)。

A. 直线式　　B. 职能式　　C. 矩阵式　　D. 直线职能式

(4)下图所示的项目监理组织有(BCD)特点。

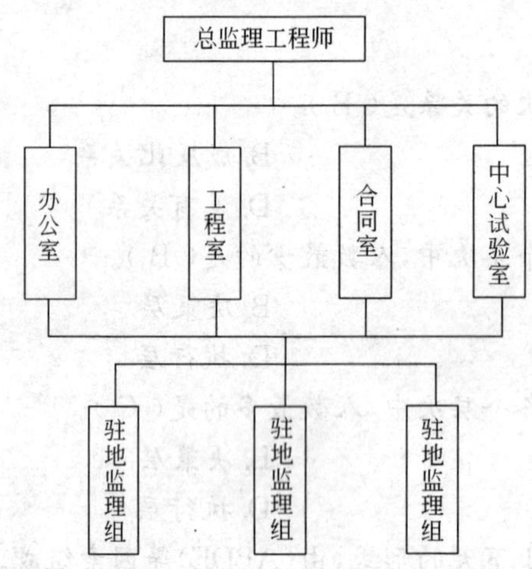

A. 集中领导,权力集中,完全统一

B. 多头领导易造成职责不清

C. 目标控制分工明确

D. 发挥职能机构的专业管理作用

E. 有利于管理人员业务能力的培养

(5)(C)是一种强调专业分工的大跨度组织结构模式。

A. 直线制　　B. 矩阵制

C. 职能制　　D. 直线职能制

(6)职能部门与指挥部门易产生矛盾的监理组织形式是(B)组织。

A. 直线制　　B. 职能制

C. 矩阵制　　D. 直线职能制。

(7)矩阵式监理组织形式的主要优点是(ABCD)。

A. 权力集中、隶属关系明确　　B. 命令统一、决策迅速

C. 发挥职能机构的专业管理作用　　D. 机动性大,适应性好

(8)直线式组织结构的优点有(ACE) 等。

A. 结构简单　　B. 专业化分工强

C. 职责明确　　D. 横向联系方便

E. 权力集中

2. 了解工程项目承发包的组织模式与监理模式

工程项目承发包的组织模式有：平行、设计/施工总分包、项目总承包、项目总承包管理。监理模式有：平行模式时业主委托一家监理单位或业主委托多家监理单位；设计（施工）总分包模式时业主委托一家监理单位或按照设计和施工阶段委托；项目总承包模式时业主委托一家监理单位进行全过程监理；项目总承包管理模式时业主委托一家监理单位对总承包管理单位进行监理。

【例题】

(1)平行承发包模式的优缺点有(ABC)。

A. 有利于缩短工期 B. 有利于质量控制
C. 投资控制难度大 D. 有利于组织管理
E. 总报价较高

(2)在工程项目承发包的组织模式中，组织协调工作量最大的是(A)。

A. 平行承发包模式 B. 设计或施工总承包模式
C. 工程项目总承包模式 D. 工程项目总承包管理模式

(3)对工程质量控制最有利的工程承发包模式是(D)。

A. 项目总承包 B. 独立承包
C. 设计和施工分别总承包 D. 平行承发包

(4)采用(D)模式，在征得业主同意的前提下，承包单位可以把承揽的全部设计和施工任务转包给其他单位。

A. 平行承、发包 B. 设计或施工总承包
C. 工程项目总承包 D. 工程项目总承包管理

(5)在下列建设工程组织管理模式中，不能独立存在的是(D)。

A. 总分包模式 B. 项目总承包模式
C. CM 模式 D. Parting 模式

(6)工程项目平行承发包模式的优点是(ACD)。

A. 有利于缩短工期 B. 有利于减少合同数量
C. 有利于质量控制 D. 有利于选择承建单位
E. 有利于投资控制

(7)工程项目总承包模式的缺点有(ACE)。

A. 招标发包工作难度大 B. 投资控制难度大
C. 质量控制难度大 D. 对进度控制不力
E. 业主选择承包商范围小

(8)属于项目总承包模式优点的有(ACE)。

A. 合同关系简单 B. 招标发包工作难度小
C. 协调工作量小 D. 质量控制难度小
E. 对投资控制有利

(9)属于平行承发包模式优点的是(BDE)。

A. 合同管理简单 B. 有利于缩短工期
C. 协调工作量小 D. 有利于质量控制
E. 有利于繁荣建设市场

(10)采用工程项目总承包模式时，征得业主同意，总承包单位可以将全部任务转包给其他单位。（×）

3. 掌握公路工程监理机构的设置

(1)监理机构的概念：监理机构是指由监理单位**派出**，并代表监理单位履行监理合同的**现场监理组织**。（区别于监理组织结构）

(2)建立监理机构时（即机构中**人员的数量和结构**）应考虑的因素：**监理**（服务）**内容**，**工程规模**，**合同工期**（服务期限），**工程条件**（项目组成、复杂与难易程度、地理位置、现场条件），**施工阶段**。

(3)监理机构的形式和其使用场合：

①一级监理机构：只设总监办，适合于独立（集中）大（特大）桥或隧道，高速或一级路20km以下。

②二级监理机构：设总监办和驻地办，适合于省、市内一条公路项目，高速或一级路20km以上。

二级以及以下公路养护可根据"工程规模、难易程度、合同工期、现场条件"设置一级或二级监理机构。

注：三级监理机构是在总监办和驻地办之间加设一个项目监理部（代表处），适合于跨省一条公路项目或者两个独立项目。但是2006年版《公路工程施工监理规范》(JTG G10—2006)取消了三级监理机构的形式，最多只有二级。2005年的考试题就是考三级**监理机构**。

【例题】

(1)现场监理机构有（AB）种类型。

A. 一级监理机构　　B. 二级监理机构
C. 三级监理机构　　D. 总监理工程师办公室
E. 高级驻地监理办公室　　F. 项目监理部

(2)项目监理机构人员数量并不取决于（D）。

A. 工程类别　　B. 工程建设强度
C. 工程复杂程度　　D. 监理单位资质等级

(3)监理机构的组织形式和规模，应根据监理合同规定的（BCEFHI）等因素确定。

A. 监理单位的情况　　B. 服务内容
C. 服务期限　　D. 项目资金来源
E. 工程项目的组成　　F. 工程规模
G. 业主项目机构　　H. 技术复杂程度
I. 现场条件

(4)项目采用二级监理机构时，监理人员一般应包括（ABCD）。

A. 总监理工程师　　B. 驻地监理工程师
C. 专业监理工程师　　D. 监理员
E. 设计代表

(5)项目采用一级监理机构时，监理人员一般应包括(ACD)。

A. 总监理工程师　　B. 驻地监理工程师
C. 专业监理工程师　　D. 监理员
E. 设计代表

(6)对我国公路工程建设项目采用的管理模式，下列说法正确的是(B)。

A. 驻地的监理四级管理　　B. 驻地监理的二级管理

C. 驻地监理的三级管理　　D. 总监代表处的一级管理

(7)监理单位在组建项目监理机构时，所选择的组织结构形式应有利于(BCD)。

A. 确定监理目标　　B. 控制监理目标

C. 工程合同管理　　D. 信息沟通

E. 确定监理工作内容

(4)监理机构形式与监理组织结构模式的区别：注意监理机构形式和组织结构模式之间区别以及它们之间的相互联系。例如，综合案例题给出一个独立大桥，要回答如何**设置监理组织**，就应该先确定该题是独立大桥，选用一级监理机构(只设总监办)；而总监办采用哪一种监理组织结构，可以在直线式、职能式、直线职能式和矩阵式这4种中选1种，一般采用直线式或直线职能式。

【例题】

某高速公路工程全长160km，跨甲、乙两省市，划分为甲1、甲2、甲3和乙1、乙2五个施工合同段，并相应设置现场监理机构。请按照现行《公路工程施工监理规范》的要求选择适当的监理组织形式，画出监理组织结构图，并分析该组织模式的优缺点。

答：(1)按照现行《公路工程施工监理规范》，现场监理机构一般按工程招标合同段设置基层机构，可视情况分别设置一级、二级或三级监理机构。由于该工程为跨省市，根据监理机构设置的适用条件，应设置三级监理机构，有4种监理组织结构可供选择：直线式、职能式、直线职能式、矩阵式，一般常用的是直线式或直线职能式。本题以直线式为例。

(2)画直线式结构图如下。

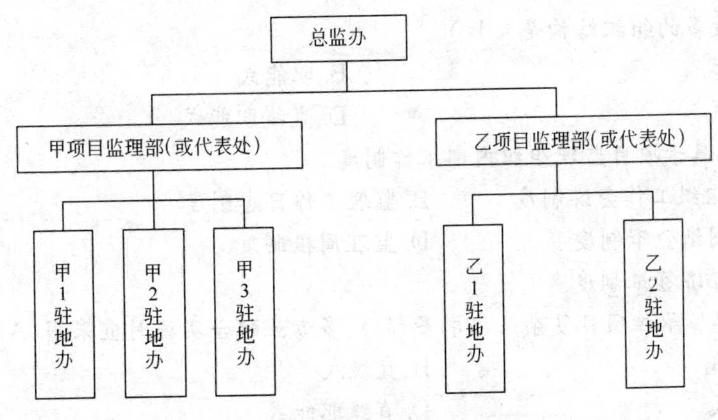

(如以直线职能式结构形式绘出图也可，但优缺点与其相应)

该项目采用直线式监理组织结构很适用。根据合同段的数量可设置五个合同段驻地办公室。

(3)直线式监理组织具有结构简单、职责分明、权力集中、命令统一、决策迅速、指挥灵活等优点；其缺点是结构呆板，专业分工差，横向联系困难等。

(如果采用直线职能式等形式的特点叙述正确亦可，但要结构图一致)

4. 熟悉建立工程项目监理机构的步骤

(1)确定工程监理目标:根据监理合同中的监理服务内容、服务期限、职责权限确定监理目标。

(2)确定工作内容。

(3)组织结构设计:组织结构模式确定,管理层次和跨度,部门划分,制定岗位职责和考核要求,配备人员。

(4)制定工作流程。

【例题】

(1)建立项目监理机构的前提是(C)。

A. 明确监理任务　　B. 明确监理工作

C. 明确监理目标　　D. 明确总监理工程师人员

(2)组建项目监理机构的一般步骤是(A)

A. 确立工程监理目标、确定工作内容、组织结构设计、制订工作流程

B. 确立项目目标、明确各方关系、规划组织结构、进行人员分工

C. 确立项目目标、明确各方关系、规划组织结构、任命各级监理人员

D. 确立工程监理目标、制订工作流程 、确定工作内容、组织结构设计

5. 熟悉监理组织机构的 4 种组织模式

直线式、职能式、直线职能式、矩阵式。

【例题】

(1)组织结构的基本形式有(BCDE)。

A. 曲线式　　B. 直线式

C. 矩阵式　　D. 职能式

E. 直线职能式

(2)命令源最多的组织结构是(B)。

A. 直线式　　B. 职能式

C. 矩阵式　　D. 直线职能式

(3)(ABD)属于项目监理组织内部工作制度。

A. 监理组织工作会议制度　　B. 监理工作日志制度

C. 施工图纸会审制度　　D. 监理周报制度

E. 技术经济签证制度

(4)当监理单位承担项目复杂又要求多部门、多专业配合实施时宜采用(A)。

A. 矩阵式　　B. 直线式

C. 职能式　　D. 直线职能式

(5)在我国的世界银行贷款项目上普遍采用的监理组织模式是(D)。

A. 直线式　　B. 职能式

C. 矩阵式　　D. 直线职能式

(6)职能部门与指挥部门易产生矛盾的监理组织形式是(C)监理组织。

A. 直线制　　B. 职能制

C. 直线职能制　　D. 矩阵制

(7)施工监理机构的组织结构模式包括(ACDE)。

A. 直线式　　　　　　　　　　B. 一级监理机构

C. 职能式　　　　　　　　　　D. 二级监理机构

E. 矩阵式　　　　　　　　　　F. 直线—职能式

6. 掌握公路工程项目监理机构和结构要

(1)人员结构(合理的专业结构和技术职称结构)、资质条件、组合比例

①人员结构:监(高)、专(中)、员(初)、行政分别为10%、40%、40%、10%。

②资质条件:总监,1名,5年经历,2个项目驻地或总监,高级职称;驻地,1~2名,3年经历,中级或高级职称;专监,3年;监理员,1年。

(2)人员配备数量

①金额:高速一级路1高级/年5 000万,独立大桥和特长隧道1高级/年3 000万,这些人员配备可调整,调整系数为0.8~1.2,即可多可少。

②里程:高速公路机电工程,每50公里1名部核准资格监理工程师。一般公路0.5~1.2人/公里,高速和一级公路不少于1人/公里(旧规范规定)。

【例题】

(1)项目监理机构人员数量并不取决于(D)。

A. 工程类别　　　　　　　　　B. 工程建设强度

C. 工程复杂程度　　　　　　　D. 监理单位资质等级

(2)施工监理的原则是(C)。

A. 各负其责,独立工作,互相尊重,密切合作

B. 协商为主,调解优先,独立公正,廉洁奉公

C. 严格监理,热情服务,秉公办事,一丝不苟

D. 服从监督,忠于业主,严守机密,热情服务

(3)独立大桥、特长隧道工程一般每年每(B)万元建安费宜配备交通运输部核准资格的监理工程师1名。

A. 2000　　　　　　　　　　B. 3000

C. 4000　　　　　　　　　　D. 5000

(4)高速公路、一级公路工程一般每年每(D)万元建安费宜配备交通运输部核准资格的监理工程师1名。

A. 2000　　　　　　　　　　B. 3000

C. 4000　　　　　　　　　　D. 5000

7. 掌握公路工程项目监理机构的人员配备及职责分工

(1)总监的职责:17条

①主持编制监理计划;②主持召开第一次工地会议及监理交底会;③按合同要求建立中心试验室;④审批施工组织设计及总体进度计划、重要工程材料及混合料配合比;⑤签发支付证书、合同工程开工令、单位或合同工程的暂停令和复工令;⑥审核变更单价以及延期和费用索赔;⑦协助建设单位审查交工验收申请,评定工程质量;⑧组织编写监理月报、编制监理竣工文件、编写监理工作报告。

(2)驻地监理的职责:20条

①主持编制监理细则;②主持召开工地会议;③按合同要求建立驻地试验室;④审批一般

工程材料和混合料配合比、施工单位的机械设备、施工方案；⑤审批施工单位测量基准点的复测、原地面线测量及施工放线成果；⑥审批分项工程开工申请，签发分项和分部工程暂停令和复工令；⑦日常巡视、旁站、抽检，并做好记录；⑧核算工程量清单，负责对已完工程进行计量；⑨组织分项、分部工程中间验收和质量评定，签发中间交工证书；⑩审批月进度计划，编写合同段监理工作报告。

(3)专业监理工程师的职责

专业监理工程师应按总监理工程师或驻地监理工程师所授的职责权限开展监理工作，其主要职责包括以下各项：

①负责编制本专业的监理细则。

②负责本专业监理工作的具体实施。

③组织、指导、检查和监督本专业监理员的工作，当人员需要调整时，向总监理工程师提出建议。

④审查承包人提交的涉及本专业的计划、方案、申请、变更，并向总监理工程师或驻地监理工程师提出报告。

⑤日常巡视、旁站、抽检，并做好记录。

⑥定期向总监理工程师或驻地监理工程师提交本专业监理工作实施情况报告，对重大问题及时向总监理工程师和驻地监理工程师汇报和请示。

⑦根据本专业监理工作实施情况做好监理日记。

⑧负责本专业监理资料的收集、汇总及整理，参与编写监理月报。

⑨核查进场材料、设备、构配件的原始凭证、监测报告等质量证明及其质量情况，根据实际情况认为有必要时对进场材料、设备、构配件进行平行检验，合格时予以签认。

⑩负责本专业的工程计量工作，审核工程计量的数据和原始凭证。

(4)监理员的职责

监理员应按监理工程师授予的职责权限开展监理工作，其主要职责应包括以下各项：

①核实进场原材料质量检验报告和施工测量成果报告等原始资料。

②检查承包人用于工程建设的材料、构配件、工程设备使用情况，并做好现场记录。

③按设计图纸及有关标准，对承包商的工艺过程或施工工序进行检查和记录，对工序施工质量检查结果进行记录；对工程的重要环节或关键部位及隐蔽工程实施全过程监理。

④参加审查承包人的施工进度计划和施工方案，并督促检查其执行情况。

⑤监督检查承包人的各项试验、测量工作，复核所有试验、测量记录，认定并留下痕迹。

⑥初审承包人提交的各种资料和表格，核实承包人提交的工程计量表，提出审查意见。

⑦执行监理细则，做好监理日志和填好各种监理图表。

⑧授权核查关键岗位施工人员的上岗资格；检查、监督工程现场施工安全和环境保护措施的落实情况，发现异常情况及时向监理工程师报告。

⑨授权检查承包人的施工日志和试验室记录。

⑩协助专业监理工程师做好日常巡视、旁站、抽检取样等工作，并做好记录。

【例题】

(1)以下(CD)是监理员的职责与权限。

A. 解释合同文件中不明确之处

B. 签发中间交工证书

C. 对工程的重要环节或关键部位实施全过程旁站监理

D. 做好监理日志，填好各种监理图表

(2)监理工程师的权力的核心是(C)。

A. 工程质量的控制权　　B. 工程进度的控制权

C. 工程支付的控制权　　D. 以上三者都不是

(3)把对工程的(A)交给监理工程师，是执行好监理制度的关键。

A. 工程费用支付的签认和否决权　　B. 停工与返工权

C. 旁站与验收权　　D. 验收与计量权

(4)下列属于工程进度监理职责与权限的是(C)。

A. 主持开工前的第一次工地会议

B. 签发动员预付款支付证书

C. 审批承包人在开工前提交的现金流动计划

D. 签发各项工程的开工通知单

(5)在项目监理机构中，驻地监理工程师的具体权限是由(C)授予的。

A. 项目负责人　　B. 监理单位负责人

C. 总监理工程师　　D. 交通主管部门

(6)下列职责中(ACE)是总监理工程师的职责

A. 主持审核承包人提出的分包项目和分包人

B. 提出变更、延期、索赔及质量和安全事故处理等方面的初步意见

C. 签发工程缺陷责任终止证书

D. 审核工程计量的数据和原始凭证，确认工程计量结果

E. 签认合同工程交工结算证书

(7)属于驻地监理工程师职责的是(BCD)。

A. 主持编制监理计划

B. 主持召开工地例会

C. 审批分项工程开工申请

D. 主持编制监理细则

E. 签发监理工作报告

(8)专业监理工程师在监理工作中承担的职责有(CDE)。

A. 审查分包单位资质，并提出审查意见

B. 参与工程质量事故调查

C. 审核工程计量的数据和原始凭证

D. 分项工程及隐蔽工程验收

E. 参与工程项目的竣工预验收

(9)对监理机构的职责、权利与义务的叙述，正确的是(ABE)。

A. 应组织或参加施工图纸会审，参加设计交底。

B. 协助业主进行施工招标。

C. 对受监理的工程独立进行全方位监理。

D. 当工程进度滞后于计划时，对承包人进行适当处罚。

E. 按监理合同的规定配备足够的监理人员常驻现场。

(10)在总监理工程师的委托或要求下,驻地监理工程师可能具有(ACD)的全部或部分的职责和权限。

A. 编制监理实施细则　　B. 审核承包人的施工组织设计

C. 进行工程计量　　D. 组织或参加隐蔽工程和分项、分部工程验收

8. 熟悉公路工程项目监理机构中试验、检测、办公、生活设施设备的配备

试验室设备,测量仪器及设备,交通工具及通信设备,气象设备,照相、摄像器材,办公设施及生活设施等。工程完成后设备的产权归监理单位所有(FIDIC是归业主)。

【例题】

监理设施包括(ABCE)。

A. 试验室设备　　B. 测量仪器及设备

C. 交通工具及通信设备　　D. 监理人员旅游休闲设备

E. 办公和生活设施

二、重点复习题及参考答案

1. 单选题

(1)总监理工程师为调动下属的工作积极性,把其权力全部授予其下属,此行为违背了组织设计的(　　)原则。

A. 目的性原则　　B. 集权与分权相结合的原则

C. 统一指挥的原则　　D. 管理跨度与分层统一的原则

(2)在项目监理组织中,主要根据管理(　　)的不同,将监理人员划分为项目总监理工程师、监理工程师和监理员。

A. 部门　　B. 层次

C. 跨度　　D. 任务

(3)命令源最多的组织模式是(　　)。

A. 直线式　　B. 职能式

C. 直线职能式　　D. 矩阵式

(4)二级监理机构是指(　　)。

A. 工程质量监督部门,社会监理单位

B. 甲级监理单位,乙级监理单位

C. 总监办公室,驻地监理办公室

D. 乙级监理单位

(5)监理设备的产权归(　　)。

A. 监理单位所有　　B. 承包人所有

C. 业主所有　　D. 三方共有

(6)在组织结构的设计时,人数一定时,管理跨度与管理层次的关系是(　　)。

A. 职能关系　　B. 正比关系

C. 反比关系　　D. 直线关系

(7)采用(　　)模式,在征得业主同意的前提下,承包单位可以把承揽的全部设计和施工任务转包给其他单位。

A. 平行承、发包　　B. 设计或施工总承包

C. 工程项目总承包　　D. 工程项目总承包管理。

(8)在工程项目承发包的组织模式中，组织协调工作量最大的是(　　)

A. 平行承发包模式　　B. 设计或施工总承包模式

C. 工程项目总承包模式　　D. 工程项目总承包管理模式

(9)不属于平行承发包模式优点的是(　　)。

A. 有利于缩短工期　　B. 有利于质量控制

C. 有利于繁荣建设市场　　D. 合同管理简单。

(10)项目监理机构应建立的内部管理制度是(　　)。

A. 劳动合同管理制度　　B. 监理责任保险制度

C. 施工图纸会审及设计交底制度　　D. 监理工作日志制度

(11)下图所示的项目监理组织是(　　)。

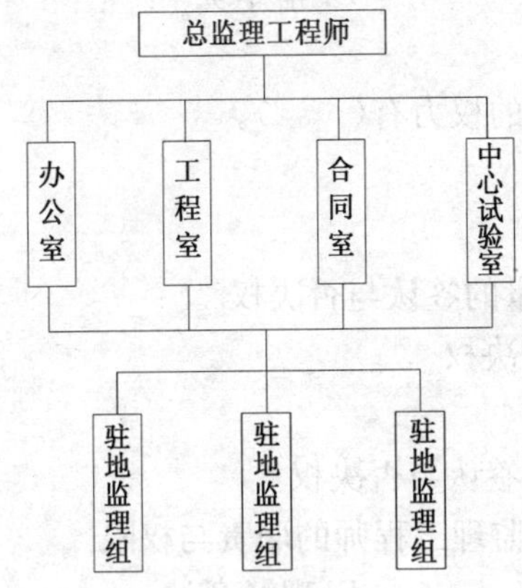

A. 直线式　　B. 职能式

C. 直线职能式　　D. 矩阵式

(12)根据《公路工程施工监理规范》(JTG G10—2006)规定，高速公路、一级公路工程每年每完成 5000 万元建安费，宜配备交通运输部核准资格的监理工程师(　　)名。

A. 1　　B. 2

C. 3　　D. 4

(13)关于监理人员的职责和权限的叙述，错误的是(　　)。

A. 总监理工程师承担着工程监理的最高责任

B. 总监理工程师的决定经批准后是最终决定，建设单位和承包单位均须服从这个决定

C. 总监代表拥有总监理工程师委托事项的全部权限

D. 驻地工程师对总监理工程师和项目法人负责，在施工现场的监理工作中起着至关重要的作用

2. 多选题

(1)组织设计的原则是(　　)。

A. 目的性原则　　B. 集权分权相结合原则

C. 公平、公正原则　　D. 统一指挥的原则

E. 适应性原则　　F. 责权利效力相匹配原则

(2)监理人员应包括(　　)。

A. 监理工程师　　B. 监理工程师助理

C. 行政人员　　D. 后勤人员

(3)组织结构的基本模式有(　　)。

A. 直线式　　B. 职能式

C. 直线职能式　　D. 平面式

(4)组织设计的原则(　　)。

A. 目的性原则　　B. 有效管理原则

C. 集权与分权原则　　D. 责、权、力、效、利匹配的原则

(5)直线式组织结构的优点有(　　)等。

A. 横向联系方便　　B. 对管理者要求不高

C. 职责明确　　D. 指令统一

E. 权力集中

(6)业主应授予监理工程师的权力有(　　)。

A. 技术上的核定权

B. 组织协调的主持权

C. 材料、设备及工程质量的签认与否决权

D. 工程进度的签认与否决权

E. 合同纠纷的仲裁权

F. 工程款支付与结算的签认与否决权

(7)以下(　　)是高级驻地监理工程师的职责与权限。

A. 批准一般工程变更　　B. 现场旁站

C. 签发分项工程开工令　　D. 签发工程缺陷责任终止证书

E. 批准工程延期　　F. 签发中间交工证书

(8)以下(　　)是监理员的职责与权限。

A. 解释合同文件中不明确之处

B. 签发中间交工证书

C. 对工程的重要环节或关键部位实施全过程旁站监理

D. 做好监理日志,填好各种监理图表

(9)以下人员中(　　)一般应具有高级工程师等相应的高级技术职称,并必须取得交通运输部颁发的监理工程师证。

A. 总监　　B. 总监代表

C. 专业监理工程师　　D. 高级驻地监理工程师

E. 监理员

(10)专业监理工程师的资质条件是(　　)。

A. 经过专业培训,考试合格

B. 取得高级技术职称

C. 取得中级以上的技术职称

D. 具有交通运输部颁发的监理工程师级别证件

E. 具有交通运输部颁发的专业监理工程师级别以上证件

(11)职能式项目监理组织有(　　)特点。

A. 集中领导,权力集中,完全统一

B. 目标控制分工明确

C. 多头领导易造成职责不清

D. 发挥职能机构的专业管理作用

E. 有利于管理人员业务能力的培养

(12)一个系统的组织结构包括(　　)。

A. 组织结构模式　　B. 物质流程组织

C. 信息流程组织　　D. 任务分工

E. 管理职能分工

(13)组织设计应该遵循的原则包括(　　)。

A. 目的性原则　　B. 统一性原则

C. 稳定性原则　　D. 有效管理跨度原则

E. 集权与分权相结合原则

(14)监理单位在组建项目监理机构时,所选择的组织结构形式应有利于(　　)。

A. 确定监理目标　　B. 控制监理目标

C. 工程合同管理　　D. 信息沟通

E. 确定监理工作内容

3. 判断题

(1)在实施监理中,监理工程师对工程项目建设的任何问题都应具有确认权。(　　)

(2)在履行施工阶段监理合同时,如果监理人员发现设计不符合公路工程质量标准或合同约定的质量要求,应对设计单位提出并要求改正。(　　)

(3)我国法律明确规定,施工单位和监理单位对工程的施工质量负责。(　　)

(4)组织机构的系统化,突出表现在组织机构的封闭性和整体性。(　　)

(5)当今世界组织发展的趋势是侧重于分权管理。(　　)

(6)项目监理机构应具有合理的人员结构,指的是监理人员应具有合理的专业结构和技术职称结构。(　　)

(7)总监理工程师是监理单位的最高负责人。(　　)

(8)甲级监理单位所组建的监理机构称为一级监理机构。(　　)

(9)监理工程师有权监督承包人进入本工程的主要技术和管理人员的构成。(　　)

(10)总监和总监代表的工作都直接对业主负责。(　　)

(11)监理设施是指其工作所需的设施,不包括生活设施。(　　)

(12)世界银行贷款公路项目在我国一般采用的监理模式为直线职能式。(　　)

(13)核算工程量清单、负责对已完工程进行计量,是驻地监理工程师的职责之一。(　　)

(14)驻地监理工程师是按照总监理工程师所授予的职责权限开展监理工作。(　　)

4. 论述题

(1)论述我国公路工程建设中两种监理机构模式及其适用范围。

(2)论述监理工程师在工程施工监理过程中应做到的"四不准"。

(3)论述一个合格的监理工程师应当具备哪些基本素质。

(4)论述监理机构建立步骤。

(5)论述总监办的主要职责。

(6)论述驻地监理办公室的主要职责是哪些。

参考答案

1. 单选题

(1)B (2)B (3)B (4)C (5)A (6)C (7)D (8)A (9)D (10)D

(11)B (12)A (13)D

2. 多选题

(1)ABDEF (2)ABD (3)ABC (4)ABCD (5)CDE

(6)ABCDF (7)ACF (8)CD (9)ABD (10)CE

(11)BCD (12)ADE (13)ABDE (14)BCD

3. 判断题

(1)× (2)× (3)× (4)√ (5)× (6)× (7)× (8)× (9)√ (10)×

(11)× (12)√ (13)√ (14)√

4. 论述题

(1)答:①一级监理机构,只设总监办,适合于独立(集中)大(特大)桥或隧道,高速或一级路 20km 以下。

②二级监理机构:设总监办和驻地办,适合于省、市内一条公路项目,高速或一级路 20km 以上。

二级及以下公路养护可根据"工程规模、难易程度、合同工期、现场条件"设置一级或二级监理机构。

③监理机构设置的影响因素是:监理机构应根据监理合同规定的监理服务内容、服务期限、工程项目组成、工程规模、技术复杂程度、现场条件等因素确定。

(2)答:①人力、材料、机械设备准备不足不准开工;

②未经检查认可的材料不准使用;

③施工工艺未经批准,施工中不准采用;

④前道工序未经验收,后道工序不准进行。

(3)答:①掌握完整的知识结构,会管理、通经济、知法律、懂技术及专业外语知识;

②具有丰富的工程实践经验;

③具有较强的协调能力;

④具有高尚的道德情操和敬业精神;

⑤具备良好的文化素养;

⑥具备健康的身心。

(4)答:建立的步骤:

①确定工程监理目标;

②确定监理工作内容;

③监理组织结构设计;

④指定监理工作流程。

(5)答:总监办的主要职责包括:

①主持编制监理计划;

②主持召开第一次工地会议及监理交底会;

③按合同要求建立中心实验室；
④审批施工组织设计及总体进度计划、重要工程材料及混合料配合比；
⑤签发支付证书、合同工程开工令、单位或合同工程的暂停令和复工令；
⑥审核变更单价以及延期和费用索赔；
⑦协助建设单位审查交工验收申请，评定工程质量；
⑧组织编写监理月报、编制监理竣工文件、编写监理工作报告。

(6)答：驻地办的主要职责包括：
①主持编制监理细则；
②主持召开工地会议；
③按合同要求建立驻地试验室；
④审批一般工程材料和混合料配合比、施工单位的机械设备、施工方案；
⑤审批施工单位测量基准点的复测、原地面线测量及施工放线成果；
⑥审批分项工程开工申请，签发分项和分部工程暂停令和复工令；
⑦日常巡视、旁站、抽检，并做好记录；
⑧核算工程量清单，负责对已完工程进行计量；
⑨组织分项、分部工程中间验收和质量评定，签发中间交工证书；
⑩审批月进度计划，编写合同段监理工作报告。

第四部分　风险管理与目标控制

了解:4.0.1　工程项目风险的概念及其基本要求;
4.0.2　工程项目风险事件分类。
熟悉:4.0.3　风险管理的目标、流程和风险控制对策;
4.0.4　工程项目质量、进度和费用三大目标间的关系;
4.0.5　目标控制的概念、任务和几种常见的控制类型;
4.0.6　动态控制及其基本步骤和要点。
掌握:4.0.7　公路工程施工监理的目标。

一、风险管理的知识要点

1. 了解工程项目风险的概念及风险量的表示方式

(1)风险的概念:风险是指实际结果与预期目标之间的差异,差异程度越大,风险越大;反之亦然。也就是说,产生风险的事件,都存在着不确定的因素。这些不确定因素可以通过分析,并预测其发生概率,而且未来很可能会产生损失的结果。

(2)工程项目风险的概念:工程项目风险是指那些在项目实施过程中可能出现**灾难性事件或不满意的结果**。

工程项目风险实质上是工程项目的目标费用、目标工期、目标质量与项目的实际费用、实际工期、实际质量可能出现差异。这样就会产生**灾难性或不满意的结果**。

风险的**两个基本要素:风险因素发生的不确定性,风险发生带来的损失**。这两个要素就是衡量风险大小的指标——风险量。

(3)风险量的表述方式:

$$R=f(p,q)$$

式中:R——风险量;

p——风险事件可能发生的概率;

q——风险的损失值;

f——风险函数。

注意:风险量与概率和损失量有关,这两个量缺一不可,应共同综合衡量。

【例题】

(1)风险事件发生具有不确定性,其原因包括(ABDE)。

A. 自然环境的变化　　B. 社会环境的变化
C. 施工人员操作失误　　D. 项目本身的复杂性
E. 人的预测能力的局限性

(2)风险危害程度高表明(AD)

A. 风险概率高　　B. 风险概率低

C. 风险损失量小　　D. 风险损失量大

(3)项目风险量的大小主要取决于(AC)。

A. 风险发生的概率　　B. 风险发生的时间

C. 风险的潜在损失　　D. 风险持续的时间

E. 风险控制的方法

2. 了解工程项目风险事件的分类

自然环境、社会环境、政治与法律、经济、合同、工料机、资金、协调、4 新。

3. 熟悉风险管理的目标、流程和风险控制对策

1)风险管理概念和风险管理的目标

风险管理是指社会经济单位通过对风险的认识、鉴定和分析,以最小的风险成本取得最大的安全保障的一种科学管理活动。风险管理是一个识别和度量项目风险,制订、选择和管理风险处理方案的过程。

风险管理的目标就是减少风险的危害程度,使工程质量、进度、费用三大目标得到控制和实现。

2)风险管理工作流程

(1)风险的预测和识别:是**风险管理中最重要的一步**,确定风险类型。

(2)风险分析和评价:确定风险量。

(3)风险控制(防范)对策的规划和决策:3 种方式——控制、自留、转移。

(4)执行决策:制订安全、损失控制、应急计划,保险的额度等。

(5)检查实施情况:检查以上 4 步,并检查有无漏项等。

3)风险控制的对策

(1)风险控制:风险回避,损失控制,风险分散。

(2)风险自留。

(3)风险转移:

①合同转移——通过合同约定转移给对方、分包、担保。

②保险转移——通过工程投保转移风险。险种有工程一切风险、第三方责任险、人身伤害险。

【例题】

(1)风险管理流程中包含的过程有(ABE)。

A. 执行决策　　B. 风险分析和评估

C. 风险转移　　D. 风险自留

E. 风险识别

(2)工程风险转移的有效途径是(ABCD)。

A. 工程保险　　B. 工程担保

C. 合理分包　　D. 合同规定双方风险责任

(3)[2004 年考题]风险管理中(A)项工作最重要。

A. 风险的预测和识别　　B. 风险分析和评估

C. 规划并决策　　D. 风险回避

(4)在系统识别工程风险与合理地作出风险对策决策之间起着重要桥梁作用的是(B)。［提示:即两个步骤之间的步骤］

A. 风险管理　　B. 风险评价

C. 损失控制　　D. 风险调查

(5)风险控制对策的基本形式有(ACE)。

A. 风险控制处理　　B. 风险分散

C. 风险转移　　D. 风险评估 E 风险自留

(6)属于风险控制处理对策的是(ABD)。

A. 风险回避　　B. 损失控制

C. 风险转移　　D. 风险分散 E 风险自留

(7)从风险管理方法和实施角度,导致非计划性风险自留的主要原因是(BCE)。

A. 缺乏风险意识

B. 风险识别失误

C. 风险评价失误

D. 损失支付方式选择失误

E. 风险决策及实施失误

(8)运输高价值货物时不放在同一条船上,其风险处理对策属于(C)。

A. 风险回避　　B. 损失控制

C. 风险分散　　D. 风险转移

(9)在风险对策中,非保险转移的优点之一是(C)。

A. 被转移者处于主导地位　　B. 可转移所有的风险

C. 被转移者能较好地进行损失控制　　D. 转移代价小

(10)在建筑物的通道中放置消防栓、灭火器等措施,该风险处理对策属于(B)。

A. 风险回避　　B. 损失控制

C. 风险分散　　D. 风险转移

(11)在易燃、易爆物储存、堆放地点规定严禁烟火的等措施,其风险处理对策属于(A)。

A. 风险回避　　B. 损失控制

C. 风险分散　　D. 风险转移

(12)在施工阶段,损失控制计划系统主要由(ABE)组成。

A. 灾难计划　　B. 应急计划

C. 预防计划　　D. 财务计划

E. 安全计划

二、目标控制原理知识要点

1. 掌握公路工程施工监理的目标

公路工程施工监理的目标是,以合同为依据,采取技术、经济、组织、合同等措施,对工程质量、施工安全、施工环境保护、进度、费用实施进行有效的监理,从而确保工程项目总体目标最合理地实现,使之达到合同文件规定的要求。

对一个工程项目而言,最重要的目标值是质量、进度和费用。

【例题】

(1)对一个工程项目而言,最重要的是(ABC)目标值的确定。

A. 质量　　B. 费用

C. 进度　　D. 环保

E. 安全

(2)工程项目质量、进度、费用三大目标在实施过程中(D)。

A. 质量目标最重要,一切应围绕质量目标开展工作

B. 进度目标最重要,一切应围绕进度目标开展工作

C. 费用目标最重要,一切应围绕费用目标开展工作

D. 三者既对立又统一,力争最优化

(3)公路工程监理的主要内容"五监控两管理"系指(D)。

A. 质量监理、进度监理、费用监理、安全监理、环保监理、合同管理、工程管理

B. 质量监理、进度监理、费用监理、安全监理、环保监理、材料管理、设备管理

C. 质量监理、进度监理、费用监理、安全监理、环保监理、信息管理、工程管理

D. 质量监理、进度监理、费用监理、安全监理、环保监理、合同管理、信息管理

2. 熟悉工程项目质量、进度和费用三大目标间的关系

(1)正确处理好三大目标关系的要点:作用与反作用,对立与统一;质量高、费用高、工期相对长;反作用,质量完成得好,减少了返工节省了费用和时间。

(2)三大目标之间的重要性顺序(选):一般情况下,三大目标(质量、进度、费用)之间是同等重要的,但在不同时期重要程度不同(优先保证的目标是与质量相关的目标,见下一点)。

(3)工程建设监理目标优先应保证的是:**安全可靠、使用功能、施工质量**。

【例题】

(1)有关工程监理三大目标的叙述,正确的有(DE)。

A. 质量控制最重要　　B. 费用控制最重要

C. 进度控制最重要　　D. 通常是一样重要

E. 在不同时期其重要性不同

(2)在工程项目建设监理的目标中,(ACD)必须优先予以保证。

A. 安全可靠性　　B. 投资费用

C. 使用功能　　D. 施工质量

E. 工程进度

(3)在建设工程的实施过程中,如果提高工程质量标准,一般会导致(C)。

A. 投资增加,工期缩短　　B. 投资减少,工期延长

C. 投资增加,工期延长　　D. 投资减少,工期缩短

(4)当提高工程项目的功能和使用要求时,通常会引起(A)。

A. 投资增加、工期延长　　B. 投资增加、工期缩短

C. 投资减少、工期延长　　D. 投资减少、工期缩短

(5)工程项目质量、进度、费用之间的关系是(ACE)。

A. 相互依存　　B. 相互独立

C. 相互制约　　D. 相互对立

E. 相互影响

(6)施工阶段，业主如果过分强调缩短建设工期，其结果(BDE)。

A. 建设投资可能增加　　B. 工程质量可能下降

C. 投产后产品成本必然增加　　D. 投资效益可能降低

E. 业主可以得到提前投产的权益

3. 熟悉目标控制的概念、任务和几种常见的控制类型

(1)目标控制的概念：要实现目标就必须对目标实施有效的控制。目标控制就是按照计划目标和组织系统，对系统各个部分进行跟踪检查，以保证协调地实现总体目标。

【例题】

监理目标控制的前提工作是(AB)。

A. 目标规划和计划

B. 落实好控制机构、人员和职能

C. 与被监理单位的充分协商

D. 与业主合作监理

E. 落实全部项目建设资金

(2)目标控制的任务：控制的主要任务，是把计划执行情况与计划目标进行比较，找出差异，对比较结果进行分析，排除和预防产生差异的原因，使总体目标得以实现。

(3)常见的几种控制类型：

①前馈控制(开环控制)与反馈控制(闭环控制)。

②动态控制：主动控制和被动控制。

【例题】

按照控制信息的来源，可将控制分为(B)。

A. 事前控制和事后控制　　B. 前馈控制和反馈控制

C. 开环控制和闭环控制　　D. 主动控制和被动控制。

4. 熟悉动态控制及动态控制的基本步骤和要点

(1)动态控制：主动控制与被动控制合称为动态控制。

(2)主动控制：先分析，然后防偏差(事前，事先，前馈意思相近)。

(3)被动控制：先出现偏差，再分析原因，然后纠偏。

(4)动态控制提倡主动控制为主、被动控制为辅。

【例题】

(1)(B)就是预先分析目标偏离的可能性，并拟订和采取各项预防性措施，以使计划目标得以实现。

A. 全面控制　　B. 主动控制

C. 被动控制　　D. 反馈控制

(2)监理工程师对工程施工过程的管理应强调(B)。

A. 大量抽查数据　　B. 主动控制及事先控制

C. 事后的质量检查与评定　　D. 多下监理指令

(3)预先分析、估计工程项目可能发生的偏差，采取预防措施，进行控制，这称之为(D)。

A. 动态控制　　B. 反馈控制

C. 被动控制　　D. 主动控制

(4)在计划的实际执行中发现目标产生偏离，分析原因，采取措施进行控制，称为(C)

A. 前馈控制　　B. 反馈控制

C. 被动控制　　D. 主动控制

(5)在下列工作中，属于目标控制中的被动控制工作的是(B)。

A. 制定备用方案　　B. 从工程实施中发现问题

C. 采取预防措施　　D. 目标控制风险分析

(6)被动控制是一种(AD)控制，即若发现目标偏离后，分析原因，采取纠错措施。

A. 事后　　B. 前馈

C. 开环　　D. 面对过去已发生事件

E. 事前

5. 掌握动态控制的基本步骤和要点

动态控制的步骤(简称大 3 步，小 5 步)：先定目标值(计划值)，检查成效，分析原因，然后纠偏(大 3 步)；输入，转换，反馈，对比，纠偏(小 5 步)。

动态控制的要点：

①两个控制的条件：控制是一定主体为实现一定目标而采取的一种行为。因此必须满足两个条件：一是合格主体；二是明确的系统目标。

②偏差范围：控制是按照事先拟定的计划目标进行的。控制活动就是查偏差是否在可控制的范围，如需纠偏应采取何种方法。

③控制方法：就是检查、分析、监督、引导和纠正。

④及时全面：控制是针对被控系统而言，既要对被控系统进行全过程控制，又要对其所有要素进行全面控制。

【例题】

(1)每一个控制过程都是经过投入、转换、(C)、对比、纠正等基本步骤。

A. 检查　　B. 分析　　C. 反馈　　D. 决策

(2)动态控制的基本步骤是(C)。

(按照概论答案是 B，但参考答案 C 更全面)

A. 检查成效—纠正偏差

B. 确定目标—检查成效—纠正偏差

C. 确定目标—检查成效—分析原因 —纠正偏差

D. 检查成效—分析原因—纠正偏差

(3)动态控制的基本步骤包括(BDE)。

A. 制订计划　　B. 确定目标

C. 规划对策　　D. 检查成效

E. 纠正偏差

(4)当检查过程发现偏差超过允许范围，决定采取纠偏措施时，首选的措施是(A)

A. 组织措施　　B. 技术措施

C. 经济措施　　D. 合同措施

(5)在实施控制的过程中，一旦发现实际情况与计划目标之间存在偏差，则应立即采取措施纠正偏差。(×)

(该题注释：要分析影响程度，如果偏差在允许范围内可以不调整)

三、重点复习题及参考答案

1. 单选题

(1)工程质量是施工出来的，而不是检验出来的，因此质量管理的重点要贯彻(　　)的原则。

A. 动态控制　　B. 工序控制

C. 被动控制　　D. 预防为主

(2)在项目风险管理中最重要的风险转移技术是(　　)。

A. 合同转移　　B. 工程分包

C. 银行担保　　D. 工程投保

(3)当发现目标产生了偏离，分析原因，采取措施，称为(　　)。

A. 被动控制　　B. 主动控制

C. 前馈控制　　D. 静态控制

(4)目标的动态控制是一个有限的循环过程，应贯穿于工程项目实施阶段的全过程，动态控制应该提倡(　　)。

A. 负反馈控制　　B. 反馈控制

C. 被动控制　　D. 主动控制

(5)不同的风险对策的适用性需从(　　)方面考虑。

A. 效果　　B. 代价

C. 效果和代价　　D. 效果或代价

(6)在系统识别工程风险与合理地作出风险对策决策之间起着重要桥梁作用的是(　　)。

A. 风险管理　　B. 风险评价

C. 损失控制　　D. 风险调查

2. 多选题

(1)工程项目的动态控制包含有(　　)。

A. 事前控制　　B. 主动控制

C. 中间控制　　D. 被动控制

E. 全面控制

(2)主动控制措施包括(　　)。

A. 下达停工整改令　　B. 制订目标控制的有关计划

C. 制订防止目标偏离的备用方案　　D. 建立目标控制组织

E. 目标控制风险分析

(3)风险包括的基本要素有(　　)。

A. 风险因素发生的不确定性　　B. 风险存在的必然性

C. 风险事件的复杂性　　D. 风险发生带来的损失

(4)风险量表达式中包含的变量是(　　)。

A. 风险的类型和性质　　B. 风险事件的持续时间

C. 风险事件可能发生的概率　　D. 风险带来的损失值

(5)以下(　　)可作为处理风险的对策。

A. 风险回避　　B. 损失控制

C. 控制工程质量　　D. 工程投保

E. 合同转移　　F. 融资还债

(6)工程项目建设监理的目标是(　　)。

A. 控制工程费用　　B. 控制工程进度

C. 控制工程质量　　D. 合同管理

E. 信息管理　　F. 组织协调

(7)要实现最优化控制,必须首先满足两个条件,即(　　)。

A. 合格的主体　　B. 明确的系统目标

C. 先进的技术设备　　D. 严格的组织纪律

(8)工程项目目标控制的方式有(　　)。

A. 搜集信息　　B. 跟踪调查

C. 前馈控制　　D. 反馈控制

E. 主动控制　　F. 被动控制

(9)风险管理流程中包含的过程有(　　)。

A. 执行决策　　B. 风险分析和评估

C. 风险转移　　D. 风险自留

E. 风险识别

(10)从风险管理方法和实施角度,导致非计划性风险自留的主要原因是(　　)。

A. 缺乏风险意识　　B. 风险识别失误

C. 风险评价失误　　D. 损失支付方式选择失误

E. 风险决策及实施失误

3. 判断题

(1)所谓主动控制,是监理工程师对监理过程中出现的偏差,主动提出纠偏措施,从而正确实现目标。(　　)

(2)前馈控制与反馈控制的区别,在于信息提供时间的先后。(　　)

(3)风险转移是一种不道德的行为,应当尽量避免采用。(　　)

(4)风险管理中的合同转移,也就是合同转让。(　　)

(5)目标的动态控制是一个有限的循环过程,应贯穿于工程项目实施阶段的全过程。(　　)

(6)WBS结构中的所有最终单元之间都是相互联系、辩证统一的关系。(　　)

(7)只有确定了质量、进度和费用的目标值,监理单位才能对工程项目进行有效地监督管理。(　　)

(8)目标控制是控制论与质量监理相结合的产物,具有很强的实用性(　　)

(9)被动控制就是目标发生了偏离,分析原因,采取纠偏的措施。(　　)

(10)目标的动态控制是一个无限的循环过程,应贯穿于工程项目实施阶段的全过程。(　　)

(11)只要确定了明确及合理的系统控制目标,就能够实现最优化的控制。(　　)

4. 综合分析题

(1)简述工程项目质量、进度和费用三大目标间的关系?

(2)简述动态控制的步骤和要点

参 考 答 案

1. 单选题

(1)D (2)D (3)A (4)D (5)C (6)B

2. 多选题

(1)BD (2)CE (3)AD (4)CD (5)ABCDE
(6)ABC (7)AB (8)CDEF (9)ABE (10)BCE

3. 判断题

(1)× (2)× (3)× (4)× (5)√ (6)× (7)√ (8)× (9)√ (10)×
(11)×

4. 综合分析题

(1)答:工程项目的质量目标、进度目标、和费用目标这三大目标之间存在既对立又统一的关系,有矛盾的一面,又有统一的一面。费用与进度的关系是:加快进度往往要增加投资;但是加快进度提前项目运用时间,则可增加收入,提高投资效益。进度与质量的关系是:加快进度可能影响质量;但严格控制质量,避免返工,进度则会加快。费用与质量的关系是:质量好,可能要增加费用;但严格控制质量,可以减少经常性的维护费用,延长工程使用年限,则又提高了投资效益。

(2)答:

①步骤是三步:确定目标→检查成效→纠正偏差。

②动态控制要点:

控制是一定的主体为实现一定的目标而采取的一种行为。要实现最优化控制,必须首先满足两个条件:一是要有一个合格的主体;二是要有明确的系统目标。

控制是按事先拟定的计划目标值进行的。控制活动就是检查实际发生的情况与计划目标值是否存在偏差,偏差是否在允许范围之内,是否应采取控制措施及采取何种措施以纠正偏差。

控制的方法是检查、分析、监督、引导和纠正。

控制是针对被控系统而言的,既要对被控系统进行全过程控制,又要对其所有要素进行全面控制。

控制是动态的。

提倡主动控制为主,辅之以被动控制的方法。

对工程项目的控制应强调目的性、及时性、有效性。

控制是一个大系统,控制系统包括组织、程序、手段、措施、目标和信息六个分系统,其中信息分系统贯穿于项目实施的全过程。

第五部分 施工准备阶段监理

熟悉：5.0.1 监理自身的准备工作内容(《监理规范》4.1)；
5.0.2 监理工作的主要内容(《监理规范》4.2)；
5.0.3 监理计划与监理细则的主要内容。
掌握：5.0.4 监理计划与监理细则的编制与审批。

一、施工准备阶段监理知识要点

1. 熟悉监理自身的准备工作内容

施工监理准备阶段的准备工作(5点)：

(1)配备试验室设备：总监办中心试验室应按监理合同要求配备常规的试验检测设备，驻地办试验室应按监理合同要求配备现场抽查常用的试验检测设备。

(2)熟悉合同文件：监理机构应组织监理人员熟悉《公路工程施工监理规范》第1.0.3条规定(7点国家和地方的法律法规、国家行业的标准规范、两个合同、前期文件、设计文件、施工中的信函)的有关法律、法规、文件，当发现有关文件不一致或有错误时，应及时书面报告建设单位。

(3)调查施工环境条件：监理工程师应对施工合同约定的施工条件进行调查，掌握有关情况。

(4)编制监理计划：总监理工程师应在合同规定的期限内主持编制监理计划，按合同规定报批后执行。

监理计划应明确监理目标、依据、范围和内容，监理机构各部门及岗位职责，监理人员和设备配备及进退场计划，监理方案，监理制度，监理程序及表格，监理设施等。

(5)编制监理细则：驻地监理工程师应根据监理计划在相应工程开工前主持编制监理细则，明确监理的重点、难点、具体措施及方法步骤，经总监理工程师批准后实施。

注意：与下一点互为干扰项。

【例题】

施工监理准备阶段的准备工作有(ACE)。

A. 配备试验室设备　　B. 审核工地试验室
C. 熟悉合同文件　　D. 参加设计交底
E. 编制监理计划

2. 熟悉监理工作的主要内容

施工监理准备阶段的监理工作(13点)：

(1)参加设计交底：监理工程师应参加设计交底会，掌握本工程的设计意图、设计标准和要点；熟悉对材料与工艺的要求，施工中应特别注意的事项，以及对施工安全、环保工作的要求等；澄清有关问题，收集资料并记录。

(2)审批施工组织设计：总监理工程师应在合同规定的期限内及时审批施工单位提交的施工组织设计，重点如下。

①施工组织设计的审批手续是否齐全有效。

②施工质量、安全、环保、进度、费用目标是否与合同一致。

③质量、安全和环保等保证体系是否健全有效。

④安全技术措施、施工现场临时用电方案及工程项目应急救援抢险方案是否符合要求。

⑤施工总体部署与施工方案和安全、环保等应急预案是否合理可行。

技术复杂或采用新技术、新工艺或在特殊季节施工的分项、分部工程和危险性较大的分部工程，应要求施工单位编制专项施工方案，并由驻地监理工程师审核，总监理工程师批准后实施。

(3)检查保证体系：监理工程师应检查施工单位质量、安全和环保等保证体系是否落实，重点检查项目经理、技术负责人、工地试验室负责人的资格及质量、安全、环保人员的履约情况。

(4)审核工地试验室：监理工程师应审查施工单位工地试验室的人员、设备和试验检测能力是否满足合同要求，管理制度是否健全。

(5)审批复测结果：监理工程师应对施工单位提交的原始基准点、基准线和基准高程的复测结果进行审核和平行复测。当双方复测结果一致并满足规范要求时，监理工程师应在合同规定的期限内批复。

(6)验收地面线：监理工程师应监督施工单位在原地面线未被扰动前测定地面线，并对测定结果进行抽测。抽测频率应能判定施工单位测定结果是否真实可靠，且不低于施工单位测点的30%。监理工程师应对施工单位提交的土石方工程数量计算资料进行审核。

(7)审批工程划分：监理工程师应于总体工程开工前对施工单位提交的分项、分部、单位工程划分予以批复并报建设单位备案。

(8)确认场地占用计划：监理工程师应对施工单位提交的场地占用计划及临时增减的用地计划予以确认，并及时提交建设单位。

(9)核算工程量清单：监理工程师应对工程量清单复核结果进行核算。

(10)出具开工预付款支付证书：总监理工程师应在施工单位提交了开工预付款担保后，按合同规定的金额出具建设单位已审批的开工预付款支付证书。

(11)召开监理交底会：总监理工程师应在合同工程开工前主持召开施工单位项目经理、技术负责人及相关人员参加的监理交底会，介绍监理计划的相关内容。

(12)召开第一次工地会议：监理工程师应主持召开第一次工地会议。会议的组织和要求应符合《公路工程施工监理规范》第7.2节规定。

(13)签发合同工程开工令：监理工程师收到施工单位提交的合同工程开工申请后，应对合同工程的开工条件进行核查。具备开工条件的，由总监理工程师签发合同工程开工令，并报建设单位备案。

【例题】

(1)施工准备阶段，专业工程师应做好(ABC)监理工作。

A.检查承包人报送的测量放线控制成果及保护措施

B. 审查承包人开工报表及相关资料

C. 审查分包人资格报审表及相关资料

D. 参加设计交底会

E. 审查分包单位的业绩

(2)下列选项中属于施工准备期监理工作内容的有(ABCD)。

A. 参加设计交底　　　　B. 审批施工组织设计

C. 检查保证体系　　　　D. 验收地面线

E. 审查工程分包

(3)下列选项中,(A)不是施工准备期监理机构应承担的工作。

A. 核定工程量

B. 审查承包人的施工组织设计

C. 召开第一次工地会议

D. 核验承包人的测量控制网点或基线

3. 熟悉监理计划与监理细则的主要内容

1)监理计划的主要内容(11点)

(1)工程概况(14点):名称、地点、等级、规模、投资、工期、质量要求、参与方等。

(2)监理工程范围:工程范围、服务范围。

(3)监理工作内容:依据监理合同中的内容。

(4)监理工作目标:5监理,1合同管理。

(5)监理工作依据:主要文件名称。

(6)项目监理机构:机构组织形式、人员数量和配备计划、机构的职责分工。

(7)监理工作程序:5监理,2管理,1协调,缺陷责任期监理工作程序。

(8)监理工作方法及措施:巡视、旁站、测量、试验、检测、验收、指令、计量支付、工序控制。

(9)监理工作制度(16点)。

(10)监理设施:交通、通信、试验、办公、生活等设施使用计划和使用制度。

(11)其他。

【例题】

(ABD)属于项目监理组织内部工作制度。

A. 监理组织工作会议制度　　　　B. 监理工作日志制度

C. 施工图纸会审制度　　　　D. 监理周报制度

E. 技术经济签证制度

2)监理细则的主要内容(12点)

(1)总则:使用范围,编制依据。

(2)开工审批程序:合同工程开工审批,分项、分部工程开工审批。

(3)施工过程监理(6点)。

(4)质量监理内容、措施和方法。

(5)进度监理内容、措施和方法。

(6)费用监理内容、措施和方法。

(7)施工安全与环境保护监理内容、措施和方法。

(8)合同其他事项管理的主要内容。

(9)信息管理。

(10)交工验收与缺陷责任期监理工作内容。

(11)其他根据合同工程或专业需要应包括的内容。

(12)报告与报表格式。

4. 掌握监理计划与监理细则的编制与审批

1)监理计划的编制与审批

(1)编制监理计划的依据:

①国家颁发的有关工程建设的法律法规和规章;

②工程所在地或所属行业颁发的有关工程建设的法规、规定和文件;

③国家和行业及地方颁发的有关工程建设的标准、规范、规程;

④政府批准的工程建设文件;

⑤工程项目设计文件和图纸;

⑥监理合同和施工合同;

⑦工程项目规模、特点和建设条件。

(2)编制监理计划的要求。监理计划的编制应由总监主持,驻地监理工程师参加。总监主持编制整个项目监理计划,驻地监理根据总监的要求和需要编制本监理合同段的监理计划。

监理计划应符合下列要求:

①监理计划的内容应具有针对性、指导性;

②监理计划应具有科学性;

③监理计划应实事求是。

编制时间根据合同限定期限要求,如果没有规定,一般应在签约一个月内以及第一次工地会议前和合同工程开工令前。

(3)监理计划的审批。监理计划编制完成后,由监理单位的技术主管部门进行内部审核,其负责人签认;同时按合同约定提交业主批准后执行。

监理计划实施过程中,根据实际情况变化需要进行补充、修改和完善时,须经总监理工程师审查批准,并报业主备案。

2)监理细则的编制与审批

(1)编制监理细则的依据:

①监理合同、监理计划以及施工合同;

②设计文件与图纸;

③工程建设相关的标准、规范、规程;

④施工单位提交并经监理工程师批准的施工组织计划和技术措施与施工方案;

⑤工程建设相关的原材料、半成品、构配件的使用技术说明,工程设备的安装、调试、检验等技术资料。

(2)编制监理细则的要求:

①监理细则应按照施工进度要求在相应工程开工前,由**专业监理工程师编制**。

②监理细则应根据已批准的监理计划进行编制,并与监理工程师批准的施工组织设计相呼应。它结合工程项目的专业特点,明确监理的重点、难点、具体措施及方法步骤,做到详细、具体,具有可操作性。

③二级公路以下,技术不太复杂的分项和分部工程可不编写监理细则。

④对采用新技术、新工艺或在特殊季节施工的分项、分部工程，应针对承包人编写的专项施工方案，编制相应的监理细则。

(3)监理细则的审批：监理细则编制完成后，一般应报总监理工程师办公室审核，经总监批准后实施。

二、重点复习题及参考答案

1. 单选题

(1)下列选项中，(　　)不是施工准备期监理机构应承担的工作。

A. 核定工程量　　B. 审查承包人的施工组织设计

C. 召开第一次工地会议　　D. 核验承包人的测量控制网点或基线

(2)监理计划与施工组织计划的区别，论述正确的是(　　)。

A. 监理计划由工程监理单位编制，施工组织计划由工程施工单位编制

B. 监理计划可能涉及的范围包括项目招标、设计和施工阶段，施工组织计划只研究施工阶段的技术和组织问题

C. 监理计划反映费用、进度、质量控制、合同管理、信息管理及组织协调的主要内容和工作流程，施工组织计划是指导和组织施工的技术文件

D. 监理计划为监理管理服务，应包含施工工序的控制点及控制措施等内容，施工组织计划是工程设计和施工文件的重要组成部分，是工程施工及组织管理的强制性文件

(3)监理计划(住房与城乡建设部称为规划)的编制人、审批人应该是(　　)。

A. 总监理工程师、监理单位技术负责人

B. 专业监理工程师、总监理工程师

C. 总监理工程师、业主代表

D. 驻地监理工程师、总监理工程师

(4)监理细则一般由(　　)编制，由总监理工程师审批。

A. 驻地监理工程师

B. 监理单位技术负责人

C. 专业监理工程师

D. 监理员

(5)监理规划的审核应侧重于(　　)是否与合同要求和业主建设意图一致。

A. 监理范围、工作内容及监理目标

B. 项目监理机构结构

C. 投资、进度、质量目标控制方法和措施

D. 监理制度

(6)监理方案(即大纲)是由(　　)组织编写。

A. 总监理工程师　　B. 监理单位

C. 质量监督部门　　D. 项目法人

(7)与监理计划相比较，监理细则应更具有(　　)。

A. 针对性　　B. 指导性

C. 科学性　　D. 操作性

(8)监理计划是由(　　)组织编写。

A. 总监理工程师　　B. 监理单位

C. 质量监督部门　　D. 项目法人

2. 多选题

(1)(　　)属于项目监理组织内部工作制度。

A. 监理组织工作会议制度　　B. 监理工作日志制度

C. 施工图纸会审制度　　D. 监理周报制度

E. 技术经济签证制度

(2)监理计划包含(　　)方面的内容。

A. 工程项目概述

B. 监理工作依据、范围和目标

C. 监理机构组织形式、工作管理制度

D. 工程质量、进度、费用控制及合同管理

(3)监理计划的编制应具有(　　)。

A. 针对性　　B. 指导性　　C. 操作性　　D. 科学性　　E. 宏观性

(4)下列关于建设工程监理规划编写要求的表述中,正确的有(　　)。

A. 监理工作的组织、控制、方法、措施等是必不可少的内容

B. 由总监理工程师组织监理单位技术管理部门人员共同编制

C. 要随建设工程的展开进行不断的补充、修改和完善

D. 可按工程实施的各阶段来划分编写阶段

E. 留有必要的时间,以便监理单位负责人进行审核签认

(5)监理方案、监理计划和监理细则都是监理工作中应编制的重要文件,但它们在(　　)等方面不同。

A. 编制时间　　B. 编制单位

C. 审批人员　　D. 编制深度

E. 针对的工程对象

(6)监理计划编制的依据主要包括(　　)。

A. 相关法律、法规、标准和规范　　B. 设计文件和图纸

C. 施工组织计划　　D. 监理合同和施工合同

E. 施工方案和方法

(7)监理计划的作用主要有(　　)。

A. 指导监理机构开展监理工作

B. 作为主管机构对监理单位实施监督管理的依据

C. 作为监理方案编制的基础

D. 使监理工作规范化和标准化

E. 是监理细则的具体化和补充

(8)监理实施细则是在(　　)编制的。

A. 签订监理合同之前　　B. 监理招标过程中

C. 监理规划编制后　　D. 正式开展监理活动前

E. 开展监理工作过程中

(9)监理文件一般包括(　　)。

A. 监理方案　　B. 监理组织的职责

C. 监理计划　　D. 监理细则

E. 监理措施

(10)监理单位承揽到监理业务后，应当由项目监理机构相继编写的监理工作文件是(　　)。

A. 委托监理合同　　B. 监理大纲

C. 监理工作制度　　D. 监理规划

E. 监理实施细则

(11)编制监理细则的依据是(　　)。

A. 监理合同、监理计划以及施工合同

B. 设计文件与图纸

C. 工程建设相关的规范、规程，施工组织计划和技术措施与施工方案

D. 政府批准的工程建设文件

3. 判断题

(1)监理计划应明确监理的重点、难点，具体措施及方法步骤，经总监理工程师批准后实施。(　　)

(2)监理方案是根据监理合同，在监理计划的基础上，结合工程具体情况制订的。(　　)

(3)监理计划必须经过监理单位技术主管部门负责人签认，并按合同约定提交业主，由业主批准后执行。(　　)

(4)监理细则必须经过监理单位技术主管部门负责人签认，并按合同约定提交业主，由业主批准后执行。(　　)

(5)监理规划应在签订委托监理合同及收到设计文件后开始编制，完成后必须经监理单位技术负责人审核批准，并应在召开第一次工地会议前报送建设单位。(　　)

(6)二级公路以下，技术不太复杂的分项工程和分部工程可不编写监理细则。(　　)

(7)监理计划是监理投标书的重要组成部分，也是监理合同的组成部分。(　　)

(8)监理方案(监理大纲)是监理投标书的重要组成部分。(　　)

(9)在编制监理计划时，建设单位应将施工合同和设计图纸交给监理单位作为编制监理计划的依据。(　　)

4. 综合分析题

(1)监理计划内容的针对性要求是什么?

(2)监理计划编制的时效性要求是什么?

(3)项目监理机构的监理工作制度包括哪些内容?

参考答案

1. 单选题

(1)A　(2)C　(3)A　(4)C　(5)A　(6)B　(7)D　(8)A

2. 多选题

(1)ABD　(2)ABCD　(3)ABD　(4)ACD　(5)ACD

(6)ABD　(7)ABD　(8)CD　(9)ACD　(10)DE

(11)ABC

3. 判断题

(1)×　(2)×　(3)√　(4)×　(5)√　(6)√　(7)×　(8)√　(9)√

4. 综合分析题

(1)答:监理计划内容的针对性要求是监理目标明确、监理措施有效、监理程序合理、监理工作制度健全、职责分工清楚,对监理工作有指导作用。

(2)答:监理计划编制的时效性要求是总监理工程师主持编制整个工程项目的监理计划。所属各监理合同段的驻地监理工程师应根据总监的要求和需要,组织编制本监理合同段的监理计划。项目监理计划的编制时间应满足合同规定的期限要求。如合同中未明确规定,一般应在监理合同签订之日起一个月内及第一次工地会议和合同工程开工令下达之前。在监理计划的实施过程中,根据实际情况变化需要进行补充、修改和完善时,须经总监理工程师审查批准并报建设单位备案。

(3)答:项目监理机构的监理工作制度共有 16 点,可以归纳为 5 个方面,即监理工作会议制度、监理工作报告制度、监理文件与资料管理制度、质量监管制度、其他监理工作制度。

第六部分 工程质量监理

了解:6.0.1 工程质量的概念;
6.0.2 质量管理发展的三个阶段;
6.0.3 GB/T 19000—ISO9000《质量管理和质量保证》系列标准中质量体系的建立和运行;
6.0.4 *工程质量事故的含义;
6.0.5 数理统计的基础知识。
熟悉:6.0.6 质量监理的依据、特点和任务;
6.0.7 *工程质量监理工作的程序流程(《监理概论》图 4-14);
6.0.8 监理试验室的任务、职责与基本试验工作;
6.0.9 *公路工程质量事故的分类及其分级标准;
6.0.10 *质量事故处理的原则和程序;
6.0.11 建设项目中工程单元划分的目的和依据;
6.0.12 常用的数理统计方法;
6.0.13 抽样检验的基础知识。
掌握:6.0.14 *公路工程施工质量监理的主要方法;
6.0.15 施工阶段质量监理的内容和程序;
6.0.16 *质量缺陷的现场处理方式;
6.0.17 分项工程的质量评分;
6.0.18 分部工程和单项工程的质量评分;
6.0.19 合同段和建设项目的工程质量评定;
6.0.20 工程质量等级的评定;
6.0.21 公路工程质量评定中数理统计方法及应用。
(注:带*号的考点内容在《监理概论》里,其余在《工程质量监理》中。)

一、工程质量管理的基本知识

1. 了解工程质量的概念

(1)质量:反映产品或服务满足明确或隐含需要能力的特征和特性的总和。

(2)工程项目质量:包括建筑工程产品实体和服务。

(3)公路工程质量:反映公路工程满足相关标准规定或合同约定的要求,包括安全、使用功能及其在耐久性能、环境保护等方面所有明显和隐含能力的特性总和。

影响质量的因素——4M(人、材料、设备、方法)1E(环境)。

【例题】

(1)工程项目质量的内涵应包括(ABC)。

A. 工程项目的实体质量　　　　B. 工作质量

C. 功能和使用价值质量　　D. 单位工程质量

(2)(A)不是影响工程质量的主要因素。

A. 工序检查　　B. 机械设备

C. 材料　　D. 方法及环境

(3)施工人员素质是影响工程质量的主要因素之一,除此之外还有(ABCD)。

A. 工程材料　　B. 机械设备

C. 工艺方法　　D. 环境条件

(4)公路工程质量的特点包括(ABD)。

A. 影响因素多　　B. 质量波动性大

C. 容易产生第一次判断错误　　D. 竣工验收的局限性

E. 不会出现系统因素变异

2. 了解质量管理发展的三阶段

【例题】

因质量缺陷需要修补时,施工单位应该(C)。

A. 自行修补并继续施工

B. 报业主修补方案,并继续施工

C. 提出修补方案,经监理工程师批准后方可进行

D. 报监理修补方案,并继续施工

3. 了解(GB/T 19000—ISO 9000)《质量管理和质量保证》系列标准的建立和运行

【例题】

GB/T 19000—2000 族标准质量管理原则主要有(ABCD)。

A. 以顾客为关注焦点　　B. 领导作用、全员参与

C. 过程方法、管理系统方法　　D. 持续改进

E. PDCA 循环

4. 熟悉质量监理的依据、特点和任务

1)质量监理依据:合同文件、合同图纸、技术规范、质量标准。

【例题】

(1)(ABC)是评价项目施工质量的尺度。

A. 质量检验评定标准　　B. 合同文件

C. 设计文件　　D. 质量数据

E. 工程验收资料　　F. 质量评定资料

(2)公路工程施工质量监理的依据包括(ABCD)等。

A. 合同条件　　B. 合同图纸

C. 技术规范　　D. 质量标准

(3)监理工程师对工程实施监理的依据包括(ABD)。

A. 工程承包合同文件　　B. 设计文件

C. 监理合同　　D. 质量方面的法律、法规

E. 投标文件

2)质量监理的特点:法律授予的权力、三全的全面管理、主动监理、与支付挂钩。

3)任务:总监办任务,驻地办任务。

5. 熟悉工程质量监理工作的总流程

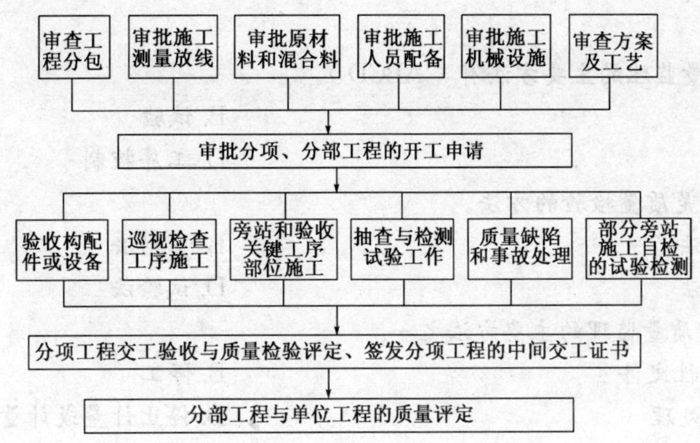

【例题】❶

(1)质量监理分为(ABD)阶段。

A. 施工准备阶段　　B. 施工阶段

C. 竣工验收阶段　　D. 交工及缺陷责任期阶段

(2)简述监理工程师在施工准备阶段的主要任务。(15 分)

答案要点(每要点 1 分):

①熟悉施工设计文件;

②制订详细的监理工作计划;

③发布开工令;

④召开第一次工地会议;

⑤审批承包人的工程进度计划(含施工组织设计);

⑥审批承包人的质量保证体系;

⑦检验承包人的进场材料;

⑧审批承包人的标准试验;

⑨检查承包人的保险及担保,支付动员(开工)预付款;

⑩审查承包人的施工机械设备;

⑪验收承包人的施工定线;

⑫验收承包人测定的地面线;

⑬审批承包人提交的施工图;

⑭检查承包人占用的工程场地;

⑮监理其他与保证工期开工有关的施工准备工作。

参见 6.0.18 施工阶段质量监理程序:施工质量监理基本程序、质量缺陷与事故处理程序、监理试验工作程序三部分。

6. 掌握公路工程施工质量监理的基本方法

(1)质量教材中质量监理的基本方法:核查核实、抽样试验、测量、旁站。

❶ 以上是按照旧规范和旧教材回答的。

(2)概论教材中质量监理的基本方法：旁站、测量、试验与抽检、指令、抽查、工序控制、现场巡视、计量支付。

【例题】

(1)工程质量监理的主要方法有（ ABCD ）。

A. 旁站　　B. 试验

C. 抽检　　D. 工序控制

(2)（ C ）不是质量检验的方法。

A. 目测法　　B. 量测法

C. 分层法　　D. 试验法

(3)（ A ）是质量监理的主要方法之一。

A. 指令性文件　　B. 停工

C. 返工处理　　D. 停止计量或计量

(4)工程质量监理的方法有（ ABCDEF ）。

A. 测量　B. 试验　C. 指令文件　D. 巡视　E. 旁站　F. 抽查

7. 掌握施工阶段质量监理的内容和程序

(1)施工质量监理分为三阶段：施工准备阶段、施工阶段、交工和缺陷责任期阶段。对于施工准备阶段监理的工作内容可参见本书"第五部分"。

(2)施工阶段质量监理的内容：

①审查工程分包；

②审批施工测量放线；

③审批工程原材料与混合料；

④审查施工组织及人员配备；

⑤审查施工机械设备；

⑥审查施工方案及主要工艺；

⑦审批分项、分部工程的开工申请；

⑧验收构件、配件或设备；

⑨巡视与记录；

⑩旁站与记录；

⑪抽检；

⑫关键工序签认（这点是新监理规范的一个变化点）；

⑬质量事故处理；

⑭中间交工验收；

⑮分部、单位工程的质量评定。

(3)施工质量监理基本（控制检查）程序。

开工报告、工序自检报告、检查认可、填中间交工报告、签发中间交工证书（中间计量）。

①审批"开工申请单"

在分项（或分部）工程开工之前，监理工程师应要求承包人提交"工程开工申请单"并进行审批。监理工程师在收到开工申请后在合同规定的时间内，应检查承包人的施工准备工作情况，审查其是否具备开工条件。如果确认满足合同要求和具备施工条件，则批复开工申请并签发开工令。承包人在接到监理工程师签发的开工令后即可开工。

②填报“工序质量检验通知单”

在每道工序完工之后，监理工程师应要求承包人的自检人员按照监理工程师批准的工艺流程和提出的工序检查程序，首先进行自检，自检合格后，填写工序质量检验通知单，并附上工序自检资料，报请监理工程师进行检查认可。

③签发“工序质量验收单”

监理工程师在收到承包人提交的“工序质量检验通知单”并检查该工序的质量自检资料后，对已完工的每道工序进行检查，并按规定的抽检频率进行抽检，检验合格后，签发质量验收单。承包人可进行下道工序的施工。对不合格的工序，监理工程师应指示承包人进行缺陷修补或返工。前道工序未经检查认可，不得进行后道工序。

④填报“中间交工报告”

当分项（或分部）工程的全部工序完工后，承包人的自检人员应再进行一次系统的自检，归总各道工序的检查记录及测量和抽样试验的结果，填写中间交工报告，提出中间交工申请，报请监理工程师进行中间交工验收。自检资料不全的交工报告，监理工程师应拒绝验收。

⑤签发“中间交工证书”

监理工程师在收到承包人提交的中间交工申请并检查该工程中每道工序的质量验收单后，应对该工程进行一次系统的检查验收，必要时应做测量或抽样试验。检查合格并按合同规定进行质量等级评定后，监理工程师签发“中间交工证书”。未经中间交工检验或检验不合格的工程，不得进行下一分项（或分部）工程的施工。

（4）质量缺陷与事故处理程序。

（5）监理试验工作程序：对承包人的试验抽样10%～20%（来自质量P22～P25）。但是新监理规范的分类很细，大部分不低于20%。试验的分类和具体试验内容来自质量P23、P24。

①实体工程——对已完工程实体质量的抽检频率应不低于施工单位自检率的20%。

②材料——三主材（水泥、钢材、沥青）、石灰、粉煤灰、砂砾、碎石的原材料和混合料抽检频率应不低于施工单位自检率的20%，其余材料应不低于10%。

③构配件或设备——除提交合格证和自检报告，还需不低于施工单位自检率的20%。

④放线桩位——对施工放线的重点桩位的自检率为100%，其他桩位不低于30%。

【例题】

（1）标准试验是对各项工程的内在品质进行施工前的数据采集，它是控制和指导施工的科学依据，下列试验中属于标准试验的是（ ABCD ）。

A. 标准击实试验　　B. 集料的级配试验

C. 混合料的配合比试验　　D. 结构的强度试验

（2）公路工程施工质量监理程序的第一个环节是（ C ）。

A. 承包人自检　　B. 承包人填报“质量验收通知单”

C. 承包人填报“开工申请单”　　D. 监理抽检质量

（3）监理中心试验室应在承包人进行标准试验的同时或以后平行进行复核对比试验。中心试验室可以（ ABC ）承包人标准试验的参数或指标。

A. 肯定　　B. 否定

C. 调整　　D. 不理睬

(4)除工地试验室外,承包人试验室还包括(B)。

A. 中心试验室　　　　B. 流动试验室

C. 检测中心　　　　D. 质监站试验室

(5)监理工程师书面指示进行某项检查试验,届时他既未出席,又未发布其他指令,承包人应(BCD)。

A. 推迟试验等待监理工程师出席

B. 自行试验

C. 将试验记录送监理工程师

D. 质量是否合格由试验数据判定

E. 不必试验,书面请求监理工程师承认该部分产品合格

(6)根据建设任务、施工管理和质量检验评定需要,公路建设项目可划分为(AEF)。

A. 单位工程　　　　B. 单项工程

C. 重点工程　　　　D. 一般工程

E. 分部工程　　　　F. 分项工程

(7)承包人的质量负责人在工序施工中可不在现场,但在自检和监理工程师验收时,必须亲临现场。 (×)

(8)工程质量监理是监理工程师对一项工程实行全过程、全方位、全天候的旁站。 (×)

(9)当监理中心试验室试验结果与承包人的试验结果出现允许误差以外的差异时,一般以承包人的试验结果为准。 (×)

(6)其他几个需记忆的数据(施工规范):

①预应力混凝土张拉的强度要求:75%。

②结构物回填的砂浆强度要求:70%。

③水下混凝土含砂率宜为 40%~50%。

【例题】

监理工程师对已经完工的实体工程质量的抽检频率应不低于承包人自检频率的(C)。

A. 10%　　　　B. 15%　　　　C. 20%　　　　D. 30%

8. 熟悉监理试验室的任务、职责与基本试验工作

(1)监理试验室的任务:是对各个工程项目的材料、配合比和强度进行有效控制,确保各项工程的物理、化学性能达到规定要求。

(2)监理试验室的职责(6 点)。

(3)监理试验室的基本试验工作。

9. 了解工程质量事故的含义

工程质量事故是指由于建设、勘察、设计、施工、监理、试验检测等责任过失而使工程在施工期间和设计使用年限内因质量问题遭受损坏或产生不可弥补的本质缺陷,因构造物倒塌造成人身伤亡或财产损失以及需加固、补强、返工处理的事故(事件)。

(1)道路工程:现场监理工程师签认至工程项目通车后两年;

(2)结构工程:施工过程中和设计使用年限内。

10. 熟悉公路工程质量事故的分类及其分级标准

【例题】

(1)二级一般质量事故直接经济损失在(A)万元之间。

A. 50～150　　　　B. 150～300

C. 300～500　　　　D. 500～1000

(2)造成无人员死亡且直接经济损失 650 万元的质量事故,该事故应定性为(C)。

A. 一级一般质量事故　　　　B. 一级重大质量事故

C. 二级重大质量事故　　　　D. 三级重大质量事故

(3)造成 2 人死亡且直接经济损失 450 万元的质量事故,该事故应定性为(D)。

A. 一级一般质量事故　　　　B. 一级重大质量事故

C. 二级重大质量事故　　　　D. 三级重大质量事故

(4)造成直接经济损失 600 万元,但未造成人员死亡的质量事故,该事故应定性为(D)。

A. 一级一般质量事故　　　　B. 一级重大质量事故

C. 二级一般质量事故　　　　D. 二级重大质量事故

(5)施工前,监理工程师应审查施工单位提交的分项、分部工程的施工方案及主要工艺,对技术复杂或采用新技术、新工艺、新材料、新设备的工程,应根据(D)进行审批。

A. 施工单位的要求　　　　B. 业主的指示

C. 设计单位的通知　　　　D. 试验工程结果

(6)公路工程质量事故可分为(BCD)。

A. 质量事故隐患　　　　B. 质量问题

C. 一般质量事故　　　　D. 重大质量事故

E. 特大质量事故

11. 熟悉质量事故处理的原则和程序

1)质量事故处理的原则

(1)质量事故的调查处理实行统一领导、分级负责的原则。

国务院交通主管部门归口管理全国公路工程质量事故,省级交通主管部门归口管理本辖区内的公路工程质量事故。

重大质量事故由国务院交通主管部门会同省级交通主管部门负责调查处理;一般质量事故由省级交通主管部门负责调查处理;质量缺陷原则上由业主或企业负责调查处理。

(2)质量事故发生后,应坚持“三不放过”的原则。

质量事故发生后,应坚持“三不放过”的原则,即事故原因不清不放过;事故责任者和群众没有受到教育不放过;没有防范措施不放过。

(3)质量事故实行报告制度。

质量事故发生后,事故发生单位必须以最快的方式,将事故的简要情况同时向业主、监理单位、质量监督站报告。在质量监督站初步确定质量事故的类别性质后,再按下述要求进行报告:

①质量缺陷:缺陷发生单位应在 2 天内书面上报业主、监理单位、质量监督站。

②一般质量事故:事故发生单位应在 3 天内书面上报质量监督站,同时报企业上级主管部门、业主和省级质监站。

③重大质量事故:事故发生单位必须在 2 小时内速报省级交通主管部门和国务院交通主管部门,同时报告省级质量监督站和部级质量监督站,并在 12 小时内报出《公路工程重大质量事故快报》。

质量事故书面报告一般应包括以下内容:

工程项目名称，事故发生的时间、地点及建设、设计、监理等单位名称；

事故发生的简要经过、造成工程损失状况、伤亡人数和直接经济损失的初步估计；

事故发生原因的初步判断；

事故发生后采取的措施及事故控制情况；

事故报告单位。

2)质量事故的处理程序

施工过程中，当发生不属于项目监理机构处理的一般质量事故或重大质量事故时，可按以下程序处理：

(1)监理工程师应立即向承包人发出工程暂时停工指令，要求停止质量事故部位和与其有关联部位及下道工序的施工，并要求采取必要的措施，保护事故现场，抢救人员和财产，防止事故扩大，做好相应记录。

(2)监理工程师要求承包人尽快提出质量事故的报告并按规定速报有关部门。

(3)监理工程师应积极配合质量事故调查组进行质量事故调查，客观地提供相应证据。

(4)监理工程师接到质量事故调查组提出的质量事故技术处理意见后，审核签认有关单位提出的质量事故技术处理方案。

12. 掌握质量缺陷的现场处理方式

由于各种因素的干扰，在施工过程中，质量缺陷的出现是难免的。但是，质量缺陷是可以尽可能减少的。因此，在各项工程的施工过程中或完工以后，现场监理人员如发现工程项目存在着可由项目监理机构处理的质量缺陷、质量隐患时，应根据质量缺陷、质量隐患的性质和严重程度，按如下方式处理：

(1)当发生因施工而引起的质量隐患(处于萌芽状态)时，监理工程师应立即向承包人发出暂停施工的指令，并要求其立即书面报告质量隐患的发生时间、部位、原因及已采取的措施和进一步处理方案；监理工程师应对处理方案进行审核后报业主批准，承包人实施处理方案并采取了防范措施后，监理工程师应对处理方案的实施进行监理并予以验收，隐患消除的可发出复工指令。

(2)当发生因施工而引起的质量缺陷时，监理工程师应立即向承包人发出暂停施工的指令，并要求其立即书面报告质量缺陷的发生时间、部位、原因及已采取的措施和进一步处理方案；监理工程师应对处理方案进行审核后报业主批准，承包人实施处理方案并采取了能足以保证施工质量的有效防范措施后，监理工程师应对处理方案的实施进行监理并予以验收，验收合格的可发出复工指令。

(3)当质量缺陷发生在某道工序或分项工程完工以后，而且质量缺陷的存在将对下道工序或分项工程质量产生影响时，应在监理工程师对质量缺陷的原因及责任做出判断并确定了补救方案后，再进行质量缺陷的处理或下道工序或分项的施工。

(4)在交工使用后的缺陷责任期内发现施工质量缺陷时，监理工程师应及时指令承包人进行修补、加固或返工处理。

对因施工原因而产生的质量缺陷的修补与加固，应先由承包人提出修补方案及方法，经监理工程师批准后方可进行。对因设计原因而产生的质量缺陷，应通过业主提出处理方案及方法，由承包人进行修补。修补措施及方法要保证质量控制指标和验收标准，并应是技术规范允许的或是行业公认的良好工程技术。

【例题】

质量缺陷的处理方案一般应由(A)提出。

A. 施工单位　　　　　　　　B. 建设单位

C. 监理单位　　　　　　　　D. 设计单位

13. 熟悉建设项目中工程单元划分的目的和依据

根据建设任务、施工管理和质量检验评定的需要,应在施工准备阶段按《公路工程质量检验评定标准》(JTG F80/1—2004)将建设项目划分为单位工程、分部工程和分项工程。施工单位、工程监理单位和建设单位应按相同的工程项目划分进行工程质量的监控和管理。

1)单位工程

在建设项目中,根据签订的合同,具有独立施工条件的工程。

2)分部工程

在单位工程中,应按结构部位、路段长度及施工特点或施工任务划分为若干个分部工程。

3)分项工程

在分部工程中,应按不同的施工方法、材料、工序及路段长度等划分为若干个分项工程。

工程质量检验评分以分期工程为单元,采用 100 分制进行。在分项工程评分的基础上,逐级计算各相应分部工程、单位工程、合同段和建设项目评分值。

工程质量评定等级分为合格与不合格,应按分项、分部、单位工程、合同段和建设项目逐级评定。

施工单位应对各分项工程按《公路工程质量检验评定标准》(JTG F80/1—2004)所列基本要求、实测项目和外观鉴定进行自检,按《公路工程质量检验评定标准》(JTG F80/1—2004)附录 J 中“分项工程质量检验评定表”及相关施工技术规范提交真实、完整的自检资料,对工程质量进行自我评定。

工程监理单位应按规定要求对工程质量进行独立抽检,对施工单位检评资料进行签认,对工程质量进行评定。

建设单位根据对工程质量的检查及平时掌握的情况,对工程监理单位所做的工程质量评分及等级进行审定。

质量监督部门、质量检测机构可依据《公路工程质量检验评定标准》(JTG F80/1—2004)对公路工程质量进行检测、鉴定。

14. 掌握分项工程的质量评分

分项工程质量检验内容包括:基本要求、实测项目、外观鉴定和质量保证资料四个部分。只有在其使用的原材料、半成品、成品及施工工艺符合基本要求的规定,且无严重外观缺陷和质量保证资料真实并基本齐全时,才能对分项工程质量进行验收评定。

涉及结构安全和使用功能的重要实测项目为关键项目,其合格率不得低于 90%(属于工厂加工制造的桥梁金属构件不低于 95%,机电工程为 100%),且检测值不得超过规定极限值,否则必须进行返工处理。

实测项目的规定机值是指任一单个检测值都不能突破的极限值,不符合要求时该实测项目为不合格。

采用《公路工程质量检验评定标准》(JTG F80/1—2004)附录 B~附录 I 所列方法进行评定的关键项目,不符合要求时则该分项工程评为不合格。

分项工程的评分值满分为 100 分,按实测项目采用加权平均法计算。存在外观缺陷或资料不全时，应予减分。

$$分项工程得分=\frac{\sum[检查项目得分\times权值]}{\sum检查项目权值}$$

分项工程评分值＝分项工程得分－外观缺陷减分－资料不全减分

1)基本要求检查

分项工程所列基本要求，对施工质量优劣具有关键作用，应按基本要求对工程进行认真检查。经检查不符合基本要求规定时，不得进行工程质量的检验评价。

2)实测项目计分

对规定检查项目采用现场抽样方法，按照规定频率和下列计分方法对分项工程的施工质量直接进行检测计分。

检查项目除按数理统计方法评定的项目以外，均应按单点(组)测定值是否符合标准要求进行评定，并按合格率计分。

$$检查项目合格率=\frac{检查合格的点(组)数}{该检查项目的全部检查点(组)数}\times100\%$$

检查项目得分＝检查项目合格率×100

3)外观缺陷减分

对工程外表状况应逐项进行全面检查，如发现外观缺陷，应进行减分。对于较严重的外观缺陷，施工单位须采取措施进行整修处理。

4)资料不全减分

分项工程的施工资料和图表残缺，缺乏最基本的数据，或有伪造涂改者，不予检验和评定。资料不全者应予减分，减分幅度可按《公路工程质量检验评定标准》(JTG F80/1—2004)中质量保证资料所列各款逐款检查，视资料不全情况，每款减1～3分。

【例题】

在质量评定时，桥台锥坡应纳入(A)分部工程评定。

A.桥梁基础及下部构造　　B.桥梁上部构造

C.桥梁防护工程　　D.桥梁引道工程

15. 掌握分部工程和单项(位)工程的质量评分

《公路工程质量检验评定标准》(JTG F80/1—2004)附录A所列分项工程和分部工程区分为一般工程和主要(主体)工程，分别以1和2的权值。进行分部工程和单位工程评分时，采用加权平均值计算法确定相应的评分值。

$$分部(单位)工程评分值=\frac{\sum[分项(分部)工程评分值\times相应权值]}{\sum分项(分部)工程权值}$$

16. 掌握工程质量等级评定

1)分项工程质量等级评定

分项工程评分值不小于75分者为合格，小于75分者为不合格；机电工程、属于工厂加工制造的桥梁金属构件不小于90分者为合格，小于90分者为不合格。

评定为不合格的分项工程，经加固、补强或返工、调测，满足设计要求后，科研重新评定其质量等级，但计算分部工程评分值时按其复评分值的90%计算。

2)分部工程质量等级评定

所属各分项工程全部合格，则该分部工程评为合格；所属任一分项工程不合格，则该分部工程为不合格。

3)单位工程质量等级评定

所属各分部工程全部合格，则该单位工程评为合格；所属任一分部工程不合格，则该单位工程为不合格。

4)合同段和建设项目质量等级评定

全同段和建设项目所含单位工程全部合格，其工程项目质量等级为合格；所属任一单位工程不合格，则合同段建设项目为不合格。

工程质量评定等级分为合格与不合格，应按分项、分部、单位工程、合同段和建设项目逐级评定。从分部工程到合同段工程的评定中，所属任何一个下级工程不合格，则该级别工程就评为不合格。

17. 掌握合同段和建设项目的质量评定

(1)合格段和建设项目工程质量评分值按《公路工程竣(交)工验收办法》计算。

(2)质量保证资料。

施工单位应有完整的施工原始记录、试验数据、分项工程自查数据等质量保证资料，并进行整理分析，负责提交齐全、真实和系统的施工资料和图表。工程监理单位负责提交齐全、真实和系统的监理资料。质量保证资料应包括以下六个方面：

①所有原材料、半成品和成品质量检验结果；

②材料配合比、拌和加工控制检验和试验数据；

③地基处理、隐蔽工程施工记录和大桥、隧道施工监控资料；

④各项质量控制指标的试验记录和质量检验汇总图表；

⑤施工过程中遇到的非正常情况记录及其对工程质量影响分析；

⑥施工过程中如发生质量事故，经处理补救后，达到设计要求的认可证明文件。

(3)项目法人组织监理单位按《公路工程质量检验评定标准》(JTG F80/1—2004)的要求对各合同段的工程质量进行评定。

监理单位根据独立抽检资料对工程质量进行评定，当监理按规定完成的独立抽检资料不能满足评定要求时，可以采用经监理确认的施工自检资料。

项目法人根据对工程质量的检查及平时掌握的情况，对监理单位所做的工程质量评定进行审定。

(4)各合同段工程质量评分采用所含各单位工程质量评分的加权平均值。

即：

$$合同段工程质量评分值=\frac{\sum(单位工程质量评分值\times 该单位工程投资额)}{合同段总投资额}$$

各合同段工程交工验收结束后，由项目法人对整个工程项目进行工程质量评定，工程质量评分采用各合同段工程质量评分的加权平均值。即：

$$工程项目质量评分值=\frac{\sum(合同段工程质量评分值\times 该合同段投资额)}{\sum 施工合同段投资额}$$

工程质量等级评定分为合格和不合格，工程质量评分值大于等于75分的为合格，小于75分的为不合格。

(5)公路工程各合同段验收合格后，项目法人应按交通部规定的要求及时完成项目交工验收报告，并向交通主管部门备案。

国家、部重点公路工程项目中100km以上的高速公路、独立特大型桥梁和特长隧道工程向省级人民政府交通主管部门备案，其他公路工程按省级人民政府交通主管部门的规定向相应的交通主管部门备案。

公路工程各合同段验收合格后，质量监督机构应向交通主管部门提交项目的检测报告。交通主管部门在15天内未对备案的项目交工验收报告提出异议，项目法人可开放交通进入试运营期。试运营期不得超过3年。

(6)交工验收提出的工程质量缺陷等遗留问题，由施工单位限期完成。

二、数理统计基础及其应用

1. 了解数理统计的基础知识

1)质量数据

(1)质量数据的分类；

(2)质量数据的特性；

(3)质量数据的修约。

【例题】

用统计的规则，以下数据精确到小数后一位后正确的是(ABCD)。

A. 34.25→34.2　　B. 34.15→34.2　　C. 33.75→33.8　　D. 33.85→33.8

2)数据的统计特征量

(1)算术平均值：N个数据的和/N。

(2)中位值：N个数据由小到大排序后中间的数，偶数个数据时取中间两个的平均值。

(3)极差：N个数据中的最大值－最小值。

(4)标准偏差：N个数据与算术平均值的差的平方后的和/($N-1$)。

(5)变异系数：标准偏差/算术平均值。

【例题】

(1)在一组数据中最大值与最小值之差称为(B)。

A. 中位数　　B. 极差

C. 标准差　　D. 变异系数

(2)(B)的大小，反映了工程质量的稳定性。

A. 平均值　　B. 中位数

C. 标准偏差　　D. 极值

2. 熟悉常用的数理统计方法

直方图、控制图、相关图(因果图、排列图、分层图、统计调查分析法)。

【例题】

质量控制中比较常用而有效的统计方法有(ABCE)。

A. 频数分布直方图法　B. 排列图法　　C. 控制图法

D. 加权平均法　　E. 因果分析图法

3. 熟悉抽样检验的基础知识

1)抽样检验类型

(1)非随机抽样；

(2)随机抽样。

2)随机抽样的方法

(1)单纯随机抽样;

(2)系统抽样;

(3)分层抽样。

【例题】

随机抽样的方法有(ABC)。

A. 单纯随机抽样　　B. 系统抽样　　C. 分层抽样

D. 间隔定时抽样　　E. 间隔定量抽样

3)路基路面现场随机取样方法

(1)测定区间或断面确定方法;

(2)测点位置确定方法。

4)抽样检验的评定方法

【例题】

质量数据的收集方法中,(C)不是抽样检验的方法。

A. 单纯随机抽样　　B. 分层抽样　　C. 等距抽样　　D. 系统随机抽样

4. 掌握公路工程质量评定中数理统计方法及应用

(1)路基工程的应用:路基弯沉测试计算、压实度计算等。

【例题】

某高速公路施工中,工地试验室对某路段路基施工压实度抽样检测结果如下:96.57、95.38、96.52、93.54、94.58、96.10、97.21、95.62、95.77、95.94,试求此组数据下列的统计特征量:①算术平均值;②中位数;③极差;④标准差;⑤变异系数。

解:整理数据,按大小顺序排列为 97.21、96.57、96.52、96.10、95.94、95.77、95.62、95.38、94.58、93.54。

①算术平均值　$\overline{x}=(97.32+96.57+96.52+96.10+95.94+95.77+95.62+95.38+94.58+93.54)/10=95.74$

②中位数　$\overline{f}_B=\frac{1}{2}(x_{\frac{n}{2}}+x_{\frac{n}{2}+1})=\frac{95.94+95.77}{2}=95.86$

本题 n 为偶数。

③极差　$R=97.32-93.54=3.78$

④标准差 S

$x-\overline{x}$	$(x-\overline{x})^2$
1.58	2.5
0.83	0.68
0.78	0.61
0.36	0.13
0.2	0.04
0.03	0
−0.12	0.01
−0.36	0.13
−2.2	4.84
0.83	0.68
	∑8.94

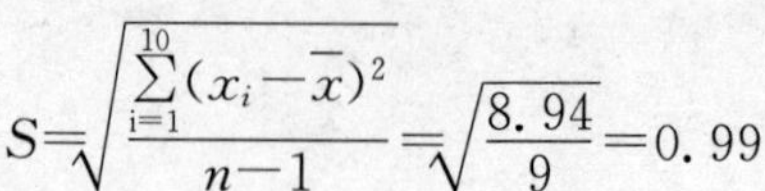

$$S=\sqrt{\frac{\sum_{i=1}^{10}(x_i-\overline{x})^2}{n-1}}=\sqrt{\frac{8.94}{9}}=0.99$$

⑤变异系数

$$C=\frac{S}{\overline{x}}\times 100\%=\frac{0.99}{95.74}\times 100\%=1.03\%$$

(2)路面工程的应用：平整度的计算、强度计算、变形量计算。

(3)桥梁工程的应用：混凝土强度计算。

(4)隧道工程的应用：变形量的统计计算。

三、重点复习题及参考答案

1. 单选题

(1)监理工程师中心试验室应按(　　)的频率独立进行抽样检查，以确定承包人的抽样试验是否真实可靠。

A. 5%～15%　　B. 10%～15%

C. 10%～20%　　D. 5%～10%

(2)在进行现场压实质量的评定时，施工单位自检人员的检测频率为 2000m^2 检验(　　)点。

A. 2　　B. 4

C. 6　　D. 8

(3)在铺筑热拌沥青混合料面层试验路段之前(　　)天，承包人应安装好与本项工程有关的全部试验仪器和设备，配备足够数量的熟练试验技术人员，报监理工程师审查批准。

A. 7　　B. 14

C. 28　　D. 56

(4)盖板涵及箱涵台背填土必须在支撑梁(或涵底铺砌)及盖板安装且砂浆强度达到(　　)以后方可进行。

A. 70%　　B. 80%

C. 90%　　D. 100%

(5)(　　)是影响路基填土压实度效果的最主要因素。

A. 填土种类　　B. 压实功能

C. 填土层厚度　　D. 含水量

(6)监理工程师应对从基准点引出的工程控制桩进行复测，对施工放线的重点桩位(　　)复测。

A. 20%　　B. 30%

C. 50%　　D. 100%

(7)监理工程师应对从基准点引出的工程控制桩进行复测，对施工放线的重点桩位 100%复测，其他桩位不低于(　　)抽测。

A. 10%　　B. 20%

C. 30%　　D. 40%

(8)关于监理试验室的叙述，错误的是（　）。

A. 若受条件限制，监理单位可以与施工单位共用工地试验室

B. 向监理工程师提供试验统计报表和管理试验统计报表

C. 监理试验室主要是检查、核实施工单位现场试验室的试验数据，审查施工单位试验室人员的资质，指导、监督施工单位试验检测工作

D. 对完工项目进行验收检测

(9)当监理工程师中心试验室与承包人的试验结果出现允许误差以外的差异时，一般的处理方法是（　）

A. 以承包人试验结果为准　　B. 取平均值

C. 以监理工程师中心试验室结果为准　　D. 第三方校核

(10)施工过程中发生的、可由监理机构处理的质量事故是（　）。

A. 重大质量事故　　B. 一般质量事故　　C. 质量问题　　D. B 和 C

(11)监理工程师应当按照工程监理规范的要求，采取（　）等形式，对建设工程实施监理。

A. 旁站　　B. 巡视　　C. 平行检验　　D. 以上都是

(12)沥青混凝土面层的压实度，当以马歇尔实验密度为标准密度时，高速公路、一级公路应达到（　）的压实度。

A. 98%　　B. 95%　　C. 93%　　D. 90%

(13)在关键部位或关键工序施工过程中由监理人员在现场进行监督活动，称之为（　）。

A. 旁站　　B. 巡视　　C. 检测　　D. 复验

(14)不属于质量事故三不放过原则的是（　）。

A. 事故原因不清楚不放过

B. 事故有关人员未受到处理不放过

C. 事故责任者和群众没有受到教育不放过

D. 没有防范措施不放过

(15)工程质量事故处理应解决的最关键问题是（　）。

A. 查明事故原因　　B. 确定事故性质

C. 界定事故责任　　D. 落实处理措施

(16)因施工原因造成的质量缺陷的修补和加固，应先提出修补方案和修补方法，经批准后方可进行。提出人和批准人分别是（　）。

A. 承包人，监理工程师　　B. 监理工程师，业主

C. 承包人，设计代表　　D. 设计代表，业主

(17)质量控制的基础是控制（　）质量。

A. 检验批　　B. 单位工程　　C. 分项工程　　D. 分部工程

(18)与分项工程评分值无关的是（　）

A. 基本要求检查得分　　B. 分项工程得分

C. 外观缺陷减分　　D. 资料不全减分

(19)工程质量检验评分以（　）为单元，采用百分制进行。

A. 单位工程　　B. 单项工程

C. 分项工程　　D. 分部工程

(20)按照公路工程竣(交)工验收办法(原交通部令 2004 年第 3 号)的规定,工程质量等级评分值大于等于(　　)为合格。

A. 60　　B. 70　　C. 75　　D. 80

(21)分项工程等级评定中,机电工程、属于工厂加工制造的桥梁金属构件不小于(　　)为合格,反之不合格。

A. 60 分　　B. 75 分　　C. 90 分　　D. 100 分

(22)在分项工程质量检验时,涉及结构安全和使用功能的重要实测项目,其合格率不得低于(　　)。

A. 80　　B. 90　　C. 95　　D. 100

(23)常用的质量控制统计方法不包括(　　)。

A. 直方图法　　B. 比较分析法　　C. 因果分析法　　D. 控制图法

(24)在质量控制中,寻找影响质量问题主次因素应采用(　　)。

A. 直方图法　　B. 因果分析法　　C. 排列图法　　D. 控制图法

(25)在 1000 件为一批的产品中有 50 件不合格(即批不合格率为 5%),则 $n=30$ 时,每个样本中出现不合格品数为 3 时的概率 P 为(　　)。

A. 0.044　　B. 0.128　　C. 0.262　　D. 0.342

(26)监理工程师中心试验室应按(　　)的频率独立进行抽样检查,以确定承包人的抽样试验是否真实可靠。

A. 5%~15%　　B. 10%~15%

C. 10%~20%　　D. 5%~10%

(27)《建设工程质量管理条例》规定,施工单位必须建立、健全(　　)制度,严格工序管理,做好隐蔽工程的质量检查和记录。

A. 合同管理　　B. 施工技术交底

C. 质量预控　　D. 质量检验

(28)《建设工程质量管理条例》规定,施工人员对涉及结构安全的试块、试件以及有关材料,应当在(　　)监督下现场取样,并送交具有相应资质等级的质量检测单位进行检测。

A. 施工单位质检人员　　B. 建设单位或监理单位

C. 监理单位和施工单位　　D. 工程质量监督单位

(29)将总体分成若干部分,然后从每一个部分抽取一个或若干个个体,组成样本,这种抽样方法称为(　　)。

A. 单纯随机抽样　　B. 分层抽样

C. 密集群抽样　　D. 系统抽样

2. 多选题

(1)公路工程质量监理方法有(　　)。

A. 工序控制　　B. 质量监督

C. 测量控制　　D. 随机抽查

E. 计量与支付　　F. 指令文件

(2)以下属于质量监理依据的有(　　)。

A. 合同条件　　B. 合同图纸

C. 技术规范　　D. 质量标准

(3)有关工艺试验的说法正确的有(　　)。

A. 监理应对承包人的工艺试验进行全过程旁站

B. 工艺试验不是监理试验室的工作内容

C. 工艺试验是依据合同书的规定进行的

D. 工艺试验应有两组以上方案

E. 工艺试验方案必须经监理工程师批准

(4)监理工程师对承包人的试验管理包括(　　)。

A. 对其试验室进行全面监督和管理　　B. 要求其所有试验仪器必须事前标定

C. 要求其所有试验人员必须持证上岗　　D. 要求其严格执行试验规范和操作规程

E. 重要试验应有监理人员在场监督

(5)标准试验是(　　)。

A. 现场质量控制的重要手段　　B. 控制指导施工的科学依据

C. 包括水泥试验　　D. 包括集料的级配试验

E. 包括结构的强度试验

(6)当承包人与监理的试验结果发生较大差异时,(　　)。

A. 一般应以承包人结果为准　　B. 一般应以监理结果为准

C. 应以第三方试验结果为准　　D. 由承包人与监理协商解决

E. 双方争执不下时以有资格的政府监督部门试验结果为准

(7)当承包人的质量缺陷处于萌芽状态时,监理工程师应(　　)。

A. 及时制止　　B. 观其发展状态再作决定

C. 要求立即更换不合格材料　　D. 要求立即更换不称职的人员

E. 要求立即改变不正确施工方法或工艺

(8)监理工程师收到承包人递交的交工申请时,应确认工程满足(　　)。

A. 承包人书面申请　　B. 工程确实完成

C. 工程检验合格　　D. 现场清理完毕

E. 交工资料齐备

(9)质量控制中常用的统计方法有(　　)。

A. 相关图法　　B. 控制图法

C. 横道图法　　D. 网络图法

E. 频数分布直方图法

(10)变异系数是(　　)。

A. 算术平均值与样本值的比值　　B. 反映样本数据的绝对波动状况

C. 用字母组合 C_v 表示　　D. 均方差与算术平均值的比值

(11)以下属于路基工程质量监理要点的是(　　)。

A. 对承包人机械设备进行检查

B. 对承包人施工准备工作进行检查

C. 对路基工程施工所需材料进行复查试验

D. 对路基工程的综合排水设施加强现场监理

E. 严格检查承包人的分层填筑厚度和压实度

(12)基层施工前，监理工程师应检查的内容有（　　）。

A. 施工机械设备

B. 混合料拌和场的位置、拌和设备以及运输车辆能否满足质量要求及连续施工的要求

C. 路用原材料

D. 混合料配合比设计试验报告

E. 试验路段施工与总结报告

(13)基层(底基层)混合料的试验项目有（　　）。

A. 重型击实试验　　B. 承载比

C. 抗压强度　　D. 耐久性

E. 筛分试验

(14)沥青混合料组成设计的目标（　　）。

A. 高温稳定性　　B. 低温抗裂性　　C. 耐久性

D. 抗滑性　　E. 抗疲劳性　　F. 针入度

(15)对路面的基本要求有（　　）。

A. 强度和刚度　　B. 稳定性　　C. 耐久性

D. 表面性能　　E. 平整度　　F. 抗滑性

(16)基层结构的稳定性，包括（　　）。

A. 水稳定性　　B. 高温稳定性

C. 温度稳定性　　D. 低温抗裂性

(17)桥梁的基本组成有（　　）。

A. 桥跨结构　　B. 桥墩和桥台　　C. 支座　　D. 桥面

(18)桥梁明挖基础的分类有（　　）。

A. 刚性扩大基础　　B. 单独或联合基础

C. 条形基础　　D. 片筏和箱形基础

(19)隧道分项工程划分为（　　）。

A. 洞口工程　　B. 洞身工程

C. 防水与排水工程　　D. 附属设施工程

(20)混凝土路面施工时，监理工程师应注意（　　）等接缝的处理。

A. 横向施工缝　　B. 横向缩缝

C. 横向胀缝　　D. 纵向缩缝

E. 纵向施工缝

(21)公路工程环保监理的依据（　　）。

A. 项目的环境影响评价报告书　　B. 项目的环境行动计划

C. 国家有关资源环境保护法规　　D. 国家有关文物保护法规

E. 国家有关环境质量保护法规　　F. 地方有关环境质量保护法规

(22)环保监理主要有以下（　　）主要环节。

A. 施工期环保措施报告表

B. 施工期环保措施实施情况的核查

C. 施工现场环境监测

D. 施工工艺监测

(23)应注意临时设施(　　)的环保要求。

A. 供水　　B. 生活污水　　C. 垃圾处理

D. 控制扬尘　　E. 噪声控制

(24)交通安全设施主要有(　　)。

A. 护栏　　B. 隔离设施　　C. 防眩设施

D. 视线诱导设施　　E. 标志　　F. 标线

(25)路基试验段一般是为了确定(　　)等指标。

A. 压实机械组合　　B. 最大干密度

C. 松铺厚度　　D. 最佳含水量

E. 压实遍数

(26)工程项目监理试验室可分为(　　)。

A. 总监办中心试验室　　B. 驻地试验室

C. 第三方试验室　　D. 工地试验室

E. 流动试验室

(27)必须进行全过程旁站监理的施工工序是(　　)。

A. 桩基础灌注施工　　B. 预应力构件张拉过程

C. 路基填筑与压实　　D. 沥青路面工艺试验过程

E. 钢筋焊接与模板支护

(28)监理工程师用于工程质量监理的具体方法有(　　)。

A. 旁站　　B. 测量　　C. 工序控制　　D. 计量支付

(29)工程质量事故处理的依据应包括(　　)。

A. 质量事故的实况资料　　B. 有关的合同文件

C. 相关的工程建设法规　　D. 有关的设计文件

E. 建设单位和监理工程师的意见

(30)在工程质量事故处理过程中,监理工程师应(　　)。

A. 在事故调查组展开工作后,积极协助,客观地提供相应证据

B. 组织相关单位研究技术处理意见,并责成其完成技术处理方案

C. 严格按照程序组织参建各方进行事故调查

D. 提出详细的技术处理方案,并组织实施

E. 在技术处理方案核签后,要求施工单位制定详细的施工方案

(31)质量事故处理的原则(　　)

A. 质量事故调查处理实施统一领导,分级负责

B. 质量事故及时处理

C. 质量事故发生后坚持“三不放过”

D. 质量事故实行报告制度。

(32)在下列哪些情况,监理工程师有权下达停工令。(　　)

A. 施工中出现质量异常情况,施工单位未采取改进措施或措施不力

B. 隐蔽作业未验收而进行覆盖

C. 对已发生的质量问题未有效处理而继续作业

D. 擅自变更设计进行施工

E. 使用无合格证材料或擅自替换工程材料

(33)当施工中发生安全事故时,施工企业应按照有关规定及时向有关部门报告,对事故的处理应做到(　　)。

A. 事故原因不清不放过

B. 事故责任者未受到处罚不放过

C. 事故隐患不消除不放过

D. 没有防范措施不放过

E. 事故责任者和群众没有受到教育不放过

(34)监理工程师收到分项工程中间交工申请后,应检查(　　)。

A. 各道工序的施工自检记录、交接单及监理工程师签认的关键工序的交验单

B. 专项施工及安全方案

C. 检查分项工程的质量自检和质量等级评定资料

D. 检查质量保证资料的完整性

E. 相关的计量资料

3. 判断题

(1)混凝土路面施工过程中,如果试件的试验结果表明 28 天混凝土强度达不到规定强度,监理工程师就可认为承包人该段混凝土施工质量不合格。(　　)

(2)在桥墩、支柱或桥台混凝土未达到图纸规定强度或设计等级时,在经监理工程师许可后,可架设预制构件。(　　)

(3)工程合同约定的质量目标应当高于国家强制性质量条文的要求。(　　)

(4)非沙性土土粒间彼此越紧密,空隙越小,则土体的黏聚力越大,内摩阻力越大。(　　)

(5)施工过程的质量监理主要就是工序的质量控制。(　　)

(6)施工单位提交工程开工申请单,具备开工条件时,建设单位负责人应签发工程开工令,并报当地行政主管部门备案。(　　)

(7)工程质量事故时限是在施工过程中和设计使用年限内发生地事故。(　　)

(8)公路工程质量控制中,应贯彻企业自检为主和施工企业先自检监理后抽检的原则。(　　)

(9)在公路工程质量控制中,应贯彻以监理抽检为主,企业自检为辅的原则。(　　)

(10)监理工程师监理工程质量的主要工作内容包括督促承包人建立与完善质量保证体系。(　　)

(11)监理工程师对承包人的主要原材料的抽检频率应不低于施工单位自检频率的 20%。(　　)

(12)公路工程施工质量事故处理是由监理工程师向业主作书面报告事故情况及原因分析,并提出进一步处理方案。(　　)

(13)质量缺陷发生单位应在 2 天内书面上报业主、监理单位、质量监督站。(　　)

(14)对施工质量问题较大,无法通过整修达到规范要求的工程,监理工程师应责令坚决返工。(　　)

(15)分部工程质量的好坏是质量控制的基础。(　　)

(16)涉及结构安全和使用功能的重要实测项目,其合格率不得低于 75%(　　)

(17)直方图是描述生产过程中质量的波动状态,并判断工序是否处于稳定状态。(　　)

4. 论述题

(1)填方施工过程中,监理工程师应注意检查的内容有哪些?

(2)监理进行质量控制的基本方法有哪些?

(3)某桥梁工程在施工过程中,施工单位未经监理工程师事先同意,订购了一批锚具,锚具运抵施工现场后监理工程师进行了检验,检验中监理人员发现锚具质量存在以下问题:

①施工单位未曾提交产品合格证、质量保证书和检验证明资料;

②实物外观粗糙,标志不清且有锈斑。

监理工程师应如何处理上述问题?

(4)简述施工阶段质量监理的内容。

(5)简述质量事故处理程序的内容。

(6)施工质量监理案例题。

【背景】

某工程项目,建设单位与施工单位签订了施工承包合同,合同中规定钢材由建设单位指定厂家,施工单位负责采购,厂家负责运输到工地,并委托了监理单位实行施工阶段的监理。当第一批钢筋运到工地时,施工单位认为是由建设单位指定用的钢筋,在检查了产品合格证、质量保证书后即可以用于工程,反正如有质量问题均由建设单位负责。监理工程师认为必须进行材质检验。此时,建设单位现场项目管理代表正好到场,认为监理工程师多此一举,但监理工程师坚持必须进行材质检验,可施工单位不愿进行检验,于是监理工程师按规定进行了抽检,检验结果达不到设计要求,遂要求对该批钢筋进行处理,建设单位现场项目管理代表认为监理工程师故意刁难,要求监理单位赔偿材料的损失,并支付试验费用。

【问题】

①施工单位的做法是否正确?说明理由。

②若施工单位将该批材料用于工程,造成质量问题其是否有责任?说明理由。

③监理工程师的行为是否正确?若监理单位将该批材料用于工程,而造成质量问题其是否应承担责任?说明理由。

④若该批材料用于工程造成质量问题建设单位是否有责任?说明理由。

⑤建设单位现场项目管理代表要求监理单位赔偿相应损失是否合理?说明理由。

⑥材料的损失由谁承担?试验费由谁承担?

⑦该批钢筋应如何处理?

参考答案

1. 单选题

(1)C (2)D (3)C (4)A (5)D (6)D (7)C (8)C (9)C (10)C
(11)D (12)B (13)A (14)B (15)A (16)A (17)C (18)A (19)C (20)C
(21)C (22)B (23)B (24)C (25)B (26)C (27)D (28)B (29)D

2. 多选题

(1)ACDEF (2)ABCD (3)ADE (4)ABCDE (5)ABDE
(6)BE (7)ACDE (8)ABCDE (9)ABE (10)BC
(11)ABCDE (12)ABCDE (13)ABCD (14)ABCDE (15)ABCD
(16)AC (17)ABC (18)ABCD (19)ABCD (20)ABCDE

(21)ABCDEF　　(22)ABC　　(23)ABCDE　(24)ABCDEF　　(25)ACE
(26)AB　　(27)ABD　　(28)ABC　(29)ABCD　　(30)ABE
(31)ACD　　(32)ABCDE　　(33)ADE　(34)ACD

3. 判断题

(1)×　(2)×　(3)×　(4)√　(5)√　(6)×　(7)×　(8)√　(9)×　(10)√
(11)√　(12)×　(13)√　(14)√　(15)×　(16)×　(17)×

4. 论述题

(1)**答**:填方施工过程中,监理工程师应注意检查的内容如下。

①确定不同种类填土最大干密度和最佳含水量;

②检查控制填土含水量;

③分层填筑、分层碾压;

④超宽填筑、超宽碾压;

⑤加强测试检验及压实控制。

(2)**答**:基本方法有检查核实,抽样试验,测量,旁站,巡视,指令文件。

①检查核实:主要针对承包人所报送的各类表格和数量进行内业外业核实。

②抽样试验:是确认各种材料和质量的主要依据,是监理工程师坚持"一切以数据说话"的基础。

③测量:是进行质量、数量检查和控制的重要手段。

④旁站:是控制关键工程质量、数量的必要方法。

⑤巡视:保证整体工程质量的重要手段之一。

⑥指令文件:是解决工程中各种主体及控制工程质量、数量及进度的重要手段。

(3)**考核要点**:对于监理工作中发现的工程材料质量问题,如何妥善处理,以及监理工作中对类似质量问题处理程序、方法等内容的掌握程度。解答这类问题,应首先从监理工作的基本程序和处理步骤着手,回答处理过程中监理工程师应提出什么要求,发送哪些书面文件,并分析这一事件可能引起的经济、法律责任等。

(4)**答**:施工阶段质量监理工作主要分四个方面。

①审查或审批分项(或分部)工程开工前各项准备工作,即审查分包、审批施工测量放线、审批工程原材料和混合料、审批施工组织及人员设备、审批施工机械设备、审查施工方案及主要工艺。

②审批分项(或分部)工程的开工申请。

③对分项工程施工过程实施质量监理。其主要方法包括验收构、配件及设备,巡视,旁站,抽检,关键工序签认,质量事故处理等。

④分项工程交工验收与质量评定,并签发中间交工证书。

(5)**答**:①监理工程师立即向承包人发出工程暂停指令,要求停止质量事故部位和与其有关联部位及下道工序的施工,并采取必要的措施,保护事故现场,抢救人员和财产,防止事故扩大,做好相应记录。

②监理工程师要求承包人尽快提出质量事故的报告,并按规定速报有关部门。

③监理工程师应积极配合质量事故调查组进行质量事故调查,客观地提供相应证据。

④监理工程师接到质量事故调查组提出的质量事故处理意见后,审核签认有关单位提出的质量事故技术处理方案。

⑤监理工程师指示承包人按照批准的工程质量事故处理方案对事故进行处理。

⑥监理工程师对承包人实施质量事故处理方案或对加固、返工、重建的工程进行监理，并进行检查验收。经检验合格后，监理工程师发出复工指令。

(6)答：①不正确。对到场的材料，施工单位有职责必须进行抽样检验。

②有责任。施工单位对用于工程的原材料必须确保其质量。

③正确。有责任，监理对进场原材料必须进行检查，不合格材料不准用于工程。

④没有。建设单位只是指定厂家，采购是由施工单位负责的。

⑤不合理。材料质量由厂家和施工单位负责，控制材料质量是监理工程师的职责，监理工程师履行了职责，维护了建设单位的权益。

⑥材料的损失由厂家承担，试验费用由施工单位承担。

⑦退场或降级使用。

第七部分 施工安全监理

7.1 安全监理基本知识

了解:7.1.1 我国建设工程安全监理的相关法律法规和方针政策。

熟悉:7.1.2 建设单位、勘察设计单位、施工单位的安全责任;

7.1.3 工程安全监理的依据和工作内容;

7.1.4 我国安全生产的方针、管理原则和应处理好的5种关系;

7.1.5 监理单位应建立的5项安全管理制度。

掌握:7.1.6 《建设工程安全生产管理条例》规定的监理单位的安全责任。

7.2 安全风险管理

了解:7.2.1 危险源、事故、损失、安全风险的概念;

7.2.2 事故五要素及其引发事故时的7种组合。

熟悉:7.2.3 预防建设工程安全事故的基本方法;

7.2.4 安全事故应急预案体系的构成及各类应急预案的主要内容;

7.2.5 公路水运工程生产安全事故等级标准(交通运输部,《公路水运工程生产安全事故应急预案》,交质监发〔2011〕6号);

7.2.6 工程安全隐患、事故隐患分级及隐患的处理;

7.2.7 工程安全事故处理的依据和调查处理程序。

7.3 安全监理程序和主要内容

熟悉:7.3.1 交通运输部《公路水运安全生产监督管理办法》规定施工单位应单独编制专项安全施工方案的10项工程;

7.3.2 施工准备阶段对施工单位审查的内容;

7.3.3 施工阶段日常安全监理的工作程序和内容;

7.3.4 监理工程师每天对施工过程巡视检查的作业重点。

掌握:7.3.5 监理计划中安全监理部分的编制及主要内容;

7.3.6 安全监理细则的编制及主要内容。

7.4 安全监理内业工作

了解:7.4.1 安全监理内业工作的基本要求。

熟悉:7.4.2 安全监理内业资料的内容。

一、安全监理基本知识

1. 了解我国建设工程安全监理的相关方津法规和方针政策

1)我国建设工程安全监理的相关法律法规

(1)安全生产法、建设工程安全生产管理条例:监理负责审批施工单位施工组织设计中的安全技术措施的内容。

(2)生产安全事故报告和调查处理条例:安全事故的划分,事故调查处理程序,相关人员的职责等。

(3)刑法中重大安全事故罪:当重大安全事故一旦发生,施工单位的项目负责人和有关责任人,以及监理单位的项目总监和相关责任人,极有可能触及该刑事责任或相应的处罚。

(4)交通运输部的公路水运工程安全生产监督管理办法。

2)我国建设工程安全监理的方针政策

安全第一、预防为主、综合治理,实行问责制。

【例题】

施工单位(ABCD)应经建设行政主管部门或者其他部门考核合格后方可任职。

A. 项目负责人　　B. 技术负责人

C.(单位的)主要负责人　　D. 专职安全生产管理人员

E. 安全生产教育培训负责人

2. 熟悉我国建设工程安全生产方针、管理原则和五种关系

(1)我国安全生产的方针政策:安全第一、预防为主、综合治理。

【例题】

建设工程安全生产管理必须坚持(A)的方针。

A. 安全第一、预防为主　　B. 事中控制与事后控制相结合

C. 质量第一、安全先行　　D. 安全第一、质量为本

(2)安全生产管理的原则(6 点,易出多选题):管生产必须管安全,目标管理,预防为主,动态安全管理,安全具有否决权,事故处理的"四不放过"。

(3)安全生产的五种关系(5 点,易出多选题):安全与危险的并存,安全与生产的统一,安全与质量的同步,安全与速度的互促,安全与效益的兼顾。

【例题】

安全生产的五种关系有(BCDE)。

A. 安全与环保的并存　　B. 安全与生产的统一

C. 安全与质量的同步　　D. 安全与速度的互促

E. 安全与效益的兼顾

3. 熟悉建设单位、勘察设计单位、施工单位的安全责任

1)建设单位的安全责任

(1)应当向施工单位提供有关资料

根据《建设工程安全生产管理条例》第 6 条规定,**建设单位应当向施工单位提供**施工现场及毗邻区域内供水、排水、供电、供气、供热、通信、广播电视等地下管线资料,气象和水文观测资料,相邻建筑物和构筑物、地下工程的有关资料,并保证资料的真实、准确、完整。

建设单位因建设工程需要,向有关部门或者单位查询前款规定的资料时,有关部门或者单位应当及时提供。

(2)不得向有关单位提出不符合建设工程安全生产法律、法规和强制性标准规定的要求

根据《建设工程安全生产管理条例》第 7 条规定，建设单位不得对勘察、设计、施工、工程监理等单位提出不符合建设工程安全生产法律、法规和强制性标准规定的要求，**不得压缩合同约定的工期。**

【例题】

根据《建设工程安全生产管理条例》，建设单位不得对勘察、设计、施工、工程监理等单位提出不符合建设工程安全生产法律、法规和强制性标准规定的要求，不得(D)。

A. 变更合同约定的造价　　B. 压缩定额规定的工期

C. 变更合同约定的内容　　D. 压缩合同约定的工期

(3)应当确定安全生产所需费用

根据《建设工程安全生产管理条例》第 8 条规定，**建设单位在编制工程概算时，应当确定建设工程安全作业环境及安全施工措施所需费用。**

【例题】

(1)根据《建设工程安全生产管理条例》建设单位在编制(D)时，应当确定建设工程安全作业环境及安全施工措施所需费用。

A. 工程预算　　B. 工程估算　　C. 工程决算　　D. 工程概算

(2)根据《建设工程安全生产管理条例》，建设单位在编制工程概算时，应当确定(BD)所需费用。

A. 现场卫生条件　　B. 建设工程安全作业环境

C. 工程施工　　D. 安全施工措施

E. 建设工程安全措施

(4)在申请领取施工许可证或开工报告时，应当提供有关安全施工措施的资料

根据《建设工程安全生产管理条例》第 10 条规定，建设单位在申请领取施工许可证时，应当提供建设工程有关安全施工措施的资料。

依法批准开工报告的建设工程，建设单位应当自开工报告批准之日起**15 日内，将保证安全施工的措施**报送建设工程所在地的**县级以上地方人民政府建设行政主管部门或者其他有关部门备案。**

(5)不得明示或者暗示施工单位使用不符合安全施工的物资

根据《建设工程安全生产管理条例》第 9 条规定，**建设单位不得明示或者暗示**施工单位购买、租赁、使用**不符合安全施工要求**的安全防护用具、机械设备、施工机具及配件、消防设施和器材。

(6)应当将拆除工程发包给具有相应资质等级的施工单位

根据《建设工程安全生产管理条例》第 11 条规定，**建设单位应当将拆除工程发包给具有相应资质等级的施工单位。**

建设单位应当在拆除工程施工 15 日前，将下列资料报送建设工程所在地的**县级以上地方人民政府建设行政主管部门或者其他有关部门备案：**

①施工单位资质等级证明；

②拟拆除建筑物、构筑物及可能危及毗邻建筑的说明；

③拆除施工组织方案；

④堆放、清除废弃物的措施。

【例题】

建设单位应当在拆除工程施工 15 日前，将下列资料报送建设工程所在地的县级以上地方人民政府建设行主管部门或者其他有关部门备案(ABDE)。

A. 堆放、清除废弃物的措施

B. 施工单位资质等级证明

C. 拟拆除工程地下管线资料

D. 拟拆除建筑物、构筑物及可能危及毗邻建筑的说明

E. 拆除施工组织方案

2)勘察设计单位的安全责任

(1)勘察单位的安全责任

根据《建设工程安全生产管理条例》第 12 条规定，勘察单位的安全责任包括：

①勘察单位应当按照法律、法规和工程建设**强制性标准**进行勘察，提供的勘察文件应当真实、准确，满足建设工程安全生产的需要。

②勘察单位在勘察作业时，应当严格执行操作规程，采取措施保证各类管线、设施和周边建筑物、构筑物的安全。

(2)设计单位的安全责任

根据《建设工程安全生产管理条例》第 13 条规定，设计单位的安全责任包括：

①设计单位应当按照法律、法规和工程建设强制性标准进行设计，防止因设计不合理导致生产安全事故的发生。

②设计单位应当考虑施工安全操作和防护的需要，对涉及施工安全的重点部位和环节在设计文件中注明，并对防范生产安全事故提出指导意见。

采用新结构、新材料、新工艺的建设工程和特殊结构的建设工程，**设计单位应当在设计中提出保障施工作业人员安全和预防生产安全事故的措施建议**。

设计单位和注册建筑师等注册执业人员应当对其设计负责。

【例题】

根据《建设工程安全生产管理条例》，采用新结构、新材料、新工艺的建设工程和特殊结构的建设工程，设计单位应当在设计中提出(C)的措施建议。

A. 施工安全操作与防护保障施工作业人员安全和预防生产安全事故

B. 设计安全操作与防护保障施工作业人员安全和预防生产安全事故

C. 保障施工作业人员安全和预防生产安全事故

D. 建筑安全操作与防护保障施工作业人员安全和预防生产安全事故

3)施工单位的安全责任

(1)施工单位应当具备的安全生产资质条件

《建设工程安全生产管理条例》第 20 条规定，施工单位从事建设工程的新建、扩建、改建和拆除等活动，应当具备国家规定的注册资本、专业技术人员、技术装备和安全生产等条件，依法取得相应等级的资质证书，并在其资质等级许可的范围内承揽工程。

(2)施工单位的安全生产责任制度

《建设工程安全生产管理条例》第 21 条规定，施工单位主要负责人依法对本单位的安全生产工作全面负责。施工单位应当建立健全安全生产责任制度和安全生产教育培训制度，制定安全生产规章制度和操作规程，保证本单位安全生产条件所需资金的投入，对所承担的建设工

程进行定期和专项安全检查，并做好安全检查记录。

施工单位的项目负责人应当由取得相应执业资格的人员担任，对建设工程项目的安全施工负责，落实安全生产责任制度、安全生产规章制度和操作规程，确保安全生产费用的有效使用，并根据工程的特点组织制订安全施工措施，消除安全事故隐患，及时、如实报告生产安全事故。

(3)施工单位的安全生产基本保障措施

①安全生产费用应当专款专用

《建设工程安全生产管理条例》第22条规定，**施工单位对列入建设工程概算的安全作业环境及安全施工措施所需费用**，应当用于**施工安全防护用具及设施的采购和更新、安全施工措施的落实、安全生产条件的改善**，不得挪作他用。

②安全生产管理机构及人员的设置

《建设工程安全生产管理条例》第23条规定，施工单位应当设立安全生产管理机构，配备专职安全生产管理人员。

专职安全生产管理人员负责对安全生产进行现场监督检查。发现安全事故隐患，应当及时向项目负责人和安全生产管理机构报告；对违章指挥、违章操作的，**应当立即制止。**

专职安全生产管理人员的配备办法由国务院建设行政主管部门会同国务院其他有关部门制定。

【例题】

根据《建设工程安全生产管理条例》，专职安全生产管理人员负责对安全生产进行现场监督检查。发现安全事故隐患，应当及时向项目负责人和安全生产管理机构报告；对违章指挥、违章操作的，应当(C)。

A. 立即上报　　B. 处以罚款

C. 立即制止　　D. 给予处分

③编制安全技术措施及专项施工方案的规定

《建设工程安全生产管理条例》第26条规定，施工单位应当在施工组织设计中编制安全技术措施和施工现场临时用电方案，对下列达到一定规模的危险性较大的分部分项工程编制专项施工方案，**并附具安全验算结果**，经**施工单位技术负责人、总监理工程师签字**后实施，由**专职安全生产管理人员进行现场监督**：

- 基坑支护与降水工程；
- 土方开挖工程；
- 模板工程；
- 起重吊装工程；
- 脚手架工程；
- 拆除、爆破工程；
- 国务院建设行政主管部门或者其他有关部门规定的其他危险性较大的工程。

对上述工程中涉及深基坑、地下暗挖工程、高大模板工程的专项施工方案，施工单位还应当组织专家进行论证、审查。

达到一定规模的危险性较大工程的标准，由国务院建设行政主管部门会同国务院其他有关部门制定。

【例题】

(1)根据《建设工程安全生产管理条例》,下列(ABCE)达到一定规模的危险性较大的分部、分项工程需编制专项施工方案,并附具安全验算结果,经施工单位技术负责人、总监理工程师签字后实施,由专职安全生产管理人员进行现场监督。

A. 基坑支护与降水工程　　B. 土方开挖工程

C. 模板工程　　D. 混凝土工程

E. 脚手架工程

(2)根据《建设工程安全生产管理条例》,施工单位应当在施工组织设计中编制安全技术措施和施工现场临时用电方案,对基坑支护与降水工程、土方开挖工程、模板工程、起重吊装工程、脚手架工程、拆除、爆破工程达到一定规模的危险性较大的分部、分项工程编制专项施工方案,并附具(D),经施工单位技术负责人、总监理工程师签字后实施,由专职安全生产管理人员进行现场监督。

A. 安全用电方案　　B. 安全实施方案

C. 安全施工方案　　D. 安全验算结果

④对安全施工技术的交底

《建设工程安全生产管理条例》第 27 条规定,建设工程施工前,施工单位负责项目管理的技术人员应当对有关安全施工的技术要求向**施工作业班组、作业人员作出详细说明**,并由**双方签字确认。**

【例题】

根据《建设工程安全生产管理条例》,建设工程施工前,施工单位负责项目管理的技术人员应当对有关安全施工的技术要求向(C)作出详细说明,并由双方签字确认。

A. 监理人员　　B. 建设单位工作人员

C. 施工作业班组、作业人员　　D. 设计人员

⑤安全警示标志的设置

《建设工程安全生产管理条例》第 28 条规定,施工单位应当在**施工现场入口处、施工起重机械、临时用电设施、脚手架、出入通道口、楼梯口、电梯井口、孔洞口、桥梁口、隧道口、基坑边沿、爆破物及有害危险气体和液体存放处等危险部位**,设置明显的安全警示标志。安全警示标志必须符合国家标准。

施工单位应当根据不同施工阶段和周围环境及季节、气候的变化,在施工现场采取相应的安全施工措施。**施工现场暂时停止施工的,施工单位应当做好现场防护,所需费用由责任方承担,或者按照合同约定执行。**

⑥对施工现场办公、生活区与作业区设置要求

《建设工程安全生产管理条例》第 29 条规定,施工单位应当将施工现场的办公、生活区与作业区分开设置,并保持安全距离;办公、生活区的选址应当符合安全性要求。职工的膳食、饮水、休息场所等应当符合卫生标准。施工单位不得在尚未竣工的建筑物内设置员工集体宿舍。

施工现场临时搭建的建筑物应当符合安全使用要求。施工现场使用的装配式活动房屋应当具有产品合格证。

⑦环境污染防护措施

《建设工程安全生产管理条例》第 30 条规定,施工单位对因建设工程施工可能造成损害的

毗邻建筑物、构筑物和地下管线等，应当采取专项防护措施。

施工单位应当遵守有关环境保护法律、法规的规定，在**施工现场采取措施，防止或者减少粉尘、废气、废水、固体废物、噪声、振动和施工照明对人和环境的危害和污染。**

在城市市区内的建设工程，施工单位应当对施工现场实行封闭围挡。

⑧消防安全保障措施

《建设工程安全生产管理条例》第31条规定，施工单位应当在施工现场建立消防安全责任制度，确定消防安全责任人，制定用火、用电、使用易燃易爆材料等各项消防安全管理制度和操作规程，设置消防通道、消防水源，配备消防设施和灭火器材，并在施工现场入口处设置明显标志。

⑨劳动安全管理规定

《建设工程安全生产管理条例》第32条规定，施工单位应当向作业人员提供安全防护用具和安全防护服装，并书面告知危险岗位的操作规程和违章操作的危害。

作业人员有权对施工现场的作业条件、作业程序和作业方式中存在的安全问题提出批评、检举和控告，有权拒绝违章指挥和强令冒险作业。

在施工中发生危及人身安全的紧急情况时，作业人员有权立即停止作业或者在采取必要的应急措施后撤离危险区域。

《建设工程安全生产管理条例》第33条规定，作业人员应当遵守安全施工的强制性标准、规章制度和操作规程，正确使用安全防护用具、机械设备等。

《建设工程安全生产管理条例》第38条规定，**施工单位应当为施工现场从事危险作业的人员办理意外伤害保险。**

意外伤害保险费由施工单位支付。实行施工总承包的，由总承包单位支付意外伤害保险费。意外伤害保险期限自建设工程开工之日起至竣工验收合格止。

⑩安全防护用具及机械设备、施工机具的安全管理

《建设工程安全生产管理条例》第34条规定，施工单位采购、租赁的安全防护用具、机械设备、施工机具及配件，应当具有生产(制造)许可证、产品合格证，并在进入施工现场前进行查验。

施工现场的安全防护用具、机械设备、施工机具及配件必须由专人管理，定期进行检查、维修和保养，建立相应的资料档案，并按照国家有关规定及时报废。

《建设工程安全生产管理条例》第35条规定，施工单位在使用施工起重机械和整体提升脚手架、模板等自升式架设设施前，应当组织有关单位进行验收，也可以委托具有相应资质的检验检测机构进行验收；使用承租的机械设备和施工机具及配件的，由**施工总承包单位、分包单位、出租单位和安装单位共同进行验收**。验收合格的方可使用。

《特种设备安全监察条例》规定的施工起重机械，在验收前应当经有**相应资质的检验检测机构**监督检验合格。

施工单位应当自施工起重机械和整体提升脚手架、模板等自升式架设设施验收合格之日起30日内，向建设行政主管部门或者其他有关部门登记。登记标志应当置于或者附着于该设备的显著位置。

(4)施工总承包单位和分包单位安全责任的划分

《建设工程安全生产管理条例》第24条规定，建设工程实行施工总承包的，由**总承包单位对施工现场的安全生产负总责**。

总承包单位**应当自行完成建设工程主体结构的施工**。

总承包单位依法将建设工程分包给其他单位的，分包合同中应当明确各自的安全生产方面的权利、义务。**总承包单位和分包单位对分包工程的安全生产承担连带责任**。

分包单位应当服从总承包单位的安全生产管理，分包单位不服从管理导致生产安全事故的，由**分包单位承担主要责任**。

【例题】

(1)施工总承包的，建筑工程(B)的施工必须由总承包单位自行完成。

A. 地基基础工程　　B. 主体结构

C. 装修工程　　D. 一半以上工程量

(2)根据《建设工程安全生产管理条例》，分包单位应当服从总承包单位的安全生产管理，分包单位不服从管理导致生产安全事故的，由分包单位承担(D)。

A. 全部责任　　B. 合同中约定的责任

C. 一般责任　　D. 主要责任

(3)下列说法正确的是(BDE)。

A. 建设工程实行分包时，分包单位对分包工程的安全生产向发包人负总责

B. 总承包单位和分包单位对分包工程的安全生产承担连带责任

C. 分包单位应当服从总承包单位的安全生产管理，分包单位不服从管理导致生产安全事故的，由总承包单位承担主要责任

D. 总承包单位应当自行完成建设工程主体结构的施工

E. 建设工程实行施工总承包的，由总承包单位对施工现场的安全生产负总责

(5)安全教育培训制度

①特种作业人员培训和持证上岗

《建设工程安全生产管理条例》第 25 条规定，垂直运输机械作业人员、安装拆卸工、爆破作业人员、起重信号工、登高架设作业人员等特种作业人员，**必须按照国家有关规定经过专门的安全作业培训，并取得特种作业操作资格证书后，方可上岗作业**。

②安全管理人员和作业人员的安全教育和考核

《建设工程安全生产管理条例》第 36 条规定，施工单位的主要负责人、项目负责人、专职安全生产管理人员应当经建设行政主管部门或者其他有关部门考核合格后方可任职。

施工单位应当对管理人员和作业人员每年至少进行一次安全生产教育培训，其教育培训情况记入个人工作档案。安全生产教育培训考核不合格的人员，不得上岗。

③作业人员进入新岗位、新工地或采用新技术时的上岗教育培训

《建设工程安全生产管理条例》第 37 条规定，作业人员进入新的岗位或者新的施工现场前，应当接受安全生产教育培训。未经教育培训或者教育培训考核不合格的人员，不得上岗作业。

施工单位在采用**新技术、新工艺、新设备、新材料**时，应当对作业人员进行相应的安全生产教育培训。

【例题】

关于施工单位职工安全生产培训下列说法正确的是(CDE)。

A. 施工单位自主决定培训

B. 培训制度无硬性规定

C. 施工单位应当加强对职工的教育培训

D. 施工单位应当建立、健全教育培训制度

E. 未经教育培训或者考核不合格的人员，不得上岗作业

4. 掌握《建设工程安全生产管理条例》规定监理单位的安全责任

1)工程监理单位的安全责任

根据《建设工程安全生产管理条例》第14条规定，工程监理单位的安全责任包括：

(1)**工程监理单位应当审查施工组织设计中的安全技术措施或者专项施工方案是否符合工程建设强制性标准。**

(2)工程监理单位在实施监理过程中，发现存在安全事故隐患的，应当要求施工单位整改；情况严重的，应当要求施工单位暂时停止施工，**并及时报告建设单位**。施工单位**拒不整改**或者不停止施工的，**工程监理单位应当及时向有关主管部门报告**。

(3)工程监理单位和监理工程师应当按照法律、法规和工程建设强制性标准实施监理，并对建设工程安全生产**承担监理责任**。

【例题】

根据《建设工程安全生产管理条例》，下列说法正确的是(ACE)。

A. 工程监理单位应审查施工组织设计中的安全技术措施或者专项施工方案是否符合工程建设强制性标准

B. 工程监理单位在实施监理过程中，发现存在安全事故隐患的，应当要求施工单位暂时停止施工，并及时报告建设单位

C. 工程监理单位和监理工程师对建设工程安全生产承担监理责任

D. 工程监理单位在实施监理过程中，发现存在情况严重的安全事故隐患时，应当要求施工单位暂时停止施工，并及时向有关主管部门报告。

E. 工程监理单位和监理工程师应当按照法律、法规和工程建设强制性标准实施监理

2)施工安全监理的职责

(1)工程监理单位对本单位所承接的工程建设项目安全监理工作负责，督促承包人建立健全安全生产责任制。

(2)审查施工方案及安全技术措施并督促其实施。

(3)项目总监理工程师对该项目的安全监理工作全面负责。

(4)项目监理人员在总监理工程师的领导下，按照职责分工，履行现场安全监督检查的职责，并对各自承担的安全监理工作负责。

(5)监理工程师按照法律、法规和工程建设强制性标准实施监理，并对建设工程安全生产承担监理责任。

(6)定期组织施工现场安全生产专项检查，每月向工程安监站报告工地安全生产情况。

3)熟悉监理单位的违法行为和法律责任，监理单位应采取的措施

(1)监理的违法行为

①未对施工组织设计中的安全技术措施或者专项施工方案进行审查的；

②发现安全事故隐患未及时要求施工单位整改或者暂时停止施工的；

③施工单位拒不整改或者不停止施工，未及时向有关主管部门报告的；

④未依照法律、法规和工程建设强制性标准实施监理的。

(2)监理对其违法行为应承担的法律责任

①行政责任:工程监理单位有上述行为之一的,责令限期改正;逾期未改正的,责令停业整顿,并处10万元以上30万元以下的罚款;情节严重的,降低资质等级,直至吊销资质证书。

②刑事责任:如造成重大安全事故,构成犯罪的,对直接责任人员,依照刑法有关规定追究刑事责任。

③民事责任:造成损失的,依法承担赔偿责任。

(3)监理单位应采取的措施

①建立健全监理安全责任制,落实分管领导和归口部门、岗位责任。

②编制内部落实监理安全责任制的工作指导,考核标准,检查工地安全状况。

③按合同调配监理人员,满足与安全监理相适应的义务和费用要求

④定期开展监理企业内部的安全教育工作

⑤建立总监上岗前考核工作,强化安全责任心、企业荣誉感,监理安全责任落到实处。

5. 熟悉监理单位应建立的五项安全管理制度

1)安全技术措施审查制度;

2)专项施工方案审查制度;

3)安全隐患处理制度;

4)严重安全隐患报告制度;

5)按照法律法规与强制标准实施监理制度。

【例题】

监理单位应建立的安全管理制度有(ABCE)。

A. 安全技术措施审查制度　　B. 专项施工方案审查制度

C. 安全隐患处理制度　　D. 安全事故调查处理制度

E. 按照法律法规与强制标准实施监理制度

6. 熟悉工程安全监理的依据和工作内容

1)工程安全监理的依据

相关安全生产、劳动保护、环境保护、消防等法律法规和标准规范、公路工程批准文件和设计文件、公路工程委托监理合同和施工合同等。

2)工程安全监理工作内容(5点)

监理人员的安全管理(监理)工作是消除安全事故的外部因素,施工生产过程中人的不安全行为、物的不安全状态。安全监理必须通过施工单位这一内因起作用。工作内容有:

(1)工程开工前,监理工程师应审查施工单位编制的施工组织设计中的安全技术措施或专项施工方案是否符合强制性标准,审查通过后工程才可以开工。重点审查10个点,分别为机构、体系和机制、设施、用电、场地、救援应急方案、培训和安全交底、安全措施费、监理自己的审查结果上报公司和公司反馈总结提高。

(2)监理工程师应审查分包合同中是否明确施工单位与分包单位各自在安全生产方面的责任。

(3)监理工程师在巡视过程中应监督施工单位按专项安全施工方案组织施工,若发现施工单位未按有关安全、法律、法规和工程强制性标准施工,违规作业时,应予制止。

(4)督促施工单位进行安全生产自查工作、落实施工生产安全技术措施,参加施工现场的

安全生产检查。

(5)建立施工安全监理台账。

二、安全风险管理监理程序和主要内容

1. 了解危险源、事故、损失、安全风险的概念

1)危险源

危险源是指导致人身伤害或疾病、财产损失、工作环境破坏或这些情况的组合的危险因素和有害因素。

2)事故

事故是由于物体、物质、人或放射线的作用或反作用，使人员受到伤害或可能受到伤害的、出乎意料的、失去控制的事件。

事故是造成人员死亡、伤害、职业病、财产损失或其他损失的意外或偶发事件。也就是人们在实现其目的的行为过程中，**突然发生迫使暂停或永久终止其行动目的**的意外或偶发事件。

3)损失

损失是指非环境的、非计划的或非预期的经济价值的减少，一般可分为直接损失和间接损失。

4)安全风险

安全风险是危险、危害**事故发生的可能性**与其所**造成损失的严重程度**的综合**度量**。

5)风险管理的概念和流程

(1)风险管理的概念:它是一个识别和度量项目风险，制订、选择和管理风险处理方案的系列过程。

(2)风险管理的流程(与概论相同):风险的预测和识别、风险分析和评估、风险控制对策的规划、实施决策、检查。

6)风险控制的基本要求

(1)能消除或减弱生产过程中的生产(产生)的危险、危害。

(2)处置危险和有害物质，并降低到国家规定的限值内。

(3)预防生产装置失灵和操作失误生产(产生)的危险、危害。

(4)能有效地预防重大事故和职业危害的发生。

(5)发生意外事故时，能为遇险人员提供自救和互救条件。

7)制订风险控制措施遵循的原则

(1)安全技术措施等级顺序。

(2)根据安全技术措施等级顺序的要求应遵循的具体原则。

(3)风险控制措施应有针对性、可操作性和经济合理性。

(4)风险控制措施应符合国家有关法规、标准及设计规范的规定。

2. 了解事故五要素及其引发事故的七种组合

1)引发事故的5个基本因素(不安全状态、不安全行为、起因物、致害物、伤害方式)

(1)不安全状态(物):是指在施工场所和作业项目中存在有事故的起因物和致害物，或者能使起因物和致害物起作用(造成事故和伤害)的状态。

不安全状态有 4 个属性:事故属性、场所属性、状态属性、作业属性。

(2)不安全行为(人):是指在施工作业中存在的违章指挥、违章作业以及其他可能引发和招致生产安全事故发生的行为。

不安全行为分四类:违章指挥、违章作业、其他主动性不安全行为、其他被动性不安全行为。

(3)事故的起因物和伤害物:起因物——**直接引发**生产安全事故的物体(品);致害物——在生产安全事故中**直接招致(造成)**伤害发生的物体(品)。

(4)事故的伤害方式:致害物作用于被伤害者(人或物)的方式,称为伤害方式。

2)5 个基本因素的表现形式

(1)不安全状态的表现形式:按照事故属性、场所属性、状态属性、作业属性划分,从 4 个侧面反映出不安全状态的存在与表现形式,且在它们之间存在着相互补充、交叉、渗透作用和影响的关系。

(2)不安全行为的表现形式:共有 6 类 38 种不安全行为的存在形式与表现形式。违反上岗身体条件规定的有 6 种表现形式,违反上岗规定的有 5 种表现形式;不按规定使用安全防护品的有 8 种表现形式,违章指挥的有 8 种表现形式,违章作业的有 7 种表现形式,缺乏安全意识不注意自我保护和保护他人行为的有 4 种表现形式。

(3)事故的起因物和伤害物表现形式。

(4)事故伤害方式的表现形式:伤害方式包括伤害作用发生的方式(18 种——碰撞、击打、冲击、砸压、切割、绞缠、掩埋、坠落、滑跌、滚压、电击、灼伤烧伤、爆炸、射入、弹出、中毒、窒息、穿透),伤害作用发生的部位(人的外部和内脏),伤害作用发生的后果(轻伤、重伤、死亡)。

3)五要素与事故的关系

不安全状态或不安全行为的存在是事故的"起因",伤害方式直接导致事故的"后果",起因物和致害物则是"事故的载体"。

4)五要素之间的关系

当没有不安全状态或不安全行为(也称为第二类危险源)的存在时,**可能**也就没有起因物和致害物的存在;**即使有**起因物和致害物的存在,也不能起作用而引发事故。

当有效地控制起因物和致害物(也称为第一类危险源),使其不发生作用时,即使有不安全状态和不安全行为,也不会导致伤害事故的发生。

起因物和致害物的存在构成了不安全状态和安全(事故)隐患。在安全事故的调查分析时,对起因物和致害物的分析是判定事故性质和确定事故责任的重要依据。

3. 熟悉预防建设工程安全事故的最基本方法

1)预防事故发生的结论

人的不安全行为与物的不安全状态是产生事故的直接原因,只要能够消除人的不安全行为与物的不安全状态,就可以预防 98%的事故。而事故的间接原因对于不同国家、不同行业、不同企业则有不同情况。

【例题】

安全事故理论认为,从直接原因来预防安全事故可以完全保证生产过程中的安全。(×)

注释:98%基本保证了。

2)**防止**建设工程安全事故的 4 种最基本方法

(1)对工程技术方案进行审查与改进,强化安全防护技术。

(2)对作业工人进行安全教育,强化他们的安全意识。

(3)对不适宜从事某种作业的人员进行调整。

(4)必要的惩戒。

这四种最基本的方法归纳为 3E 原则:Engineering 工程、Education 教育、Enforcement 强制。

3)预防建设工程安全事故的 5 种最基本方法

(1)建立健全安全生产管理制度。

(2)强化安全教育。

(3)统一管理生产与安全工作,不断审查和改进技术方案和安全防护技术。

(4)必要的安全防护装置与工具。

(5)必要的检查与监督。

4. 熟悉应急预案体系的构成,及各类应急预案的主要内容

1)应急预案体系的构成

应急预案体系,针对各类可能发生的事故和所有危险源制订专项应急预案和现场应急处置方案,并明确事前、事发、事中、事后的各个过程中相关部门和有关人员的职责。生产规模小、危险因素少的生产经营单位,综合应急预案和专项应急预案可以合并编写。应急预案主要包括:

(1)综合应急预案:综合应急预案是从总体上阐述处理事故的应急方针、政策,应急组织结构及相关应急职责,应急行动、措施和保障等基本要求和程序,是应对各类事故的综合性文件。

(2)专项应急预案:专项应急预案是针对具体的事故类别(如煤矿瓦斯爆炸、危险化学品泄漏等事故)、危险源和应急保障而制订的计划或方案,是综合应急预案的组成部分,应按照综合应急预案的程序和要求组织制定,并作为综合应急预案的附件。专项应急预案应制订明确的救援程序和具体的应急救援措施。

(3)现场处置方案:现场处置方案是针对具体的装置、场所或设施、岗位所制订的应急处置措施。现场处置方案应具体、简单、针对性强。现场处置方案应根据风险评估及危险性控制措施逐一编制,做到事故相关人员应知应会,熟练掌握,并通过应急演练,做到迅速反应、正确处置。

2)综合应急预案的主要内容

(1)总则

①编制目的:简述应急预案编制的目的、作用等。

②编制依据:简述应急预案编制所依据的法律法规、规章,以及有关行业管理规定、技术规范和标准等。

③适用范围:说明应急预案适用的区域范围,以及事故的类型、级别。

④应急预案体系:说明本单位应急预案体系的构成情况。

⑤应急工作原则:说明本单位应急工作的原则,内容应简明扼要、明确具体。

(2)生产经营单位的危险性分析

①生产经营单位概况:主要包括单位地址、从业人数、隶属关系、主要原材料、主要产品、产量等内容,以及周边重大危险源、重要设施、目标、场所和周边布局情况。必要时,可附平面图进行说明。

②危险源与风险分析：主要阐述本单位存在的危险源及风险分析结果。

(3)组织机构及职责

①应急组织体系：明确应急组织形式，构成单位或人员，并尽可能以结构图的形式表示出来。

②指挥机构及职责：明确应急救援指挥机构总指挥、副总指挥、各成员单位及其相应职责。应急救援指挥机构根据事故类型和应急工作需要，可以设置相应的应急救援工作小组，并明确各小组的工作任务及职责。

(4)预防与预警

①危险源监控：明确本单位对危险源监测监控的方式、方法，以及采取的预防措施。

②预警行动：明确事故预警的条件、方式、方法和信息的发布程序。

③信息报告与处置：按照有关规定，明确事故及未遂伤亡事故信息报告与处置办法。

a. 信息报告与通知。明确 24 小时应急值守电话、事故信息接收和通报程序。

b. 信息上报。明确事故发生后向上级主管部门和地方人民政府报告事故信息的流程、内容和时限。

c. 信息传递。明确事故发生后向有关部门或单位通报事故信息的方法和程序。

(5)应急响应

①响应分级：针对事故危害程度、影响范围和单位控制事态的能力，将事故分为不同的等级。按照分级负责的原则，明确应急响应级别。

②响应程序：根据事故的大小和发展态势，明确应急指挥、应急行动、资源调配、应急避险、扩大应急等响应程序。

③应急结束：明确应急终止的条件。事故现场得以控制，环境符合有关标准，导致次生、衍生事故隐患消除后，经事故现场应急指挥机构批准后，现场应急结束。应急结束后，应明确：

a. 事故情况上报事项。

b. 需向事故调查处理小组移交的相关事项。

c. 事故应急救援工作总结报告。

(6)信息发布

明确事故信息发布的部门，发布原则。事故信息应由事故现场指挥部及时准确向新闻媒体通报事故信息。

(7)后期处置

后期处置主要包括污染物处理、事故后果影响消除、生产秩序恢复、善后赔偿、抢险过程和应急救援能力评估及应急预案的修订等内容。

(8)保障措施

①通信与信息保障

明确与应急工作相关联的单位或人员通信联系方式和方法，并提供备用方案。建立信息通信系统及维护方案，确保应急期间信息通畅。

②应急队伍保障

明确各类应急响应的人力资源，包括专业应急队伍、兼职应急队伍的组织与保障方案。

③应急物资装备保障

明确应急救援需要使用的应急物资和装备的类型、数量、性能、存放位置、管理责任人及其联系方式等内容。

④经费保障

明确应急专项经费来源、使用范围、数量和监督管理措施，保障应急状态时生产经营单位应急经费的及时到位。

⑤其他保障

根据本单位应急工作需求而确定的其他相关保障措施（如交通运输保障、治安保障、技术保障、医疗保障、后勤保障等）。

(9)培训与演练

①培训：明确对本单位人员开展的应急培训计划、方式和要求。如果预案涉及社区和居民，要做好宣传教育和告知等工作。

②演练：明确应急演练的规模、方式、频次、范围、内容、组织、评估、总结等内容。

(10)奖惩

明确事故应急救援工作中奖励和处罚的条件和内容。

(11)附则

①术语和定义，对应急预案涉及的一些术语进行定义。

②应急预案备案，明确该应急预案需要备案的报备部门。

③维护和更新，明确应急预案维护和更新的基本要求，定期进行评审，实现可持续改进。

④制订与解释，明确应急预案负责制订与解释的部门。

⑤应急预案实施，明确应急预案实施的具体时间。

3)专项应急预案的主要内容

(1)事故类型和危害程度分析：地点、时间、程度。

(2)应急处置基本原则：以人为本、及时有效、防止扩散。

(3)组织机构及职责：应急组织体系、指挥机构及职责。

(4)预防与预警：危险源监控、预警行动。

(5)信息报告程序：报警程序、报警方式、接警要求等。

(6)应急处置：响应分级、响应程度、处置措施。

(7)应急物资与装备保障。

4)现场处置方案的主要内容

(1)事故特征：类型、地点或装置名称、季节和程度、征兆。

(2)应急组织与职责：基层自救组织形式和人员构成，自救机构和人员职责与车间班组职责结合，明确相关岗位和人员的应急工作职责。

(3)应急处置：事故应急处理程序，现场应急处置措施，事故报告的相关要求和内容。

(4)注意事项(7点)：防护器具，救援器材，救援措施和对策，自救互救，现场处置，救援后，特别警示。

5. 熟悉公路水运工程生产安全事故等级标准（交通运输部，《公路水运工程生产安全事故应急预案》交质监发〔2011〕6号）

公路水运工程生产安全事故，是指在列入国家或地方基本建设计划的公路水运基础设施新建、改建、扩建、拆除和加固活动中发生的生产安全事故。事故按照人员伤亡、涉险人数、经济损失等因素，一般分为四级：特别重大（Ⅰ级）事故、重大（Ⅱ级）事故、较大（Ⅲ级）事故和一般（Ⅳ级）事故。事故等级确定标准见表7-1。

公路水运工程生产安全事故等级标准 表 7-1

事故级别	死亡失踪人数	涉险人数	重伤(或急性中毒)人数	经济损失(万元)
特别重大(Ⅰ级)	30 及以上	30 及以上	100 及以上	10000 及以上
重大(Ⅱ级)	10～29	10～29	50～99	5 000～10 000
较大(Ⅲ级)	3～9	3～9	10～49	1 000～5 000
一般(Ⅳ级)	1～2	1～2	1～9	1 000 以下

6. 熟悉工程安全隐患、事故隐患分级及隐患的处理

(1)隐患:是指未被事先识别或未采取必要防护措施的可能导致安全事故的危险源或不利的环境因素。

(2)工程施工安全隐患:是指在安全检查及数据分析时发现潜在的对人身安全或健康构成伤害、造成财产损失、两者兼具的起源或情况。

(3)事故隐患:是指导致人身伤害、工作环境破坏或这些情况组合的危险和有害因素,包括人的不安全行为、物的不安全状态和管理上的缺陷。

(4)事故隐患分级:特别重大隐患、重大隐患、较大隐患、一般隐患,见表 7-2。

事故隐患分级 表 7-2

事故隐患	分级判据可能造成的死伤人数	事故隐患	分级判据可能造成的死伤人数
特别重大	30 人(含 30 人)及以上	较大	3～9 人
重大	10～29 人	一般	1～2 人

(5)隐患处理:隐患排查登记、公示公告、防范或整改、验收销号、监督检查。对一般安全问题监理工程师可采用口头指示或签发安全工作指令。

对严重安全隐患可采用下列处理方法:

①由总监或专业监理召开承包单位项目负责人、项目安全负责人专职安全员参加的现场监理会议,要求承包单位及时采取有效措施,消除安全隐患(根据安全隐患控制情况,可邀请建设单位参加)。

②签发安全工作指令要求承包单位限时整改、复查、消项。

③必要时签发工程暂时停工指令要求承包单位进行整改,整改后再次恢复施工。

④施工单位应立即进行严重安全隐患调查,分析原因,制定纠正和预防措施,形成处理方案,并报监理工程师。整改处理方案有 6 点内容:隐患部位、性质、发展变化、时间、地点等,现场调查的数据和资料;隐患原因分析与判断,隐患处理方案;是否采取临时防护措施;整改人、完成时间和整改验收人;涉及人员与责任和防止类似隐患再次出现的措施等。

⑤隐患处理完毕后写出隐患处理报告,报告的内容有 7 点。

⑥控制事故隐患是安全监理的最终目的,系统危险的辨识预测、分析评价都是属于危险控制技术。危险控制技术进一步分为宏观控制技术和微观控制技术两大类。宏观以整个项目为对象对危险进行控制,手段有法制(政策、法令、规章)、经济(奖、罚、惩)和教育(人场安全教育、特殊工种教育);安全监理是以法制和教育为主。微观以具体危险源为控制对象,以系统工程为原理对危险进行控制,手段有技术措施和管理措施;安全监理是以管理措施为主,通过加强安全检查和技术方案审核。

对于交通基础建设安全隐患处理,还可以用隐患排查结果汇总情况报告。隐患排查结果汇总情况报告包含以下内容:

①隐患排查项目数(总数:　　　,排查率:　　　%)。

②从业单位:建设(　)家,设计(　)家,监理(　)家,施工(　)家,其他(　)家。

③监督情况:发文简报(　)件,整改通知(　)件,通报企业(　)家,行政处罚(　)笔,停工项目(　),检查派遣人次(　),管理制度(　)。

④排查出的隐患数(总数　条):一般(　),较大(　),重大(　),特别重大(　)。

其中,涉及各类工程的重特大隐患有隧道、桥梁、高边坡、港口、航道、爆破、边通车边施工和交叉工程。

针对督察中发现安全生产管理较多问题项,进行标记。涉及制度、人员证书和培训、交底、专项施工方案、应急预案、现场用电、现场机具检验、人员安全防护措施、警示标志、安全费用、是否建立重大安全隐患数据库等。

⑤治理情况:已整改隐患(数)(　),要求限期整改(数)(　),无法整改(数)(　),整改率(%),投入整改资金(　)。

⑥工作经验总结:本地区主要经验和存在的主要问题及建议(可另附)。

7. 熟悉工程安全事故处理的依据和调查处理程序

1)工程安全事故处理的依据

工程安全事故处理的依据有四个方面:①安全事故的实况资料;②具有法律效力的交通建设工程合同;③有关的技术文件、档案;④相关的交通建设工程法律法规、标准及规范。第4个依据具有权威性、约束性、通用性、普遍性,在处理安全事故中具有极其重要作用。

2)工程安全事调查处理程序

(1)安全事故发生的报告:报告原则、报告程序、报告内容和方式

报告原则是迅速、准确。报告程序是,事故发生后现场有关人员立即向本单位负责人报告;单位负责人接到报告1小时内向县级以上政府安监部门和负有安监职责的有关部门报告;政府的相关部门根据事故的等级(一般、较大、重大和特大)逐级报到市级、省级、国务院的安监部门,每级上报时间不得超过2小时。

安全事故报告的内容有:事故发生单位概况;事故发生的时间、地点以及事故现场情况;事故的简要经过;事故已经造成或者可能造成的伤亡人数(包括下落不明的人数)和初步估计的直接经济损失;已经采取的措施;其他应当报告的情况(包含事故中建设、勘察、设计、施工、监理单位名称,资质等级情况,安全生产许可证号还未发证机构,三类人员名字及岗位职责,监理人员执业资格的情况)。

安全事故报告的方式:紧急情况下,可采用电话、传真、电子邮件的形式先行报告事故概况,有新情况及时续报,但在12小时内补齐书面材料。

(2)事故调查权限

特别重大事故由国务院或者国务院授权有关部门组织事故调查组进行调查。

重大事故、较大事故、一般事故分别由事故发生地省级人民政府、设区的市级人民政府、县级人民政府负责调查。省级人民政府、设区的市级人民政府、县级人民政府可以直接组织事故调查组进行调查,也可以授权或者委托有关部门组织事故调查组进行调查。

未造成人员伤亡的一般事故,县级人民政府也可以委托事故发生单位组织事故调查组进行调查。

特别重大事故以下等级事故,事故发生地与事故发生单位不在同一个县级以上行政区域的,由事故发生地人民政府负责调查,事故发生单位所在地人民政府应当派人参加。

(3)事故处理

①重大事故、较大事故、一般事故，负责事故调查的人民政府应当自收到事故调查报告之日起 15 日内做出批复；特别重大事故，30 日内做出批复，特殊情况下，批复时间可以适当延长，但延长的时间最长不超过 30 日。

有关机关应当按照人民政府的批复，依照法律、行政法规规定的权限和程序，对事故发生单位和有关人员进行行政处罚，对负有事故责任的国家工作人员进行处分。

事故发生单位应当按照负责事故调查的人民政府的批复，对本单位负有事故责任的人员进行处理。

负有事故责任的人员涉嫌犯罪的，依法追究刑事责任。

②事故发生单位应当认真吸取事故教训，落实防范和整改措施，防止事故再次发生。防范和整改措施的落实情况应当接受工会和职工的监督。

安全生产监督管理部门和负有安全生产监督管理职责的有关部门应当对事故发生单位落实防范和整改措施的情况进行监督检查。

(4)交通运输部对事故调查处理的具体规定

各级交通主管部门应遵循"统一指挥、快速反应、各司其职、协同配合"的原则，共同做好事故的应急处置工作，可视具体情况派出现场督导组参与事故调查处理工作。

督导组的主要任务：赶赴现场实地督导，对有关情况进行调查、核实；支持协助地方人民政府做好抢险救援工作，防止事态扩大或再次发生次生、衍生的质量安全事故；从行业角度初步分析事故原因，总结经验教训，为事故调查做好准备；及时将有关情况向交通主管部门报告，并应通过本级交通主管部门及时将督导报告上报交通运输部。

《交通运输部交通行业建设工程安全事故统计报表制度》要求，部负责全国交通行业建设工程安全事故统计工作，各省交通主管部门负责本辖区交通行业建设工程安全事故统计工作。安全生产事故发生后，事故单位立即向建设单位、当地政府安监和交通主管部门报告，发生 1 人以上(含 1 人)死亡事故，省级交通主管部门应在接到报告 12 小时内上报交通部，并及时续报事故进展及调查处理情况。

三、安全监理程序和主要内容

1. 熟悉《公路水运工程安全生产监督管理办法》规定的施工单位应单独编制专项安全施工方案的十项工程

第二十三条　施工单位应当在施工组织设计中编制安全技术措施和施工现场临时用电方案，对下列危险性较大的工程应当编制专项施工方案，并附安全验算结果，经施工单位技术负责人、监理工程师审查同意签字后实施，由专职安全生产管理人员进行现场监督：

(1)不良地质条件下有潜在危险性的土方、石方开挖；

(2)滑坡和高边坡处理；

(3)桩基础、挡墙基础、深水基础及围堰工程；

(4)桥梁工程中的梁、拱、柱等构件施工等；

(5)隧道工程中的不良地质隧道、高瓦斯隧道、水底海底隧道等；

(6)水上工程中的打桩船作业、施工船作业、外海孤岛作业、边通航边施工作业等；

(7)水下工程中的水下焊接、混凝土浇注、爆破工程等；

(8)爆破工程；

(9)大型临时工程中的大型支架、模板、便桥的架设与拆除，桥梁、码头的加固与拆除；

(10)其他危险性较大的工程。

必要时，施工单位对前款所列工程的专项施工方案，还应当组织专家进行论证、审查。

2. 掌握监理计划中安全监理部分的编制及主要内容

监理工程师在编制项目监理计划中，应将安全监理计划单独列为一个章节，且应具有对安全监理工作的指导作用。安全监理计划的编制应根据法律法规、委托合同中安全监理约定的要求，以及工程项目特点、施工现场的实际情况，明确项目监理机构的安全监理目标，确定安全监理工作制度、方法和措施，并根据施工情况的变化予以补充、修改和完善。

安全监理计划应包括以下主要内容：

(1)安全监理工作的依据；

(2)安全监理工作的目标；

(3)安全监理工作的内容；

(4)项目监理机构安全监理岗位、人员及工作任务；

(5)安全监理工作制度；

(6)初步认定的危险性较大的分部分项工程一览表；

(7)初步认定经监理复核安全许可验收手续的大中型施工机械和安全设施一览表；

(8)初步确定须编制的专项安全监理实施细则一览表；

(9)初步选定的新材料、新技术、新工艺及特殊结构防止安全事故的监督措施；

(10)必要的安全防护用品。

3. 掌握安全监理细则的编制及主要内容

对危险较大的分部分项工程必须在施工开始前编制专项安全监理实施细则。安全监理实施细则由专业监理工程师编制，并经总监(或驻地监理工程师)批准。

1)专项安全监理实施细则的编制依据

(1)已批准的包含安全监理方案的监理规划；

(2)相关的法规、工程建设强制性标准和设计文件；

(3)施工组织设计；

(4)其他规范性文件。

2)专项安全监理实施细则的主要内容

(1)危险性较大的分部分项工程安全监理的特点和施工现场环境状况；

(2)安全监理人员安排与分工；

(3)安全监理工作的方法及措施；

(4)针对性的安全监理检查、控制要点；

(5)相关过程的检查记录(表)和资料目录。

【例题】

项目监理计划中应包括的安全监理内容有(ABCE)。

A. 安全监理的范围和内容

B. 安全监理的工作程序

C. 安全监理的制度措施

D. 施工安全技术措施

E.安全监理人员配备计划和职责

4.熟悉施工准备阶段对施工单位审查的内容

1)审查施工单位安全生产管理体系

(1)检查施工单位安全管理体系中机构,总包、分包单位现场项目经理和专职安全生产管理人员持证上岗、安全员数量配备情况。

(2)检查施工单位的安全生产责任制、安全生产教育培训制度、安全生产规章制度和操作规程、消防安全生产责任制、安全生产事故应急救援预案,安全施工技术交底制度以及设备的租赁、安装拆除、运行维护保养、自检验收管理制度等是否健全和完善。

(3)检查施工现场各种安全标志和临时设施的设置。

(4)检查、督促施工单位与分包单位签订施工安全生产协议书。

(5)检查施工单位技术措施或文明施工措施费用的使用计划。

(6)督促施工单位制订安全事故应急救援方案,制订重点部位和重点环节的危险源监控措施和相应的应急救援方案。

(7)对有关施工单位安全生产管理体系的检查项目,由项目监理机构在第一次工地会议上书面向施工单位告知。

(8)明确本项目工程安全事故上报与处理程序,要求事故单位在第一时间内,按照预定程序上报建设单位、所在地安全生产监督管理部门、交通主管部门、公安部门、工会等相关部门,不得隐瞒和拖延上报。

2)审查施工单位的安全设施、设备、特种作业人员进入现场的报验手续

(1)安全设施的审查:安全设施的产地、厂家、合格证,生产工艺的调查,设施的取样试验。

(2)大、中型施工机械的审查:设备一览表、合格证,数量、型号、生产能力、完好率。

(3)特种作业人员的进场计划审查:主要是资格,花名册、岗位证书的相符性和有效性。

3)审查施工现场平面布置

施工现场场地布置是工程施工过程中的重要组成部分,监理工程师在审查施工单位的施工组织设计时,必须从安全的角度审查施工现场平面布置图设计的合理性和符合性。

4)审查安全技术措施或者专项施工方案

(1)安全技术措施

①进入施工现场的安全规定;

②地面、深坑、隧道施工作业的防护;

③水上、高处及立体交叉施工作业的防护;

④施工用电安全技术措施;

⑤机械、机具使用过程中的安全防护及夜间施工安全防护;

⑥为确保安全,对于采用新工艺、新材料、新技术制订相应的专项安全技术措施;

⑦预防自然灾害(台风、雷击、洪水、地震、高温、寒冻、泥石流)的措施。

(2)专项安全施工方案的编制和审核程序

在编制专项安全施工方案的同时附上安全验算结果,须经施工单位技术负责人、监理工程审查同意并签字后实施,有安全生产管理人员进行现场监督。

(3)监理对专项安全施工方案的审查

①施工单位编写的危险较大的分部、分项工程的专项安全方案,在施工前向监理报审;

②程序性审查;

③符合性审查；

④针对性审查；

⑤专项安全施工方案经专业监理工程师审查后，应在报审表上填写监理意见，并由监理工程师签认；

⑥特别复杂的专项安全施工方案，项目监理机构应报监理单位的技术负责人主持审查。

5)审查施工单位的事故应急救援预案的要点

(1)事故应急救援预案编制的相关法律法规要求。

(2)事故应急救援体系管理的审查：人员组成，危险源辨识结果，预案编制的针对性、可操作性、完整性，提出改进意见。

另外，在施工阶段应通过演练检验预案的效果，对缺陷或问题书面提出整改意见。

6)概论中“施工准备阶段安全监理的主要工作”的内容

工程开工前，监理工程师应严格审查承包人的各项安全保证方案，审查重点是：

(1)督促业主与承包人签订工程项目安全施工责任书，督促总包单位与分包单位签订工程项目安全施工责任书。监理工程师应审查分包合同中是否明确了施工单位与分包单位各自在安全生产方面的责任。[见《公路工程施工监理规范》(JTG G10—2006)5.2.2条]

(2)审查总包、分包单位的安全生产许可证或专业主管部门颁发的安全生产资质。

(3)督促承包人建立健全施工现场安全保证体系。

(4)督促施工总承包单位对分包单位的安全生产工作统一领导，统一管理，提出明确的安全生产制度，管理措施，并认真实施监督检查。

(5)审查施工承包单位编制的施工组织设计中的安全技术措施或专项安全施工方案是否符合工程建设强制性标准。审核重点应包括以下内容[见《公路工程施工监理规范》(JTG G10—2006)5.2.1条]：

①安全管理和安全保证体系的组织机构，包括项目经理、项目总工、专职安全管理人员、特种作业人员配备的数量及安全资格培训持证上岗情况。

②施工安全生产责任制、安全管理规章制度、安全操作规程的制订情况。

③施工单位的安全防护用具、机械设备、施工机具是否符合国家有关安全规定(起重机械设备、施工机具、电器设备及其他特种设备等的设置是否符合规范要求)。各种保险、限位等安全装置是否齐全有效，并具备相应的生产(制造)许可证、产品合格证明及检定结果。

④是否制订了施工现场临时用电方案的安全用电技术措施和电气防火措施。

⑤施工现场布置是否符合有关安全要求。施工总平面图是否合理，办公、宿舍、食堂等临时设施的设置以及施工现场场地、通路、排污、排水、防火措施是否符合有关安全技术标准规范和文明施工的要求。

⑥施工企业生产安全事故应急救援预案的制订情况，针对重点部位和重点环节制订的项目危险源监控措施和应急预案。

⑦施工人员安全教育计划、安全交底安排。

⑧安全技术措施费用的使用计划。

⑨施工中采用新技术、新工艺、新设备、新材料的，是否都制订了相应的安全技术措施。根据施工的不同阶段、环境、季节、气候的变化制订安全措施的情况。基坑支护、模板、脚手架工程、起重吊装工程和整体提升脚手架拆装等专项方案是否符合法律法规及强制性标准，是否按规定进行论证和办理批准手续。

(6)督促承包人做好逐级安全技术交底工作和开展经常性的安全教育培训活动。

(7)复查承包人的大型施工机械、安全设施验收手续,并签署意见。

5. 熟悉施工阶段日常安全监理的工作程序和内容

1)施工阶段安全监理工作程序(见下图)

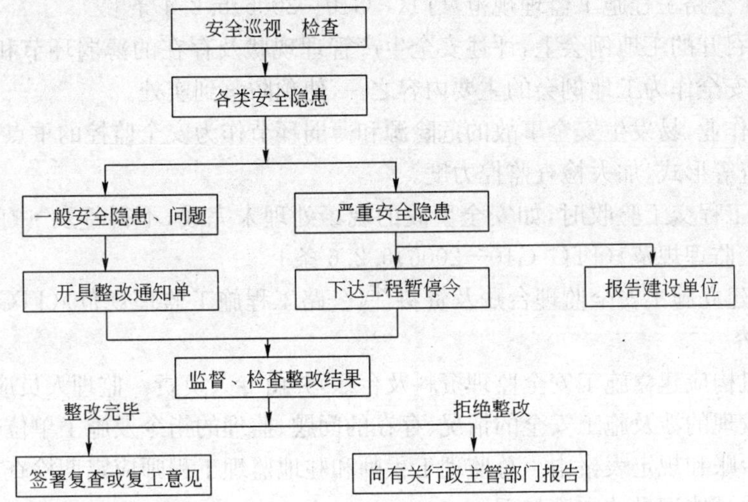

2)日常安全监理的主要内容

(1)加强监督:监督施工方守法,审查施组或专项方案,施工方定期自查、分阶段自查自评。

(2)巡视检查:落实安全措施,隐患按级别的整改,暂停报告业主、报告政府。

(3)监理会议:定期监理会议,违反安全规定签发"监理通知",监理月报汇报安全。

3)日常安全监理实施程序(易出顺序题)

(1)发口头通知;

(2)签发书面通知、指令;

(3)召开专题监理会议;

(4)签发"工程暂停令";

(5)向建设主管部门报告。

4)概论中"施工阶段安全监理的主要工作"的内容

安全生产贯穿于工程施工的全过程,安全监理是对施工安全进行过程控制,应以预防为主。在工程施工过程中,监理工程师在巡视、旁站过程中应对施工生产安全情况、施工单位安全保证体系的运转情况进行检查,具体应注意以下几个方面[《公路工程施工监理规范》(JTG G10—2006)5.2.3条]:

(1)监督施工单位按专项安全施工方案组织施工,若发现施工单位未按有关安全法律、法规和工程建设强制性标准施工,违规作业时,应予以制止。[《公路工程施工监理规范》(JTG G10—2006)5.2.3条]

(2)对危险性较大的分部、分项工程作业等要定期巡视检查,每天不少于一次,如发现安全事故隐患,应立即书面指令施工单位整改;情况严重的应签发"工程暂停令"要求施工单位停止施工,并及时报告建设单位。施工单位拒不整改或不停止施工的,监理工程师应及时向主管部门(安全监督部门)报告。[《公路工程施工监理规范》(JTG G10—2006)5.2.3条]

(3)督促承包人做好洞口、临边、高处作业等危险部位的安全防护工作,并设置明确的安全警示标志，督促承包人有效控制现场的废水、扬尘、噪声、振动、坠落物等，建立良好的工作环境；审查承包人使用的建筑起重机械，必须具有建设行政主管部门安全监督机构发放的“建筑起重机械设备备案牌”和法定检测机构发给的“检测合格标志”。

(4)督促施工单位定期进行安全生产自查工作，落实施工生产技术措施，参加施工现场安全生产检查。[《公路工程施工监理规范》(JTG G10—2006)5.2.4 条]

(5)在定期召开的工地例会上，评述安全生产管理现状及存在的薄弱环节和问题，并提出意见和建议，把安全作为工地例会的主要内容之一，使预防落到实处。

(6)对高危作业，易发生安全事故的危险源和薄弱环节作为安全监控的重点，可采取旁站、巡视和平行检查等形式，加大检查监控力度。

分项、分部工程交工验收时，如安全事故的现场处理未完成，不得签发“中间交工证书”。[《公路工程施工监理规范》(JTG G10—2006)5.2.6 条]

5)概论中“建立施工安全监理台账及资料”[《公路工程施工监理规范》(JTG G10—2006)5.2.5 条]的内容

各级监理机构应建立施工安全监理资料及台账，并由专人负责。监理人员应将每次巡视、检查、旁站中，发现的涉及施工安全的情况、存在的问题、监理的指令及施工单位处理的措施和结果及时记入台账和规定表格中。总监理工程师和驻地监理工程师应定期检查施工安全监理台账记录情况。具体记录的内容如下：

(1)施工组织设计中的安全技术措施或者专项安全施工方案报审使用“施工组织设计(方案)报审表”。

(2)分包单位资质审查使用“分包单位资格报审表”。

(3)施工机械设备、施工机具报审使用“主要工程设备选型报审表”。

(4)对质量安全隐患下发监理通知单和整改回复单使用“监理工程师通知单”和“整改复查报审表”。

(5)对易发生事故部位的关键环节现场检查记录使用“旁站监理记录表”。

(6)对于安全事故处理使用“工程质量问题(事故报告单)”和“工程质量问题(事故)处理方案报审表”。

(7)情况严重的，要求承包人停工和复工时使用“工程暂停令”和“复工申请表”。

(8)总监理工程师和驻地监理工程师应定期检查和抽查本级施工安全监理台账的记录情况。

(9)上一级负责施工安全监理的监理工程师应定期检查和抽查下级监理机构施工安全监理台账的记录情况。

(10)监理人员在监理日记中应记录施工现场安全生产和安全监理工作情况，记录发现的安全施工问题和处理措施，总监应定期审阅。

(11)项目监理机构编写“监理月报”时应增加安全监理的内容，对当月施工现场的安全施工状况和安全监理工作作出评述，报业主和监理单位。

(12)提倡使用音像资料记录施工现场安全生产重要情况和施工安全隐患，并摘要载入监理月报。

(13)安全监理资料必须真实、完整。

6. 熟悉监理工程师每天对施工过程巡视检查的重点

1)高处作业；

2)机电设备使用；

3)场内车辆驾驶；

4)气割、电焊作业；

5)起重作业；

6)钢筋加工、绑扎作业；

7)混凝土浇筑；

8)张拉作业；

9)脚手架搭设与拆除作业；

10)大模板堆放、安装、拆除作业；

11)电气安装、维修作业；

12)拆除作业；

13)船舶作业；

14)潜水作业；

15)水下焊接作业；

16)水上起重作业；

17)施工机械作业。

【例题】

在施工阶段对施工单位安全生产情况巡视检查，发现违规施工和存在安全事故隐患的，应要求施工单位整改，情况严重的，下达暂停施工令；施工单位拒不整改或不停止施工的应当向(D)书面报告。

A. 驻地工程师　　B. 总监理工程师

C. 建设单位　　D. 当地政府有关部门

四、安全监理内业工作

1. 了解安全监理内业工作的基本要求

安全监理的内业要求：

1)所使用的表式应力求与施工监理规范常用表格统一；

2)其(表格)所记述的内容应该客观、数据务必可靠、措辞应该准确；

3)在文字上要求字迹端正、清晰；

4)在时间上必须迅速、及时；

5)安全监理的内业资料应分类存放，且各类资料应做卷内目录；

6)安全监理的内业由监理人员完成。

2. 熟悉安全监理内业资料的内容

1)监理工作计划中的监理方案；

2)安全监理专项实施细则；

3)安全例会纪要和工地会议纪要中的监理内容；

4)工作指令；

5)工程暂时停工指令及复工指令；

6)专项安全施工方案报审材料；

7)施工单位的主要负责人、项目负责人、专职安全生产管理人员、特种作业人员资格报审资料；

8)施工分包单位的资质(含安全生产许可证和主要负责人、项目负责人、专职安全管理人员的安全资格证)报审资料；

9)大、中型施工机械、安全设施验收报审资料；

10)施工现场安全监理检查记录；

11)安全监理日志；

12)监理月报中的安全监理内容；

13)安全监理专题报告；

14)生产安全事故调查处理及报告资料；

15)监理工作总结中安全监理的内容。

五、重点复习题及参考答案

1. 单选题

(1)监理工程师按照法律、法规和工程建设强制性标准实施监理，并对建设工程安全生产承担(　　)。

A. 主要责任　B. 次要责任　C. 全面责任　D. 监理责任

(2)监理工程师应定期组织施工现场安全生产专项检查，每月向(　　)报告工地安全生产情况。

A. 建设单位　B. 工程安监站　C. 监理公司　D. 质量监督站

(3)分项、分部工程交工验收时，如安全事故的现场处理未完成，不得签发(　　)。

A. 工程竣工证书　B. 工程交工证书　C. 中间交工证书　D. 中间支付证书

(4)根据《建设工程安全生产管理条例》，建设单位不得对勘察、设计、施工、工程监理等单位提出不符合建设工程安全生产法律、法规和强制性标准规定的要求，不得(　　)。

A. 变更合同约定的造价　B. 压缩定额规定的工期

C. 变更合同约定的内容　D. 压缩合同约定的工期

(5)根据《建设工程安全生产管理条例》，施工单位应当(　　)。

A. 设立安全生产监控机构，配备专职安全生产监控人员

B. 设立安全生产管理机构，配备兼职安全生产管理人员

C. 设立安全生产管理机构，配备专职安全生产管理人员

D. 设立安全生产监督机构，配备专职安全生产监督人员

(6)根据《建设工程安全生产管理条例》，施工单位应当根据不同施工阶段和周围环境及季节、气候的变化，在施工现场采取相应的安全施工措施。施工现场暂时停止施工的，施工单位应当做好现场防护，所需费用由(　　)承担，或者按照合同约定执行。

A. 责任方　B. 建设单位　C. 施工单位　D. 双方

(7)在建设工程安全生产管理基本制度中，(　　)是最基本的安全生产管理制度，是所有安全规章制度的核心。

A. 安全生产责任制度　B. 群防群治制度

C. 安全生产检查制度　D. 安全责任追究制度

(8)(　　)负责对安全生产进行现场监督检查,对违章指挥、违章操作的,应当立即制止。

A. 监理工程师　　B. 项目经理

C. 监督检查机构　　D. 专职安全生产管理人员

(9)对于施工现场存在的安全事故隐患,施工单位拒不按监理工程师指令进行整改的,监理工程师应向(　)书面报告。

A. 建设单位　　B. 施工单位

C. 监理单位　　D. 有关行政主管部门

(10)工程监理单位和监理工程师应当按照法律、法规和工程建设强制性标准实施监理,并对建设工程安全生产承担(　　)。

A. 连带责任　　B. 监理责任　　C. 民事责任　　D. 主要责任

(11)《建设工程安全生产管理条例》明确要求工程监理单位应当审查施工组织设计中的安全技术措施或者专项施工方案是否符合(　　)。

A. 招标文件要求　　B. 投标文件承诺

C. 监理工程师要求　　D. 工程建设强制性标准

(12)安全生产费用是指(　　)在编制建设工程概算时,为保障安全施工确定的费用。

A. 施工单位　　B. 监理单位

C. 建设单位　　D. 建设主管部门

(13)安全生产管理的方针是(　　)。

A. 百年大计,质量第一　　B. 预防为主,防治结合

C. 安全第一,预防为主,综合治理　　D. 经济效益、社会效益相统一

(14)施工单位安全生产三类管理人员是指(　　)。

A. 施工单位主要负责人、项目负责人、专职安全生产管理人员

B. 项目经理、项目总工、施工班组负责人

C. 项目经理、项目副经理、项目总工

D. 施工单位负责人、项目负责人、施工班组负责人

(15)对于危险性较大的分部、分项工程,必须在施工前编制专项安全监理实施细则。安全监理实施细则应由(　)编制。

A. 安全监理员　　B. 专业监理工程师

C. 驻地监理工程师　　D. 总监理工程师

(16)项目监理机构对(　　)分部、分项工程必须在施工开始前编制专项安全监理实施细则。

A. 工程项目所有的　　B. 监理工程师指定的

C. 危险性较大的　　D. 质量要求高的

(17)下列施工单位的人员中,(　　)不属于安全生产三类人员。

A. 施工单位主要负责人　　B. 项目负责人

C. 项目总工程师　　D. 专项安全生产管理人员

(18)对危险性较大的工程作业等要定期巡视检查,如发现安全事故隐患,应立即书面指令施工单位整改;情况严重的应(　　)要求施工单位暂停施工,并及时报告建设单位。

A. 签发监理通知　　B. 报告业主

C. 签发工程暂停令　　D. 口头要求

(19)对危险性较大的分部、分项工程进行安全巡查检查，每(　　)天不少于一次。

A. 1　　B. 2　　C. 3　　D. 4

2. 多选题

(1)根据《建设工程安全生产管理条例》，下列说法正确的是(　　)。

A. 工程监理单位应审查施工组织设计中的安全技术措施或者专项施工方案是否符合工程建设强制性标准

B. 设计单位和注册建筑师等注册执业人员应当对其设计负责

C. 工程监理单位在实施监理过程中，发现存在安全事故隐患的，应当要求施工单位整改；情况严重的，应及时报告建设单位，由建设单位要求施工单位暂时停止施工

D. 工程监理单位在实施监理过程中，发现存在安全事故隐患并且情况严重的，应当要求施工单位暂时停止施工，施工单位拒绝停工的，工程监理单位应当及时向有关主管部门报告

E. 工程监理单位和监理工程师应当按照法律、法规和工程建设强制性标准实施监理，并对建设工程安全生产承担监理责任

(2)建设项目需要配套建设的安全生产设施，必须与主体工程(　　)。

A. 同时设计　　B. 同时施工

C. 同时投产使用　　D. 同时报废

E. 同时竣工

(3)安全生产法规定的安全生产从业人员的权利包括(　　)。

A. 知情权　　B. 控告权　　C. 获得奖励权　　D. 申述权　　E. 紧急避险权

(4)安全生产法规定的安全生产从业人员的义务包括(　　)。

A. 接受教育的义务　　B. 接受培训的义务

C. 制定操作规程的义务　　D. 制定规章制度的义务

E. 危险报告义务

(5)《建设工程安全生产管理条例》规定，施工单位对列入建设工程概算的安全作业环境及安全施工措施所需费用，应当用于(　　)，不得挪作他用。

A. 安全施工措施的落实　　B. 施工安全设施的开发、改造和维护

C. 安全生产条件的改善　　D. 施工安全防护用具及设施的采购

E. 施工安全防护用具及设施的更新

(6)根据《建设工程安全生产管理条例》，下列(　　)达到一定规模的危险性较大的分部分项工程需编制专项施工方案，并附具安全验算结果，经施工单位技术负责人、总监理工程师签字后实施，由专职安全生产管理人员进行现场监督。

A. 基坑支护与降水工程　　B. 土方开挖工程

C. 模板工程　　D. 混凝土工程

E. 脚手架工程

(7)根据《建设工程安全生产管理条例》，施工单位应该在下列的(　　)处危险部位设置明显的安全警示标志。

A. 施工现场入口处　　B. 电梯井口

C. 脚手架　　D. 分叉路口

E. 十字路口

(8)工程监理单位有(　　)行为之一的,责令限期改正;逾期未改正的,责令停业整顿,并处10万元以上30万元以下的罚款;情节严重的,降低资质等级,直至吊销资质证书;造成重大安全事故,构成犯罪的,对直接责任人员,依照刑法有关规定追究刑事责任;造成损失的,依法承担赔偿责任:

A. 未对施工组织设计中的安全技术措施或者专项施工方案进行审查的

B. 发现安全事故隐患未及时要求施工单位整改或者暂时停止施工的

C. 施工单位拒不整改或者不停止施工,未及时向有关主管部门报告的

D. 未依照法律、法规和工程建设强制性标准实施监理的

E. 发现安全事故隐患未及时向建设单位报告的

(9)工程监理单位的安全生产管理的主要责任和义务有(　　)。

A. 监督检查建设单位的安全生产投入是否到位

B. 审查设计文件是否执行工程建设强制性标准

C. 审查施工组织设计中的安全技术措施是否符合工程建设强制性标准

D 安全生产事故隐患报告义务

E. 对建设工程安全生产承担连带责任

(10)根据安全生产条例法规的规定,属于监理单位应建立的五项安全管理制度有(　　)。

A. 安全专题会议制度

B. 安全技术措施审查制度

C. 专项施工方案审查制度

D. 安全隐患处理制度

E. 严重安全隐患报告制度

(11)落实监理安全责任的工作原则包括(　　)。

A. 以人为本

B. 安全第一、预防为主、综合治理

C. 管生产必须管安全

D. 在"质量、进度、成本"控制中落实生产安全

(12)工程开工前,监理工程师审查施工组织设计中的安全技术措施或专项施工方案是否符合强制性标准,审查重点包括(　　)。

A. 安全技术措施费用的使用计划

B. 施工人员安全教育计划

C. 工地现场人员、机械总数

D. 施工现场布置是否符合有关安全要求

E. 是否制订了施工现场临时用电方案的安全技术措施和电气防火措施

(13)工程开工前,监理工程师应审查施工单位编制的施工组织设计中的安全技术措施或专项施工方案是否符合强制性标准,审查合格后方可同意工程开工。审查重点是(　　)。

A. 安全管理和安全保证体系的组织机构,包括项目经理、专职安全管理人员、特种作业人员配备的数量及安全资格培训持证上岗情况

B. 是否制定了施工安全生产责任制、安全管理规章制度、安全操作规程

C. 施工单位的安全防护用具、机械设备、施工机具是否符合国家有关安全规定

D. 施工现场布置是否符合有关安全要求

E. 是否有安全主管部分颁发的许可施工证书

(14)日常安全监理实施程序包括(　　)等环节。

A. 发出口头通知　　B. 签发书面通知、指令

C. 召开专题监理例会　　D. 签发“工程暂停令”

E. 向业主报告

(15)施工单位的安全自检可分为(　　)等。

A. 日常性检查　　B. 每日检查

C. 专业性检查　　D. 季节性检查

E. 不定期检查

(16)施工单位制订的基坑支护、土方开挖、爆破等工程的专项施工方案,必须经过(　　)签字后方可实施。

A. 建设单位负责人　　B. 施工单位负责人

C. 监理单位负责人　　D. 施工单位技术负责人

E. 总监理工程师

3. 判断题

(1)施工单位在工程报价中应当包含安全生产费用,一般不得低于投标价的 2%,且可作为竞争性报价。(　　)

(2)监理单位和监理工程师应当按照法律、法规和工程建设强制性标准实施监理,并对建设工程安全生产承担监理责任。(　　)

(3)监理工程师审查分包合同时,应包括是否明确了施工单位与分包单位各自在安全生产方面的责任。(　　)

(4)审查施工承包单位编制的施工组织设计中的安全技术措施或专项安全施工方案是否符合工程建设强制性标准,是监理工程师的职责之一。(　　)

(5)风险是指导致人身伤害或疾病、财产损失、工作环境破坏或这些情况组合的危险因素和有害因素。(　　)

(6)监理工程师应当单独编制安全监理方案,而不应在编制项目监理计划时,将其作为单独一个章节列在其中。(　　)

(7)监理机构应建立施工安全监理台账,由专人负责。(　　)

(8)[2007 年考题]施工单位在建设工程安全生产中处于核心地位,施工单位的负责人依法对本单位的安全生产工作负责。(　　)

4. 综合分析题

简述《建设工程安全生产管理条例》规定监理单位的安全责任及相应的法律责任。

参考答案

1. 单选题

(1)D　(2)B　(3)C　(4)D　(5)C　(6)A　(7)A　(8)D　(9)D　(10)B

(11)D　(12)C　(13)C　(14)A　(15)B　(16)C　(17)C　(18)C　(19)A

2. 多选题

(1)ABDE　(2)ABC　(3)ABE　(4)ABE　(5)ACDE

(6)ABCE　(7)ABC　(8)ABCD　(9)CD　(10)BCDE

(11)ABD　(12)ABDE　(13)ABCD　(14)ABCD　(15)ACDE

(16)DE

3. 判断题

(1)×　　(2)√　　(3)√　　(4)√　　(5)×　　(6)×　　(7)√　　(8)√

4. 综合分析题

答:监理单位应当审查施工组织设计中的安全技术措施或者专项施工方案是否符合工程建设强制性标准。工程监理单位在设施监理过程中,发现存在安全事故隐患的,应要求施工单位整改,情况严重的,应要求施工单位暂时停止施工,并及时报告建设单位。对于施工单位拒不整改或者不停工的,监理单位应及时向有关主管部门报告。工程监理单位和监理工程师应当按照法律、法规和工程强制性标准实施监理,并对建设工程安全生产承担监理责任。对于监理单位未按上述要求履行监理责任的,责令限期整改,逾期未整改的,责令停业整顿,并处10万元以上30万元以下的罚款;情节严重的,降低资质等级,直至吊销资格证书;造成重大安全事故,构成犯罪的,对直接责任人员,依照刑法有关规定追究刑事责任;造成损失的,依法承担赔偿责任。

第八部分　施工环境保护监理

了解:8.0.1　施工环境保护监理的概念及任务;
8.0.2　公路施工期对环境的影响因素。
熟悉:8.0.3　施工环境保护达标监理的任务、范围和内容;
8.0.4　公路施工环境保护监理的依据;
8.0.5　施工环境保护监理的工作程序;
8.0.6　施工环境保护监理的工作内容及方式;
8.0.7　施工环境保护监理的工作制度。
掌握:8.0.8　公路施工环境保护监理文件;
8.0.9　监理工程师对环保的监理措施。

一、施工环境保护知识要点

1. 了解施工环境保护监理的概念及任务

1)施工环境保护监理的概念

施工环境保护监理是指具有相应资质的监理单位受建设单位(或业主)的委托,依法承担其建设项目施工期间的环境监督管理工作,代表业主对承包人在施工活动中污染防治和生态保护与恢复等情况进行监督管理,确保各项环保措施落实的专业化服务活动。

2)施工环境保护监理的任务(两个方面)

(1)环境达标监理的主要任务,是对工程建设过程中,污染环境、破坏生态的行为进行监督管理,防止或减少施工过程污染物排放和生态破坏,实现污染物达标排放或复合生态保护要求,如噪声、废气、污水、固废等污染物达标排放,水土流失、生态恢复、自然保护区、水源区和风景名胜区保护等符合要求。

(2)环保工程监理的主要任务,是对工程的环保配套设施进行施工监理,落实项目环境评价文件中的环保设施要求,确保"三同时"的实施,如临时用地复垦、水土保持、景观绿化等生态工程,就是保证环境保护专项工程的实施。

3)施工环境保护监理的目标

(1)主体工程施工过程中的噪声(振动)、废气、污水、固体废弃物等排放达到国家相应标准。

(2)生态环境保护、水土保持等措施符合建设项目环境评价文件和水土保持方案的要求。

(3)声屏障、绿化、污水处理等环保工程设施施工符合规范和合同规定。

(4)施工期不发生重大污染和生态破坏事件。

2. 熟悉施工环境保护达标监理的任务、范围和内容

(1)环保达标监理的任务:保护生态环境;控制污染排放。

(2)环保达标监理的范围:施工现场、工作场地、生活营地、施工道路、料场和取弃土场、办公室及附属设施、敏感区等。

(3)环保达标监理的内容:工程质量、安全、环保、进度、费用等。

3. 了解公路施工期对环境的影响因素

环境保护已列入我国的基本国策之中。环境保护涉及范围广,根据可持续发展的理论,项目地区环境因素包括:自然环境、生态环境、社会环境和人民生活环境。公路施工期对环境的影响因素主要有以下几点:

(1)对生态环境的主要影响因素:水土流失(水力、重力、风力、泥石流、人为)、植被破坏。

(2)对声环境的主要影响因素:夜间施工机械噪声。

(3)对水环境的主要影响因素:挖泥、取砂、材料冲洗引起水质混浊,施工机械的含油污水及油料泄漏造成油污染,施工人员的生活污水、垃圾直接排入水体,沥青、油料、化学品等因保管不善造成进入水体。

(4)对大气环境的主要影响因素:灰土拌和、扬尘、沥青烟、废气。

(5)对社会经济的主要影响因素:临时占地及施工作业对周边农田的损坏,对沿线河道、人工渠道的施工干扰;加重了地区道路的负荷。公路施工监理过程中,应着重检查、控制施工对生态环境、水环境、大气环境影响。

【例题】

公路建设所引起的水土流失表现出不同的外部形式、发展程度和不同的潜在危险性,概括起来,主要包括以下几种(ABCE)。

A. 水力侵蚀　　　　B. 重力侵蚀

C. 风力侵蚀　　　　D. 冰冻侵蚀

E. 泥石流侵蚀

4. 熟悉公路施工环境保护监理的依据

(1)国家的法律法规:环保法、水法、土地法等。

(2)国家的条例、办法、规定(部门规章):项目环保条例、交通建设环保管理办法等。

(3)地方性法规、文件。

(4)国家标准。

(5)项目的环境影响评价和水土保持报告及批复。

(6)项目的环境行动计划。

(7)工程设计文件。

(8)合同(监理合同、施工合同以及有关补充协议)。

(9)施工过程的会议纪要、文件等。

【例题】

公路工程环保监理的依据有(ABDE)。

A. 项目环境影响评价报告书　　　　B. 项目环境行动计划

C. 国家文物保护法　　　　D. 国家环境保护法

E. 地方有关环境保护法规

注：质量教材中有C选项，可是参考答案中无，该题基本上是按旧教材的内容作为选项（见旧质量教材的P256）。

5. 熟悉施工环境保护监理的工作程序

施工环境保护监理的工作程序见下框图。

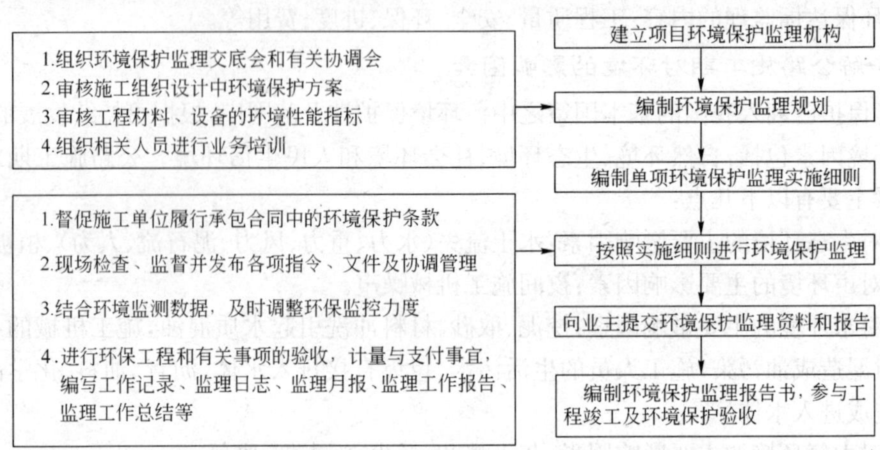

6. 熟悉公路施工环保监理的工作内容

1)施工准备阶段的环境保护监理内容

(1)参加设计交底，熟悉环境评价报告和设计文件，掌握沿线重要的环境保护对象，了解建设过程的具体环保目标，对敏感的目标做出标志。

(2)审查施工单位提交的施工组织设计和开工报告，对施工方案中环保目标和环保措施提出审查意见。

(3)审查施工单位的临时用地方案是否符合环保要求，历史用地的恢复是否可行。

(4)审查施工单位的环保管理体系是否责任明确，切实有效。

(5)参加第一次工地会议，提出环保监理目标、环保监理措施及要求。

2)施工阶段的环境保护监理内容

(1)审查施工单位编制的分部(分项)工程施工方案中的环保措施是否可行。

(2)对施工现场、施工作业进行巡视或旁站监理，检查环境保护措施的落实情况。

(3)监测各项环境指标，出具检测报告或成果。

(4)向施工单位发出环境保护工作指示，并检查指令的执行情况。

(5)编写环保监理月报。

(6)参加工地例会。

(7)建立、保管环保监理资料档案。

(8)处理或协助主管部门和建设单位处理突发环保事件。

3)交工及缺陷责任期的环境保护监理内容

(1)参加交工检查，确认现场清理工作、临时用地的恢复等是否达到环保要求。

(2)检查施工单位的环保资料是否达到要求。

(3)评估环保任务或环保目标的完成情况，对尚存在的主要问题提出继续监测或处理的方案和建议。

(4)完成缺陷责任期环境保护监理工作：检查环保遗留问题的整改，已交工环保工程修复、环境恢复，完善环保资料。

4)环境监测

空气质量(3或4项)、地表水质量(6项)、声环境质量(噪声)。

5)环境影响报告中提出的其他环保措施的监理

7. 熟悉施工环境保护监理的工作制度

施工环保监理制度纳入工程监理的工作制度范畴，即在执行各项监理制度时要体现环境保护监理的相关内容。施工环保监理制度有6项。

(1)文件审核、审批制度：施工组织设计中的场地、营地、取弃土场等设置方案，专项环保方案(水源、污染源防护、环保措施)的审核意见。

(2)工作记录制度：会议记录、监理日记、环境监理月报、气象及灾害记录、质量记录、承包人有关环保的报告或请示、交竣工文件。

(3)报告制度：环境保护监理报告。

(4)会议制度：环境保护监理会议纳入工地会议(3种形式)中召开。

(5)函件来往制度：现场检查发现的问题应以环保通知单形式告知承包人，要求其纠正。承包人应回复处理结果。

(6)人员培训制度：所有监理人员持证上岗并定期参加环保业务培训。

8. 掌握公路施工环境保护监理文件

施工环保监理文件由3个具体的环保监理文件和施工环保监理资料体系组成。

1)施工环境保护监理计划

施工环境保护监理计划是施工监理计划的组成部分，是开展施工环保监理的指导性文件。具体内容有7点：工程概况、实行环保监理的依据、环保监理的范围、工作内容目标方式、监理组织机构人员岗位职责、监理人员设施进场计划、环保监理程序和工作要点。

2)施工环境保护监理实施细则

施工环境保护监理实施细则是在监理计划基础上，由专业监理工程师针对建设项目各分项工程编制的操作性文件。环保监理实施细则应明确人员职责、监理重点、具体控制措施、工作方法、阶段控制目标等内容。

3)施工环境保护监理总结报告

环保监理工作完成后，监理单位因及时进行施工环境保护监理工作总结，向建设单位提交施工环保监理工作总结。主要内容包括：环保监理机构的组成和投入的仪器设备、监理设施起止时间；环保监理合同履约情况概述；环保监理任务或环保监理目标完成情况评价；环保监理过程中出现的问题和处理情况；尚存的主要环境问题及建议继续监测或处理的方案。

4)施工环境保护监理资料体系

环保工程监理资料体系应和主体工程施工监理是一致的。环保达标监理的资料主要有：

(1)日常工作记录。监理工程师日常的环保监理检查工作应在监理日志中做好记录。

(2)环境保护会议记录。

(3)环境保护教育和培训记录。

(4)环境保护监理通知单(回复单)。

(5)环境保护监理工作联系单。

(6)环境保护监理检验申请批复单。

(7)临时用地环境影响报告单。

(8)临时用地(取弃土场)整治恢复报告单。

(9)拌和场排放达标检验报告单。

(10)环境污染事故处理文件。

(11)环境保护月报：

①环境保护监理月报。环境监理工程师应根据工程进展情况、环境现状、存在的问题每月以报告书的形式向建设单位和监理单位报告。月报所陈述的内容应包括已存在的或将对环境污染、环境达标、环保工程的质量、费用及工期产生实质影响的事件,已完成的主要工程分项和细目,使建设单位和上级主管部门对环境影响现状和环保工程实施情况有全面的了解。在报告书中对于有重大环境影响以及环保工程实施存在的问题也应进行描述,说明原因和已经采取的措施。月报对于施工单位环保管理体系情况等也应一并报告。施工环境保护监理月报应包含两大部分内容,即环保达标监理内容和环保工程监理内容。后者主要是工程内容,可以参照工程监理月报格式书写,前者应包括以下内容:

a.本月主要施工内容。

b.本月生态保护和污染防治情况,上月遗留的环保问题以及处理情况。

c.环保监测的结果。

d.施工单位环保管理体系运行情况。

e.本月环境保护存在的问题,以及处理计划。

f.下月施工计划,以及根据下月施工内容提出的污染防治计划。

②施工环境保护月报。为使监理工程师及时掌握施工过程的环保情况,施工单位应在月报中增加环境保护章节,包括以下内容:

a.施工中的环境保护情况

(a)本月施工单位污染源统计,如废气、废水、噪声、固废等,是否有增减或变化。

(b)针对以上污染源采取的防治措施,以及根据污染源的变化拟订的处置计划。

(c)本月施工单位排放污染物(打桩泥浆、罐车清洗水、碎石清洗水、生活垃圾、建筑垃圾、弃土弃料等)的种类及排放地点、排放方式、排放去向,以及生态保护情况。

b.执行情况

(a)施工环境保护监理检查情况,内容包括本月监理工程师现场检查情况,发现的问题,以及收到通知单或联系单后的整改措施落实情况等。

(b)其他情况。

(12)与建设单位、施工单位往来函件。

(13)工程建设环境保护文件。

(14)环境监测报告。环境监测报告包括两部分,一部分是由建设单位委托有资质的环境监测单位定期进行监测后,由监测部门分期提交的监测结果报告;另一部分是监理单位根据现场情况自主进行监测的结果报告。两者都应进行归档。

(15)水土保持监测报告(建设单位委托有资质单位编制)。

(16)施工单位、监理单位竣工环保总结报告及其他资料。

(17)工程交、竣工文件。

9.掌握监理工程师对环保的监理措施

监理工程师应按照事前指导、过程控制检查和施工验收三个环节,对施工全过程进行严格把关，有效地控制施工对环境的影响。

1）施工前期的控制

（1）监理工程师应审查施工组织设计是否按照设计文件和环境影响评价报告的有关要求制订了施工环境保护措施，审查合格后方可同意工程开工。［见《公路工程施工监理规范》（JTG G10—2006）5.3.1条］。

（2）检查承包人的环保人员及质检人员是否已进行了环保教育。特别是环保管理体系是否健全有效，环保人员是否已到位，环保应急预案是否合理可行。

（3）检查、督促承包人的各项开工准备工作，如临时用地征地情况、临时排水设施等，各项检查合格后方允许承包人开工。

（4）对全线设计的取、弃土场进行实地踏勘，做到心中有数，提出切实有效的控制措施；对变更的取、弃土场，除了实地调研外，在承包人上报征地报告时，即要求其提出环保措施，监理工程师认为方案可行后，方可批准征地。

2）施工过程中的控制

（1）规范承包人操作，合理指导施工。

（2）加强对承包人的监督管理，以便在施工中能保护现场周围的环境，防止自然环境遭到破坏，防止和减轻粉尘、噪声等对周围环境的污染和危害。如发现施工中存在违反有关环保规定、未按合同要求落实环保措施的情况，监理工程师应书面指令施工单位整改；情况严重的，应签发"工程暂停令"要求施工单位暂时停工，并及时报告建设单位。［见《公路工程施工监理规范》（JTG G10—2006）5.3.3条］

（3）施工中发现文物时，监理工程师应要求承包人依法保护现场，并报告有关部门和业主，以免文物损坏。［见《公路工程施工监理规范》（JTG G10—2006）5.3.4条］

（4）监理工程师应要求施工单位依法取得砍伐许可证后方可按照砍伐许可的面积、株数、树种进行砍伐，并注意保护野生动物、植物。［见《公路工程施工监理规范》（JTG G10—2006）5.3.5条］

（5）经常检查承包人环境保护工作的进度和质量，及时纠偏，对达不到合同要求或不符合规范要求的项目不予计量。

3）施工后期的控制

（1）督促承包人整理有关环境保护的合同条件和技术档案资料；

（2）督促承包人完善有关项目的环境保护工作。

注意：比较《公路工程施工监理规范》（JTG G10—2006）5.3.2条中所表示的下列内容，也可属于"2）施工过程中的控制"。

监理工程师在巡视、旁站中，应随时检查施工单位制订的环境保护措施的落实情况，检查的主要内容有［来自《公路工程施工监理规范》（JTG G10—2006）5.3.2条］：

（1）是否落实了施工环境保护责任人。

（2）是否对施工人员进行了环保教育。

（3）施工场地的布设是否符合相关环保要求。

（4）职业危害的防护措施是否健全。

（5）施工现场（含临时便道、拌和站、预制场等）和料场等是否洒水防尘。

（6）是否按有关要求采取降噪措施。

（7）材料堆场设置环境的合理性及采取措施减少运输漏撒情况。

(8)施工废水、渣土、生活污水、垃圾的处置是否合理。

(9)是否按照批准在拟定的取弃土场取弃土，取土结束后是否采取了有效的排水防护和植被恢复措施。

二、重点复习题及参考答案

1. 单选题

(1)对生态环境的主要影响因素有(　　)。

A. 水土流失　　B. 取砂冲洗引起水质混浊

C. 施工人员的生活污水　　D. 扬尘

(2)公路建设项目环境影响评价文件应经(　　)预审后，报有审批权的环保行政主管部门审批。

A. 建设单位　　B. 监理单位

C. 项目所在地环保局　　D. 交通主管部门

(3)根据《中华人民共和国环境影响评价法》，对可能造成重大环境影响的，应当写(　　)。

A. 环境影响大纲　　B. 环境影响报告书

C. 环境影响报告表　　D. 环境影响登记表

(4)根据《中华人民共和国环境影响评价法》，对可能造成轻度环境影响的，应当写(　　)。

A. 环境影响大纲　　B. 环境影响报告书

C. 环境影响报告表　　D. 环境影响登记表

(5)根据《中华人民共和国环境影响评价法》，对可能造成很小环境影响的，应当写(　　)。

A. 环境影响大纲　　B. 环境影响报告书

C. 环境影响报告表　　D. 环境影响登记表

(6)公路建设项目环境评价文件一般应在(　　)阶段，报有关行政主管部门。

A. 项目设计　　B. 编制项目建议书

C. 项目招标　　D. 项目可行性研究

(7)建设项目环境影响报告书应由(　　)编制。

A. 建设单位　　B. 有资质的环境影响评价机构

C. 环保部门　　D. 行业主管部门

(8)公路建设项目环境影响评价文件，必须经过(　　)预审。

A. 建设单位　　B. 有资质的环境影响评价机构

C. 环保部门　　D. 交通部门

(9)公路建设项目环境影响评价文件，必须经过(　　)审批。

A. 建设单位　　B. 有资质的环境影响评价机构

C. 环保部门　　D. 交通部门

(10)下列监理工作，属于环保达标监理的是(　　)。

A. 对施工过程废物排放进行监理

B. 对水处理工程进行监理

C. 对绿化工程进行监理

D. 对声屏障工程进行监理

(11)施工准备阶段的环境保护监理内容是(　　)。

A. 审查施工单位编制的分部(分项)工程施工方案中的环保措施是否可行

B. 审查施工单位的环保管理体系是否责任明确,切实有效

C. 监测各项环境指标,出具检测报告或成果

D. 编写环保监理月报

(12)施工阶段的环境保护监理内容是(　　)。

A. 审查施工单位提交的施工组织设计和开工报告,对施工方案中环保目标和环保措施提出审查意见

B. 审查施工单位编制的分部(分项)工程施工方案中的环保措施是否可行

C. 参加第一次工地会议,提出环保监理目标、环保监理措施及要求

D. 审查施工单位的临时用地方案是否符合环保要求,历史用地的恢复是否可行

(13)下列文件中,不构成施工环境保护监理依据的是(　　)。

A. 环境保护法律　　B. 地表水环境质量标准

C. 环境影响报告书　　D. 施工组织设计

(14)监理工程师应审查施工组织设计是否按设计文件和(　　)的有关要求制订了施工环境保护措施,审查合格后方可同意工程开工。

A. 业主要求　　B. 当地政府

C. 当地环保部门文件　　D. 环境影响评估报告

(15)下列监理工作中,不属于施工阶段的环保监理工作内容的是(　　)。

A. 编写环保监理月报

B. 审查施工单位的环保管理体系是否责任明确,切实有效

C. 审查施工单位的分项、分部工程施工方案中的环保措施是否可行

D. 监测各项环境指标,出具监测报告

2. 多选题

(1)根据可持续发展的理论,项目地区环境因素包括(　　)。

A. 自然环境　　B. 生态环境　　C. 社会环境

D. 人民生活环境　　E. 经济技术环境

(2)环境保护验收调查报告(表),由建设单位委托经环境保护行政主管部门批准有相应资质的(　　)等单位编制。

A. 环境监测站

B. 环境放射性监测站

C. 任何环境影响评价单位

D. 编制本项目环境影响评价的单位

E. 未编制本项目环境影响评价的单位

(3)现阶段我国环境保护的基本原则包括(　　)。

A. 经济建设与环境保护协调发展的原则

B. 预防为主、防治结合的原则

C. 污染付费原则

D. 政府对环境质量负责的原则

E. 依靠群众保护环境的原则

(4)公路施工环境保护监理的主要任务包括(　　)。

A. 环境达标监理　　B. 水土保持监理

C. 环境监测　　D. 地表水环境监理

E. 环保工程监理

(5)公路工程施工环境保护监理文件有(　　)。

A. 施工环境保护监理规划　　B. 施工环境保护监理实施细则

C. 施工环境保护监理总结报告　　D. 环境影响报告书

E. 环境监测报告

(6)公路工程施工环境保护监理制度有(　　)。

A. 例会制度　　B. 月报制度

C. 污染事故报告制度　　D. 工作记录制度

E. 函件往来制度

(7)施工准备阶段的环境保护监理内容有(　　)。

A. 监测各项环境指标,出具检测报告或成果

B. 审查施工单位编制的分部(分项)工程施工方案中的环保措施是否可行

C. 参加第一次工地会议,提出环保监理目标、环保监理措施及要求

D. 审查施工单位的临时用地方案是否符合环保要求,历史用地的恢复是否可行

E. 对施工现场、施工作业进行巡视或旁站监理,检查环境保护措施的落实情况

(8)施工阶段的环境保护监理内容有(　　)。

A. 审查施工单位提交的施工组织设计和开工报告,对施工方案中的环保目标和环保措施提出审查意见

B. 审查施工单位编制的分部(分项)工程施工方案中的环保措施是否可行

C. 审查施工单位的环保管理体系是否责任明确,切实有效

D. 监测各项环境指标,出具检测报告或成果

E. 编写环保监理月报

(9)在公路施工监理过程中,应着重检查、控制施工对(　　)的影响。

A. 生态环境　　B. 声环境

C. 水环境　　D. 大气环境

E. 社会经济环境

(10)公路施工环境保护监理的依据包括(　　)等。

A. 环境保护法律、法规　　B. 环境保护国家标准

C. 施工组织设计　　D. 工程设计文件、监理合同及施工合同

E. 建设项目环境影响评价报告及批复

(11)工程环境保护监理的主要依据有(　　)。

A. 相关法律、法规、技术规范和标准

B. 环境影响报告书及批复

C. 设计文件

D.《监理规划》、《监理实施细则》中有关环境保护监理的工作内容与要求

E. 相关合同

(12)建设单位向县级以上人民政府交通主管部门申请交通建设项目环境影响评价预审，应当按规定提交有明确的建设项目环境影响评价结论包括(　　)。

A. 交通部环保办的审批意见　　B. 环保部的审批意见

C. 建设项目环境影响报告书　　D. 环境影响报告表

E. 环境影响登记表

(13)环保监理主要有以下(　　)主要环节。

A. 施工期环境保护措施报告表　　B. 施工现场环境监测

C. 施工期环保措施实施情况的核查　　D. 施工工艺监测

(14)公路施工环境保护监理的主要任务包括(　　)。

A. 环保达标监理　　B. 环保工程监理

C. 水土保持监理　　D. 环境监测

E. 水源保护区环境监理

(15)建设项目环境影响报告书应当包括(　　)等内容。

A. 项目建设概况

B. 建设项目周围环境现状

C. 建设项目对环境影响的经济损益分析

D. 环境影响评价机构

E. 环境影响评价的结论

(16)交竣工验收阶段的环境保护监理工作包括(　　)。

A. 参加交竣工检查，检查环境保护措施和成效

B. 评估环保目标的完成情况，对尚存的主要环境问题提出处理方案和建议

C. 审核承包人的环境保护效果自检报告

D. 检查承包人的环境保护资料是否满足竣工验收要求

E. 编制环境保护监理竣工资料

(17)在施工监理过程中，总监理工程师的环境保护职责有(　　)。

A. 对监理合同的实施负责，定期向业主报告环境保护监理工作的情况

B. 明确监理单位职能分工和环境保护监理工程师的岗位职责

C. 主持编写《监理规划》、《监理实施细则》，审查有关环保监理工作的内容和要求，检查和考核落实情况

D. 审核承包人施工组织设计中的环保实施方案，检查和评价其落实情况

E. 审查工程竣工监理档案的环保资料，组织编写环保监理工作总结

(18)环保监理工作方法的主要环节有(　　)。

A. 施工期环境保护措施报告表　　B. 施工期环保措施实施情况的核查

C. 施工现场水源保护　　D. 施工工地扬尘控制

E. 施工现场环境监测

(19)[2007年考题]常见的固体废物处置方法有(　　)。

A. 沉淀法　　B. 化学法　　C. 焚烧法　　D. 生物法　　E. 分选法　　F. 固化法

3. 判断题

(1)公路施工监理过程中应着重检查、控制施工对生态环境、水环境、大气环境的影响。

(　　)

(2)监理机构应建立施工安全监理台账，由专人负责。 ( )

(3)工程监理单位和监理工程师应当按照法律、法规和工程建设强制性标准实施监理，并对建设工程安全生产承担监理责任。 ( )

(4)当承包人违反有关环保规定，监理工程师应要求承包人整改；情况严重时，应签发工程暂停令，要求承包人暂时停工，并及时报告业主。 ( )

(5)监理工程师应要求承包人依法取得砍伐许可后方可对砍伐许可的面积、株数、树种进行砍伐。 ( )

(6)[2007年考题]公路建设项目环境影响评价，是指对公路建设项目过程中可能造成的环境影响进行分析、预测和评估，提出预防或者减轻不良环境影响的对策和措施，并进行跟踪监测的方法与制度。 ( )

参考答案

1. 单选题

(1)A (2)D (3)B (4)C (5)D (6)D (7)B (8)D (9)C (10)A
(11)B (12)B (13)D (14)D (15)B

2. 多选题

(1)ABCD (2)ABE (3)ABCDE (4)AE (5)ABC
(6)ABCDE (7)CD (8)BDE (9)ACD (10)ABDE
(11)ABCE (12)CDE (13)ABC (14)AB (15)ABCE
(16)BDE (17)ABDE (18)ABE (19)BCDEF

3. 判断题

(1)√ (2)√ (3)√ (4)√ (5)√ (6)√

第九部分　工程进度监理

一、进度监理和施工组织管理的知识要点

了解：9.1.1　工程进度监理的概念、作用、任务和控制目标；
9.1.2　公路施工过程的组织原则；
9.1.3　公路工程施工组织的基本方法及其特点；
9.1.4　公路工程施工计划管理的特点、作用及工作程序。
熟悉：9.1.5　流水施工组织原理；
9.1.6　工程进度监理的基本方法。

1. 了解进度监理的概念、作用、任务和控制目标

1)进度监理的概念

进度监理是履行合同的重要内容；其实质是实际进度与计划进度比较，有偏差时要纠偏与调整，以满足进度目标的实现。

2)进度监理的作用

就是在考虑了工程施工管理三大因素(工期、质量、费用)的同时，对施工全过程采用计划、组织、协调、检查与调整等手段，努力实现施工过程中的各阶段目标，从而确保工程总工期目标的实现。

3)进度监理的任务

(1)进度监理的工作流程：计划审批、执行检查、调整、再执行检查。

(2)进度监理的阶段性目标：计划工期、进度偏差、调整内容。

(3)监理工程师的任务：计划阶段(审批)；实施阶段(检查、评估、监督、控制)。

4)施工过程进度控制目标：分为三个阶段

(1)计划阶段：确定一个合理的**计划工期**目标。

(2)执行检查阶段：了解偏差值(偏差情况)。

(3)调整计划阶段：调整内容和期限，使其符合实际情况。

【例题】

(1)判断：在施工过程中，监理工程师有权检查进度计划的执行情况，但无权指令修改计划。　(×)

(2)论述承包人、监理和业主在工程进度控制上如何分工，以保证总工期目标的实现？

答：(1)承包人的任务是编制施工进度计划，并在计划执行过程中，通过实际进度与计划进度的比较，定期地、经常地检查和调整施工进度计划；

(2)监理工程师的任务是审批承包人编制的施工进度计划，并对批准的施工进度计划执行情况进行监督，从全局出发控制实际进度与计划进度的差距，根据差距情况发布调整施工进度

计划的命令；

(3)业主则应按工程承包合同要求及时提供施工场地和图纸，并尽可能地改善施工环境，为工程施工顺利进行开创条件。

5)工期、质量和费用三者之间的关系

(1)直接费与工期的关系：一般是非线性的反比。

(2)间接费与工期的关系：一般是线性的正比。

(3)总费用与工期的关系：以最优工期时总费用最低点为界。

(4)质量与工期的关系：一般是非线性的正比；凸形。

(5)质量与总费用的关系：一般是非线性的正比；凹形。

如图 9-1，最优工期 T_A 是费用最低所对应的时间点(工期值)。

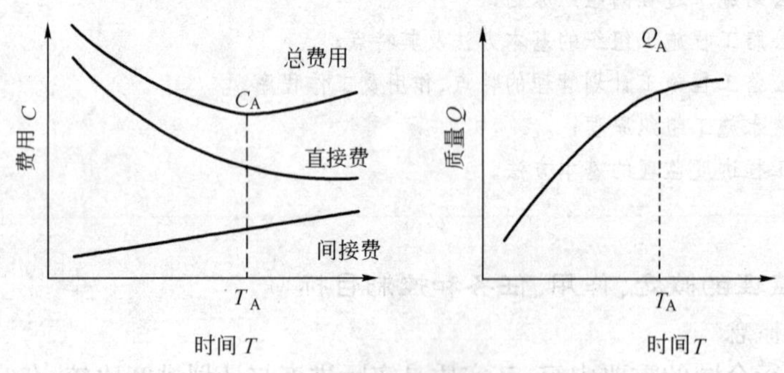

图 9-1　工期、质量和费用三者之间的关系

【例题】

(1)比较实际进度与计划进度的 S 曲线，可以明显看出(A)。

A. 项目总的实际进度情况

B. 导致进度拖延的某一具体工作

C. 某一工作完成工作量情况

D. 某一工作的实际进度情况

(2)工期、质量、费用三者的关系为(C)。

A. $T = T_A, Q > Q_A, C < C_A$　　B. $T > T_A, Q < Q_A, C > C_A$

C. $T > T_A, Q > Q_A, C > C_A$　　D. $T < T_A, Q > Q_A, C > C_A$

(3)[2006 年考题]当提高工程项目的功能和使用要求时，通常会引起(A)。

A. 投资增加、工期延长　　B. 投资增加、工期缩短

C. 投资减少、工期延长　　D. 投资减少、工期缩短

(4)公路工程施工项目三大目标间的对立统一辩证关系表现在(DE)。

A. 提高质量标准就要增加费用

B. 严格控制质量肯定要延长工期

C. 加快进度就增加费用

D. 严格控制质量，避免工程返工，进度就会加快

E. 加快进度项目提前动用，提高投资效益

2. 了解公路施工过程的组织原则

1)施工过程的组织原则：连续性、协调性、均衡性、经济性。

2)施工过程的组织各原则的内容和相互关系:其中经济性原则是最终目标。

3. 熟悉施工组织基本方法(三种)及其特点

1)施工组织研究的对象

(1)时间问题:进度计划;

(2)空间问题:组织管理机构和场地布置;

(3)资源问题:工、料、机的供应配备;

(4)经济问题:造价、成本控制、资金合理利用。

2)施工组织所研究的最基本单元

就是工序,施工过程至少能分解到工序。

3)施工作业(组织)的三种基本方法和特点

(1)基本方法(作业法、方式):顺序、平行、流水;注意**基本两字**。

(2)特点:工期、资源、工作面等方面比较。其中最主要特点是顺序法与平行法比较。

①顺序法:工期长,资源少,工作面利用不充分;

②平行法:工期短,资源多、集中,充分利用工作面。

【例题】

施工组织的基本作业方式有三种,其中流水作业最科学,顺序作业最经济,平行作业时间最长,所以三者可以综合使用。 (×)

4. 熟悉流水施工组织原理(图 9-2)

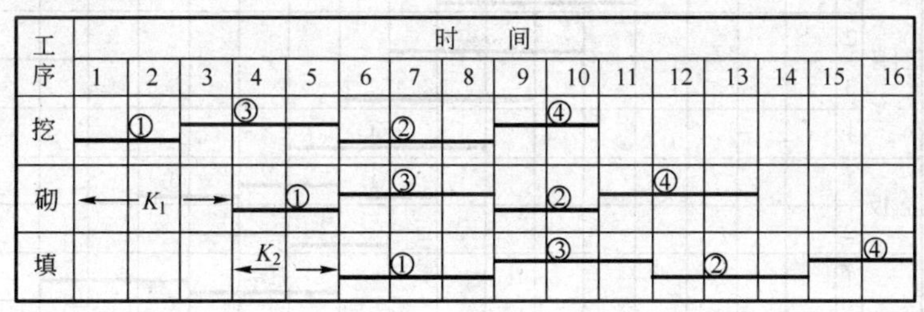

图 9-2 无节拍流水施工

1)流水作业的参数种类

(1)空间参数:施工段数(m)和工作面个数(A)。

(2)工艺参数:工序数(n)和流水能力(V)。流水能力是指单位时间多人完成的工程数量。

(3)时间参数:流水节拍(t)和流水步距(K)以及技术间歇(t_g)等。

流水步距是指保证同一工序在各施工段上连续施工条件下(不窝工),相邻的两个工序投入同一个施工段上开始施工的时间间隔。关键词是"相邻"而不是"两个";另外的关键词是"同一个"而不能省略。参见图 9-2 中的 K_1 和 K_2。

引入流水步距概念的目的就是为了消除流水施工中的窝工。组织流水施工(作业)的基本条件是必须已知 3 个要素:工序划分、施工段个数和施工次序、流水节拍值。如表 9-1,组织的无节拍(不窝工)流水如图 9-2 所示。

3 要素 表 9-1

工序\段	①	②	③	④
挖	2	3	3	2
砌	2	2	3	3
填	3	3	3	2

2)流水作业的分(种)类

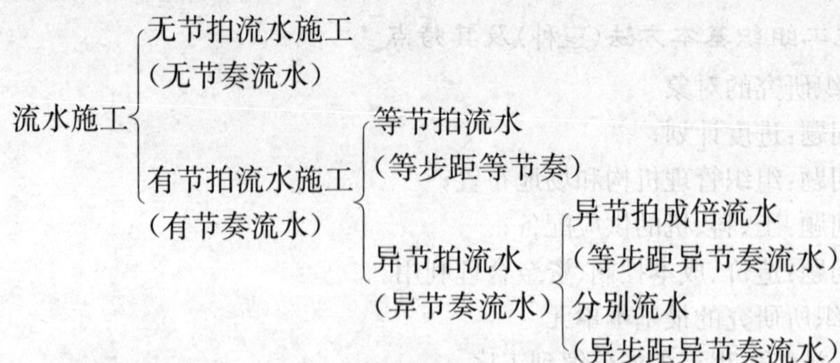

(1)有节拍(有节奏)流水

①稳定流水也叫全等节拍流水(等步距等节奏),是指各道工序的在各施工段上施工时间都相同,即流水节拍全相等。

②异节拍成倍流水(等步距异节奏):五座通道每座相同 2、2、4、8、4、6,如图 9-3 所示。

工序	班组	2	4	6	8	10	12	14	16	18	20	22	24	26	28	30	32	34
挖基	1	①	②	③	④	⑤												
清基	1		①	②	③	④	⑤											
浇基	1				①		③		⑤									
	2					②		④										
台身	1							①				⑤						
	2								②									
	3									③								
	4										④							
盖板	1										①		③		⑤			
	2											②		④				
回填	1												①			④		
	2													②			⑤	
	3														③			

图 9-3　异节拍成倍流水施工

③异节拍分别流水,即**异节奏异步距**流水,属于有节奏(6 行工序,66 天,图 9-4)

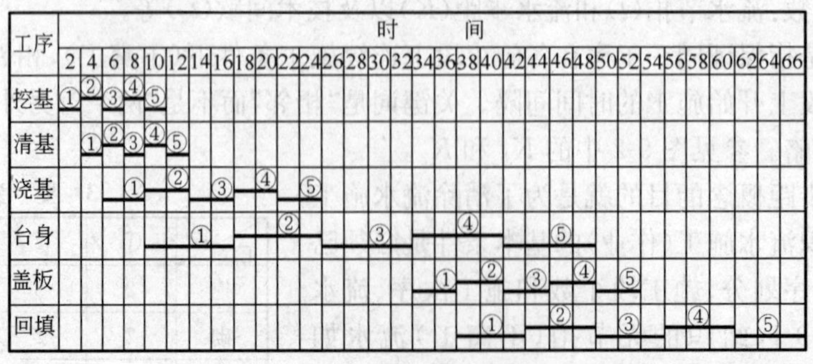

图 9-4　分别流水施工

➤流水步距的确定

上道工序节拍值≤下道工序节拍值：流水步距＝上道工序节拍值

上道工序节拍值＞下道工序节拍值：流水步距＝上道工序节拍值×段数－下道工序节拍值×（段数－1）

➤工期计算：流水工期＝流水步距和＋最后一道工序流水节拍和

【例题】

某段公路由土方、路基、路面三道工序，各组织一个施工队，分四段组织流水施工。设各个工序在每段施工的持续时间相同，分别为土方20天、路基15天、路面25天。则路基、路面分别在第一段开始施工的时间是第（ D ）天末。

A. 15，35　　　B. 20，35　　　C. 25，40　　　D. 35，50

此题是计算土方和路基之间以及路基和路面之间的流水步距。土方20＞路基15，流水步距4×20－3×15＝80－45＝35，路基在35天末后开始施工；路基15＜路面25，流水步距＝15。路面在路基开始的15天末后开始施工，也就是35＋15＝50天末开始施工。所以选D。从横道图（图9-5）上看很清楚。

工序	时间																													
	5	10	15	20	25	30	35	40	45	50	55	60	65	70	75	80	85	90	95	100	105	110	115	120	125	130	135	140	145	150
土方			①				②				③				④															
路基									①			②			③			④												
路面													①					②					③					④		

图9-5　横道图

（2）无节拍流水（如图9-2）

同一工序在各施工段上流水节拍不完全相同，各工序间流水节拍也不完全相同，这也是常见的流水施工形式。这种流水只能做到无窝工有间歇的形式。

①流水步距的计算：累加数列错位相减取大差。根据表9-1，计算得$K_1=3$，$K_2=2$。

②流水工期计算：$T=(K_1+K_2)+(t_1+t_2+t_3+t_4)=(3+2)+(3+3+3+2)=16$

③根据流水步距和流水工期绘制横道图：见图9-2。

【例题】

（1）有节奏流水施工的种类有（ ABC ）。

A. 等节奏流水施工　　B. 等步距异节奏　　C. 异步距异节奏　　D. 变化步距节奏

（2）施工组织的主要研究对象是（ ABCD ）。

A. 时间问题　　B. 空间问题　　C. 资源问题　　D. 经济问题

（3）桥梁工程在组织流水施工时，需要纳入施工进度计划中的施工过程包括（ ABD ）。

A. 桩基础浇筑　　B. 梁的现场预制

C. 商品混凝土的运输　　D. 混凝土构件的吊装

E. 混凝土构件的采购运输

（4）施工组织的基本方法有（ ABC ）。

A. 顺序作业法　　B. 平行作业法　　C. 流水作业法　　D. 立体交叉法

(5)[2003 年考题]流水作业参数有(ABC)。

A. 空间参数　　B. 工艺参数　　C. 时间参数　　D. 分段参数

(6)施工组织的基本单元是(C)。

A. 分部工程　　B. 分项工程　　C. 工序　　D. 施工过程

(7)不是流水作业参数的项目是(C)。

A. 空间参数　　B. 工艺参数　　C. 分段参数　　D. 时间参数

(8)某分部工程有两个施工过程,各分为 4 个施工段组织流水施工,在组织流水施工时,用来表达流水施工在施工工艺方面进展状态的参数通常包括(C)。

A. 施工过程和施工段　　B. 流水节拍和流水强度

C. 施工过程和流水强度　　D. 流水步距和流水强度

(9)流水节拍分别为 3 天、4 天、3 天、3 天和 2 天、5 天、4 天、3 天,则流水步距和流水施工工期分别为(D)天。

A. 3、16　　B. 3、17　　C. 5、18　　D. 5、19

(10)某道路工程划分为 3 个施工过程,在 5 个施工段组织成倍节拍流水施工,流水节拍分别为 4 天、2 天、6 天,该工程的流水施工工期为(B)天。

A. 28　　B. 20　　C. 16　　D. 14

(11)流水步距是指两个专业队(班组)相继投入同一施工段开始工作的时间间隔。

(×)

注释:K=节拍最大公约数=2,专业队总数 $n_1=2+1+3=6$,$T=(n_1-1+m)\times K=(6-1+5)\times 2=20$。

5. 了解施工计划管理的特点、要求、作用及工作程序(大纲 9.1.4,进度 P15~P16)

1)计划管理的特点:波动性、多变性、不均衡型。

2)计划管理的要求:确定计划目标、按合同工期排计划、保重点兼顾一般、方案合理、计划留有余地、计划剂量紧密衔接。

3)计划管理的作用:5 点。下达任务明确目标,为工、料、机细部计划提供数据依据,按计划准备正常开工,促进竞赛、挖掘潜力,提高管理水平。

4)计划管理的程序:编制计划、计划执行检查、计划的调整。

【例题】

监理工程师在进行进度控制(监理)时,要明确进度计划不变是绝对的,变是相对的。

(×)

6. 熟悉进度监理的方法

1)进度监理的方法

有横道图、S 曲线、斜条图、网络图等方法。(注:考试包含此内容较多)

2)进度监理的各方法的特点

抓每种方法特点的关键词。

(1)横道图:简单,形象,明了,直观;但逻辑关系不易反映,无法反映关键和机动。

(2)S 曲线:总体进度,可反映资金,斜率反映快慢,实际与计划比较;管理曲线由 2 个 S 曲线构成,形状,界限,反映区间的范围。

(3)斜条图:线性工程最适宜,反映工程的位置,斜率反映进度的快慢(陡—慢,平—快)

(4)网络图:逻辑关系明了,能反映关键和机动时间(最易与横道图比)。

【例题】

(1)能够反映施工工序在施工中机动时间的进度计划图是(D)。

A. 横道图 B. 斜条图 C. S形曲线 D. 网络图

(2)S形曲线控制法一般用做(B)。

A. 进度控制 B. 投资控制和进度控制

C. 质量控制 D. 投资控制

(3)进度控制中横道图是常用图之一,在以下四项中,哪一项不是其优点(C)。

A. 形象直观 B. 搭接关系明确 C. 逻辑关系严谨 D. 制作方便快捷

(4)横道图可以明确表示(B)。

A. 工作的关键线路 B. 工作的持续时间

C. 工作的机动时间 D. 工期与费用的关系

(5)进度监理的基本方法有(ABCD)。

A. 横道图法 B. S曲线法

C. 斜条图法 D. 网络计划图法

E. 计划评审法

(6)(C)可以用于工程费用监理中工程计量和费用支付的依据。

A. 横道图 B. 斜道图 C. S曲线图 D. 直方图

(7)下列情况中,可用S曲线表示的有(BD)。

A. 单位时间工作量完成情况

B. 单位时间完成累计工作量情况

C. 某一时刻完成工作量的百分比情况

D. 某一时刻完成累计工作量的百分比情况

(8)进度管理曲线指出了施工管理过程中的偏差,它呈S曲线形。 (×)

(9)工程进度曲线不仅可以反映工程进展的总体情况还能反映各工作的进展情况。(×)

二、网络计划技术知识要点

了解:9.2.1 网络计划技术的概念、方法,应用及特点。

9.2.2 网络图的分类及网络计划在工程进度监理中的作用;

9.2.3 单代号网络计划图的构成及绘制;

9.2.4 网络计划优化的概念及优化的类型。

熟悉:9.2.5 双代号网络计划图的构成、工作关系的表示方法及绘制时必须遵循的基本规则;

9.2.6 时间坐标网络图及其特点;

9.2.7 流水网络图结构的特殊性。

掌握:9.2.8 双代号网络计划图的绘制;

9.2.9 网络计划时间参数的计算;

9.2.10 关键线路及其确定;

9.2.11 时间坐标网络图的绘制方法。

1. 了解网络计划的概念、方法、应用及特点

该部分重点在网络计划的应用及特点。

2. 了解网络图的分类及在工程进度监理中的作用

(1)网络图的分类:4 种分类。

【例题】

网络计划按工序持续时间的表示方法分为(CD)。

A. 关键型网络计划　　B. 非关键型网络计划

C. 肯定型网络计划　　D. 非肯定型网络计划

(2)网络图在工程进度监理中的作用。

3. 了解或熟悉以及掌握单、双代号网络图的构成和绘制(含工作关系和绘图规则)

(1)符号的规定:双(箭线工作,节点联系);单(节点工作,箭线联系)。

(2)网络图三要素:箭线、节点、流(即时间)。

(3)工作之间的逻辑关系(即先后顺序)类型:工艺关系和组织关系。

【例题】

(1)工作之间的逻辑关系包括(AD)。

A. 工艺关系　　B. 紧前工作

C. 紧后工作　　D. 组织关系

E. 先行工作　　F. 后续工作

(2)进度计划的编制中,逻辑关系中紧前工作与紧后工作可以互逆,当 B 工作的紧前工作有 A 时,A 工作的紧后工作也只有 B。 (×)

(4)工作间逻辑关系的具体名称:紧前,紧后,先行,后继,平行

(5)绘图的规则:单个起点和终点、不循环、单向箭线、编号规则。

(6)掌握双代号网络图的绘制:关注两种情况。

①综合分析题要求绘制网络图:难度较大。2010 年已考。

②给定绘制好的图,判断是否正确:如例题。

【例题】

某双代号网络图有 A、B、C、D、E 五项工作,A、B 完成后 D 才能开始,B、C 完成后 E 开始。试选择正确的图形(D)。

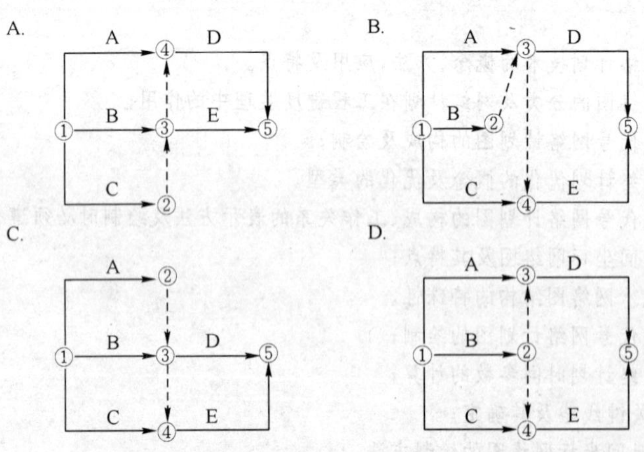

4. 掌握网络计划的时间参数计算和关键线路确定

1)网络计划的时间参数概念

(1)工序(工作)时间参数(单双代号图):早开 ES,早完 EF,迟开 LS,迟完 LF,总时差 TF(不影响总工期),局部(自由)时差 FF(不影响紧后工作早开)。

(2)双代号网络图的节点时间参数:节点早时间 ET,节点迟时间 LT。

(3)时间参数的分类:控制性(工序的开始和完成加最早和最迟),协调性(时差)。

2)网络计划的时间参数的计算

(1)不论单双代号图时间参数计算,都应该正向和反向 2 次。见图 9-6。

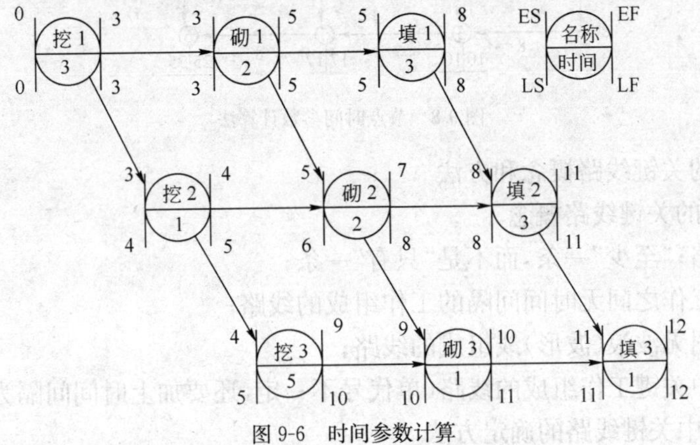

图 9-6 时间参数计算

(2)工序(工作)时间参数计算法:可用于单代号图和双代号图。

①正向计算(求最早):用加法,认箭头,多个值时取大;

②反向计算(求最迟):用减法,认箭尾,多个值时取小;

③计算方法:单、双代号(正向:站在本身看紧前取大;反向:站在本身看紧后取小)

➢工序最早开始 ES 和最早完成 EF 与最迟完成 LF 和最迟开始 LS。

➢计算时差:以图 9-7 为例。

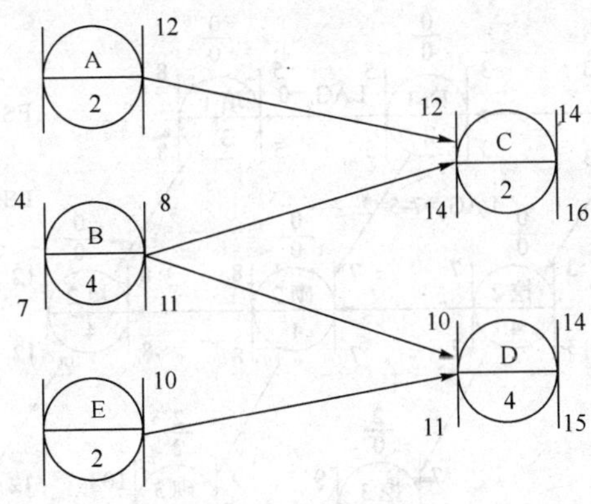

图 9-7 计算时差示例

A. $TF_B=3$ $FF_B=2$　　B. $TF_B=4$ $FF_B=4$

C. $TF_B=3$ $FF_B=3$　　D. $TF_B=4$ $FF_B=3$

总时差=下-上,局部(自由)时差=紧后左上小-本右上

$TF_B=7-4=11-8=3$,$FF_B=\min\{12,10\}-8=2$,应选择 A。

(3)节点时间参数计算法:只能用于双代号图。

节点计算法(只能在双代号):以 2—4 工序为例(图 9-8)

总时差＝箭头后数－箭尾前数－本工序持时＝17－10－5＝2

局部时差＝箭头前数－箭尾前数－本工序持时＝15－10－5＝0

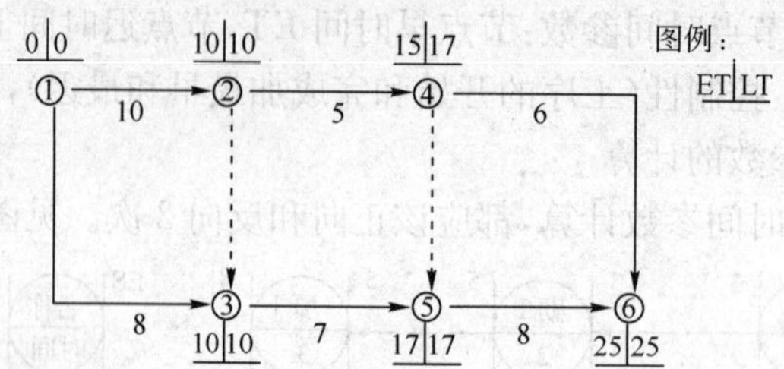

图 9-8　节点时间参数计算法

3)网络计划的关键线路概念和方法

(1)网络计划的关键线路概念

①最长的线路;“至少”一条,而不是“只有”一条;

②单代号图工作之间无时间间隔的工作组成的线路;

③时标网络图无波浪(波形)线组成的线路;

④双代号图中关键工作组成的线路(单代号不一定,还要加上时间间隔为零)。

(2)网络计划中关键线路的确定方法

①枚举法:列出最长的线路。

②关键工作法:双代号图将关键工作线连接是关键线路;但是单代号图将关键工作线连接还不一定是关键线路,还应加上关键工作之间的时间间隔为零的条件。在考试的选项选择中尤其注意,对于关键线路的选项,例如:“关键工作组成”、“总时差等于零的工作组成”、“是总时差最小工作的连线”这三个选项极有可能是错误项,因为在单代号图中不成立。如图 9-9 所示,砌 1 与砌 2 两个关键工作之间不是关键线路组成部分。

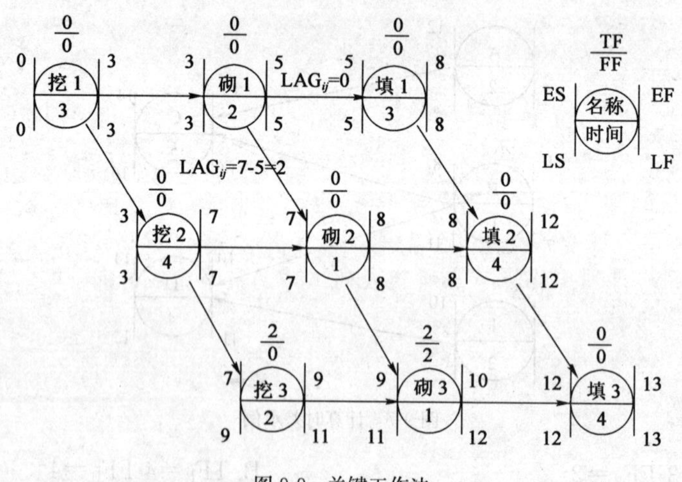

图 9-9　关键工作法

③关键节点法:只有双代号图能用,两个关键节点之间还要加上“箭尾节点时间＋持续时间＝箭头节点时间”的判断条件,才能确定出关键线路。

(3)关键工作

关键工作是总时差等于零的工作。注意:总时差为 0,局部时差一定为 0;但是局部时差为 0,总时差不一定为 0。

【例题】

(1)如果某项工作拖延的时间超过其局部时差但没有超过总时差,则(A)。

A. 其紧后工作不能按最早时间开工　　　B. 会影响工程总工期

C. 该项工作会变成关键工作　　　　　D. 对后续工作工期及总工期无影响

(2)在工程网络计划执行过程中,监理工程师检查工程进度已拖延几天,且已超过该工作的自由时差,则该工作(C)。

A. 不影响其后续工作和工程总工期

B. 不影响其后续工作,但影响工程总工期

C. 影响其后续工作,且可能影响工程总工期

D. 影响其后续工作和工程总工期

(3)下面几种说法中,只有(A)的说法是正确的。

A. 关键线路上的工序是关键工序,关键工序连接起来一定是关键线路

B. 关键线路上的节点是关键节点,关键节点连接起来一定是关键线路

C. 非关键线路上的工序都是非关键工序

注:该题 BC 选项明显错误,相对来说 A 选项最合理。

(4)在工程网络计划中,关键线路是指(BC)的线路。

A. 双代号网络计划中没有虚箭线

B. 时标网络计划中没有波形线

C. 单代号网络计划中相邻两项工作之间间隔均为零

D. 双代号网络计划中由关键节点组成

(5)(D)不是确定关键线路的方法。

A. 线路枚举法　　　　　　　　　　　B. 关键工作法

C. 关键节点法　　　　　　　　　　　D. S 曲线法

(6)A 工序的 EF_A=20 天表示(A)。

A. A 工作最早可以在第 20 天结束时结束

B. A 工作最迟可以在第 20 天结束时结束

C. A 工作的自由时差为 20 天

D. A 工作的总时差为 20 天

(7)工程网络计划的计算工期等于(ACE)。

A. 单代号网络计划中终点节点所代表的工作的最早完成时间

B. 单代号网络计划中终点节点所代表的工作的最迟完成时间

C. 双代号网络计划中结束工作最早完成时间的最大值

D. 双代号网络计划中结束工作最迟完成时间的最大值

E. 时标网络计划中最后一项关键工作的最早完成时间

(8)以下正确的说法有(ACE)。

A. 单代号网络图中箭线表示工作之间的关系

B. 双代号网络计划被称为"节点型网络计划"

C. 双代号网络图中节点表示工作之间的关系

D. 单代号网络图中节点表示工作之间的关系

E. 单代号网络图中节点表示具体的工作

(9)确定双代号网络计划关键线路的方法主要有(ABC)。

A. 线路枚举法　　　　B. 关键工作法　　　　C. 关键节点法　　　　D. 分析法

(10)关于关键线路说法错误的是(AD)

A. 双代号网络计划中没有虚箭线

B. 时标网络计划中没有波形线

C. 单代号网络计划中相邻两项工作之间间隔均为零

D. 双代号网络计划中由关键节点组成

(11)在网络计划中,若某工作的(B)最小,则该工作必为关键工作。

A. 局部时差　　　　B. 总时差　　　　C. 持续时间　　　　D. 时间间隔

(12)关于工程进度的表述正确的是(ACD)。

A. 当所有工期延误值<0 时,说明工期提前

B. 关键线路只能是一条

C. 当 EF=LF ,则说明该工序在关键线路上

D. 关键线路工期是可以压缩的

E. 非关键工序延长不能导致关键线路的改变

(13)工程双代号网络计划的特点是(ABE)。

A. 关键线路上相邻工作的时间间隔为零

B. 关键工作两端的节点为关键节点

C. 关键工作的总时差为零

D. 关键节点的最早时间与最迟时间相等

E. 关键线路的总持续时间最长

注:该题是全国一级建造师考试题(正确项不超过 4 个)。如果按照本套教材,CD 是正确项,因为网络时间参数是反向计算时,工期是采用"计算工期";而一级建造师考试用书中,反向计算的工期可以是"计算工期"、"计划工期"或"合同工期"。关键工作的总时差为零,以及关键节点的最早时间与最迟时间相等是有条件的;而关键工作的总时差最小则是无条件的。对于关键工作和关键线路要慎重选择,多选题时少选为好,有把握才选。

(14)在工程网络计划中,关键线路是指(ADE)的线路。

A. 单代号搭接网络计划中相邻工作时间间隔均为零

B. 双代号网络计划中由关键节点组成

C. 单代号搭接网络计划中相邻工作时距之和最大

D. 双代号时标网络计划中没有波形线

E. 双代号网络计划中总持续时间最长

(15)在网络计划中,关键线路(AC)。

A. 是工作总持续时间最长的线路　　　　B. 是总时差最小工作的连线

C. 可能有若干条线路　　　　D. 只有一条

E. 是固定不变的一条线路

(16)工程网络计划中关键工作组成的线路一定是关键线路。　　(×)

注:单代号网络计划中不一定成立。

(17)双代号网络计划中,当计算工期等于计划工期时,以关键节点为完成节点的工作的总时差和自由时差均为零。　　(×)

注:该题等价于两个关键节点之间工序一定是关键工序,所以是错误的。以关键节点为完成节点的工作,其总时差和自由时差相等,但不一定等于零。

(18)双代号网络计划中开始节点和完成节点都是关键节点的工作是关键工作。 (×)

(19)在网络计划的执行过程中,若某项工作由于非承包人的原因或责任被延误,则承包人可获得工期顺延。 (×)

(20)双代号网络图中,所有线路中总持续时间最长的线路为关键线路。 (√)

(21)在公路工程项目的实施性网络计划图中,关键线路的数量越多,每个工作的控制越能到位,进度监理就越容易。 (×)

(22)关键线路上所有节点的最早时间不一定等于该节点最迟时间,但所有工作的总时差一定为零。 (×)

注:该题按照教材是错的,即使按照其他教材也应判断为错的。因为反向计算的工期即使是用"计划工期"或"合同工期","关键线路上所有节点的最早时间不一定等于该节点最迟时间"那是正确的,可是"但所有工作的总时差一定为零"的论述是错的,只有说成"所有工作的总时差一定为最小"而不是"为零"才是正确的。

(23)一个网络计划只有一条关键线路。 (×)

(24)综合题应用 1

某工程项目,网络计划如图 9-10 所示,由于业主或不可抗力因素及承包人自身原因对各项工作造成了一定影响,其结果如表 9-2,请问:

①实际工期为多少?

②关键线路是什么?

③监理工程师应签证延长合同工期几天合理?

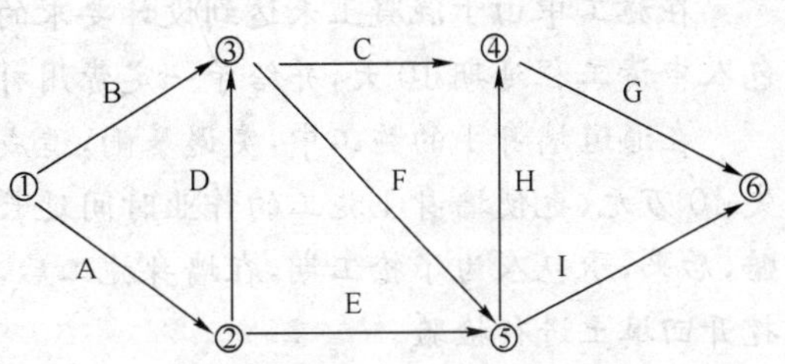

图 9-10 某工程项目的网络计划

各种因素对工程项目的影响

表 9-2

工 作	计 划 工 期	业主原因造成的工期增加	承包人原因造成的工期增加	小 计
A	5	+3	+1	9
B	3	+2	+3	8
C	11	0	0	11
D	2	0	0	2
E	2	+1	+1	4
F	3	+2	+0	5
G	5	+1	+1	7
H	3	+2	+1	6
I	4	+2	+3	9
合计	38	13	10	61

答:①实际工期,只需将业主原因和承包人原因的增加的时间与原计划时间相加或者第五列数据并标在图中,然后计算一遍工程的工期,得到的值就是实际工期。

②此问题可能是要求未变动之前的关键线路,则只需将第二列数据标在图上求关键线路。如果是求变动后的关键线路就在①的基础上求关键线路,意义不大。

③只需将第二列和第三列的值相加并标在图上计算出工程工期,减去第二列值所计算出工程的工期就是应该批准的延期值。

(25)综合题应用 2

高速公路一通道工程的施工进度计划如图 9-11 所示。

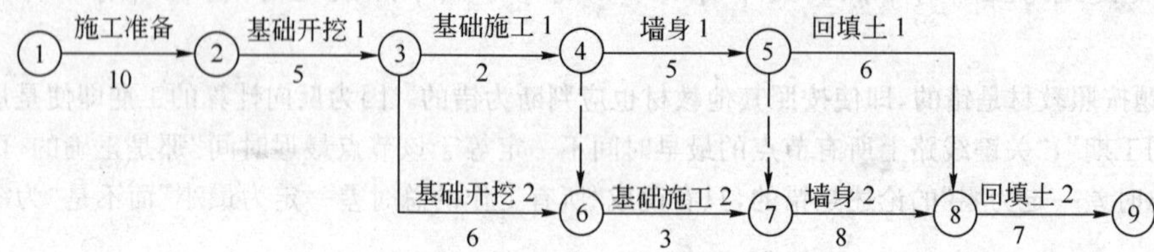

图 9-11　高速公路一通道工程的施工进度计划

在施工中由于混凝土未达到设计要求的强度,承包人进行了返工,耽误了工期 10 天。承包人申请工程延期 10 天,并给予一定费用补偿。

在通道墙身 1 的施工中,突遇暴雨,造成山洪暴发,将已经支好的模板冲走,造成承包人损失 10 万元,也使墙身 1 施工的作业时间延长到 10 天。为此承包人提出了工程延期和费用索赔,后来,承包人为了抢工期,在墙身施工后,立即将回填土施工完毕。监理工程师要求承包人挖开回填土进行检验。

问题:①计算该计划的时间参数、总工期和标出关键线路;

②监理工程师对承包人因混凝土基础返工提出的延期和费用补偿申请如何处理?

③监理工程师如何审批承包人因山洪暴发冲走模板提出的工程延期和费用索赔?

④监理工程师提出"挖开回填土进行检验"的要求是否合理?开挖的返工费用由哪方承担?

答:①按节点计算原计划的节点时间参数,或者计算工序时间参数,得到总工期 39 天,标出关键线路节点号为:①-②-③-⑥-⑦-⑧-⑨。图 9-12 为计算节点时间参数的总时差和局部(自由)时差。

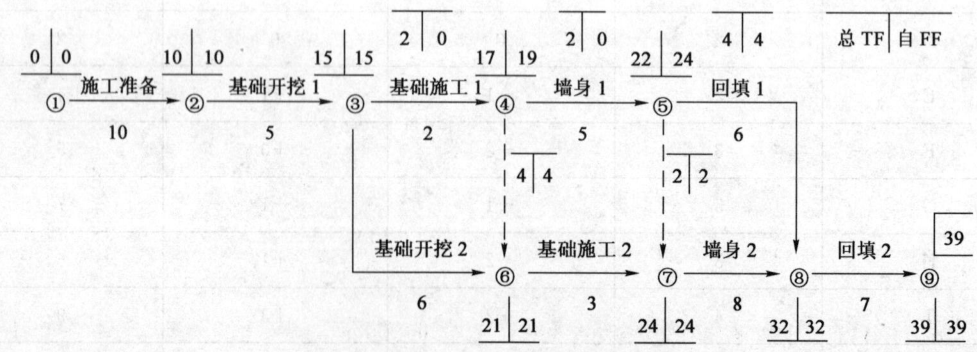

图 9-12　节点时间参数的总时差和局部(自由)时差

②监理工程师对承包人因混凝土基础返工提出的10天延期和费用补偿申请不予批准，因为是承包人自己的责任。

③承包人因山洪暴发冲走墙身1模板提出的工程延期申请，可以考虑批准3天：

可以批的延长工期天数＝墙身1的延误值－墙身1总时差

＝(10－5)－2＝3天

因为墙身1是非关键工序，有2天总时差，虽然墙身1延长到10天，延误(拖延)＝10－5＝5天，但要扣除2天，所以只能批3天；10万元的费用索赔由工程保险解决。

④监理工程师提出“挖开回填土进行检验”的要求是合理的；开挖的返工费用不论检验结果合格与否都由承包人承担，因为隐蔽工程在隐蔽前要经检验合格才可覆盖，承包人未经检验擅自覆盖，即使检验结果合格费用也是由承包人承担。

5. 掌握时间坐标网络图的绘制方法，熟悉时间坐标网络图及其特点

1)时间坐标网络图的特点

(1)最早时标图的箭尾是工作的最早开始；

(2)最早时标图的波形(浪)线是工作的局部(自由)时差(或者虚工作时表示时间间隔)；

(3)最早时标图直观，便于计划的调整，资源的优化。

【例题】

时标网络计划中，局部(自由)时差的表示用(D)。

A. 虚箭线　　B. 实箭线

C. 双箭线　　D. 波形线

2)时间坐标网络图的绘制

(1)时间坐标图的形式：主要形式是最早时间坐标网络图的形式；

(2)绘制方法：间接绘制法即在一般图的基础上先定节点位置，然后靠前画实箭线，后端剩余画波形线(波浪线)。

6. 了解网络计划优化的概念及优化的类型

(1)网络计划优化的内容：工期优化、资源优化、工期—成本优化(费用优化)。

(2)工期优化：压缩关键线路(关键工作)到所要求的工期。

(3)资源优化：工期一定资源均衡；资源有限工期最短。

(4)工期—成本优化：最优工期；利润最大。

【例题】

(1)网络计划优化内容包括(ABC)。

A. 时间优化　　B. 时间—费用优化

C. 资源优化　　D. 施工管理组织优化

(2)网络计划资源优化的目标有(AD)。

A. 资源有限使工期最短　　B. 资源有限使质量最好

C. 工期最短资源使用最少　　D. 工期规定使资源均衡

7. 熟悉流水网络图结构的特殊性

(1)流水网络图与一般网络图相比较的结构特殊之处：流水施工应满足施工的连续性，即不窝工，而一般网络图会存在的施工的不连续(窝工)。要使网络计划满足流水作业的要求，只要把流水步距的概念引入网络计划方法中，就能使流水作业和网络计划的优点兼而备之。

(2)引入流水步距后流水网络图可简化表示。在双代号图中可去掉虚箭线，简化后的流水网络图应在相邻工序间的第1个施工段开工之前增加一道以流水步距值的工序。双代号图为流水步距值的时距箭线（杆），单代号图为流水步距值的节点。

三、进度计划的编制、审批、检查与调整

了解：9.3.1 进度计划的内容及编制要求。
熟悉：9.3.2 进度计划的编制原则和依据；
9.3.3 工程施工中的进度检查方法。
掌握：9.3.4 监理工程师对进度计划的审查步骤和审查内容；
9.3.5 进度延误的处理方法；
9.3.6 进度计划的调整方法。（《公路工程施工监理规范》5.5节中的相应条款）

1. 了解进度计划的内容及编制要求

(1)内容：总体进度计划、年度进度计划、月季进度计划；关键工程进度计划。

(2)要求：根据不同的计划内容就有不同的**反映**要求。

(3)进度计划的形式（表示方式）

①总体或关键工程进度计划：横道、斜条、S曲线、网络；

②年月季进度计划：横道、S进度曲线、形象进度。

2. 熟悉进度计划的编制的原则和依据

1)进度计划的编制的原则

必须贯彻合同条件及技术规范；真实、可靠并符合实际；清楚、明了并便于管理；表达施工中的全部活动及其他的相关联系；反映施工组织及施工方法；充分使用人力和设备；预料可能的施工障碍及变化。

2)进度计划的编制的依据

(1)施工合同中规定的合同工期，开工日期及竣工日期；

(2)投标书中确认的工程进度计划及施工方案；

(3)主要材料和设备的采购合同及供应计划；

(4)工程现场的特殊环境及气候条件；

(5)施工人员的技术素质及设备能力；

(6)已建成的同类工程的实际进度及经济指标等。

3. 掌握监理工程师对进度计划的审查步骤和审查内容

1)提交时间和审查内容所包含的文件

(1)总体进度计划。时间：签合同后的28天；审批内容包含的文件3个：进度计划、总现金流动表、施组方法总说明；份数：2份。

(2)阶段性进度计划。开工前或后合理的时间内提交；审批内容包含的文件3个：年度进度和现金流动、月季进度和现金流动、分部分项进度。

2)审查步骤

监理工程师应组织有关人员对承包人提交的各项进度计划进行审查，并在合同规定或满足

施工需要的合理时间内审查完毕。审查工作应按以下程序进行(易考顺序):

(1)阅读文件,列出问题,进行调查了解;

(2)提出问题与承包人进行讨论或澄清;

(3)对有问题的部分进行分析,向承包人提出修改意见;

(4)审查批准承包人修改后的进度计划。

3)审查内容

(1)工期和时间的安排的合理性;

(2)施工准备的可靠性;

(3)计划目标与施工能力的适应性。

【例题】

(1)施工现场的进度控制影响因素很多,被认为最大的干扰影响因素是(C)。

A. 资金　　B. 技术　　C. 人员　　D. 设备

(2)工程施工进度计划必须经过(C)审批。

A. 业主　　B. 上级主管部门　　C. 监理工程师　　D. 承包人

(3)监理工程师对进度计划的审批包括以下步骤(ACDE)。

A. 阅读文件,列出问题,进行调查了解

B. 提出修改进度计划的意见,要求承包人按意见修改

C. 提出问题,与承包人讨论并要求其澄清

D. 对有问题的部分进行分析,向承包人提出修改意见

E. 审查批准承包人修改后的进度计划

(4)监理工程师对进度计划的审查内容为(ABE)。

A. 工期和时间安排的合理性　　B. 施工准备的可靠性

C. 质量保证体系的完善性　　D. 机械设备的协调性

E. 计划目标与施工能力的适应性

(5)承包人提交的工程总进度计划的总工期(BD)。

A. 与合同工期无关　　B. 必须符合工程项目的总工期

C. 必要时可超过总工期　　D. 应等于或少于合同工期

(6)在将要开工前或在开工以后合理的时间内,监理工程师应要求承包人提交以下文件(ACE)。

A. 年度进度计划及现金流动估算

B. 有关施工方案和施工方法的总说明

C. 月(季)度进度计划及现金流动估算

D. 有关全部支付的现金流动估算

E. 分项(或分部)工程的进度计划

(7)进度计划的表示方法上,总体进度计划及关键项目的工程进度计划可采用(ABCD)。

A. 斜道图　　B. 横道图　　C. 网络图

D. 进度曲线　　E. 流程图

(8)工作进度计划的主要形式包括(ABCE)。

A. 横道图　　B. 斜条图　　C. 网络图

D. 形象图　　E. 进度曲线

(9)下列属于工程进度监理职责与权限的是(C)。

A. 主持开工前的第一次工地会议

B. 签发动员(开工)预付款支付证书

C. 审批承包人在开工前提交的现金流动计划

D. 签发各项工程的开工通知单

(10)月(季)度施工进度计划包括(BCD)。

A. 工程施工总进度计划　　B. 分项工程施工进度计划

C. 设备、材料采购计划　　D. 资金流动计划与施工人员安排计划

(11)提交总进度计划应包括下述(文件)内容(BC)。

A. 总进度计划　　B. 关键工程进度计划

C. 现金流动计划　　D. 施工组织计划

E. 进度计划调整方案

(12)监理工程师实施工程进度监理主要职责之一是审批承包人在开工前提交的总体施工进度计划、现金流动计划和总说明以及在施工阶段提交的各种详细计划和变更计划。　(√)

4. 掌握工程施工中的进度检查方法

(1)时标网络图的前锋线法:先画时标网络图,再画前锋线,根据前锋线判断进度快慢。

(2)无时标一般网络图的各项计算法:时间参数计算,延误值计算分析,工期拖延确定。

工期拖延值=max 取大{工作延误 − 总时差},或者另一计算式计算取大值。

5. 掌握进度延误的处理方法

(1)非承包人责任:延长工期时间=工期拖延时间;关键工作不扣除。

(2)承包人责任:工期拖延,则加快后续工程进度。

(3)延长工期的申请和处理

延长工期的申请和处理应按照《标准施工招标文件》(2007 年版)和《公路工程标准施工招标文件》(2009 年版)23 条的规定进行。简单记忆是:28 天内意向书,28 天内申请通知书,监理业主 42 天批复。详细的内容如下:

①在可延长工期事件发生的 28 天内(而 2003 年版范本规定为 14 天,),向监理工程师递交索赔意向通知书,并说明发生索赔事件的事由。承包人未在前述 28 天内发出索赔意向通知书的,丧失要求追加付款和(或)延长工期的权利。

②承包人应在发出索赔意向通知书后 28 天内,向监理工程师正式递交索赔通知书。索赔通知书应详细说明索赔理由以及要求追加的付款金额和(或)延长的工期,并附必要的记录和证明材料;

③索赔事件具有连续影响的,承包人应按合理时间间隔继续递交延续索赔通知,说明连续影响的实际情况和记录,列出累计的追加付款金额和(或)工期延长天数;

④在索赔事件影响结束后的 28 天内,承包人应向监理工程师递交最终索赔通知书,说明最终要求索赔的追加付款金额和(或)延长的工期,并附必要的记录和证明材料。

⑤监理工程师应按第 3.5 款商定或确定追加的付款和(或)延长的工期,并在收到上述索赔通知书或有关索赔的进一步证明材料后的 42 天内,将索赔处理结果报发包人批准后答复承包人。如果承包人提出的索赔要求未能遵守上述(2)~(4)项规定,则承包人只限于索赔由监理工程师按当时记录予以核实的那部分款额外负担和(或)工期延长天数。

【例题】

某公路工程，由某施工总承包工程公司（以下简称承包人）中标并与业主签订了施工承包合同，总工期为 11 个月，即 334 天。承包人在第一次工地会议上提出施工组织设计及总体进度计划（含网络计划，图 9-13）等文件，开工前分别经总监理工程师和业主审查、批准。施工中，由于业主办理的拆迁工作未按期完成，影响 B 分项工程比原计划推迟 12 天开工，造成承包人的施工机械和人员待工。为此，承包人向总监理工程师提出书面索赔报告，要求业主赔偿因拆迁问题不能按时提供施工场地造成的窝工损失和工程延期。总监理工程师核实后，认为情况属实，业主应负主要责任，应赔偿承包人的损失并顺延工期，于是就在承包人的书面索赔报告上签署“同意此索赔报告，请业主支付。”的意见报给业主。

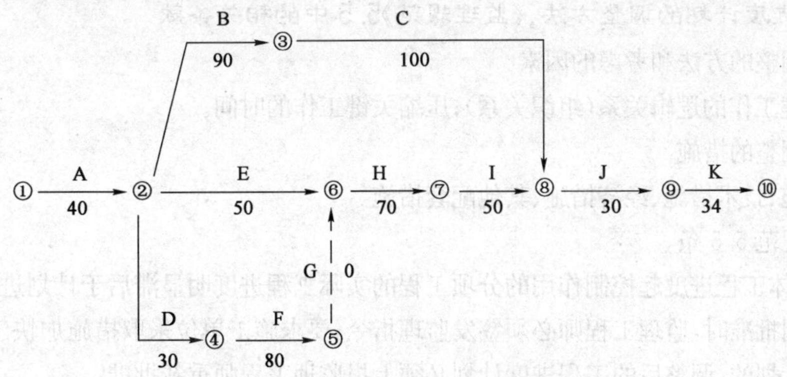

图 9-13　某工程施工组织设计及总体进度计划

请结合所附网络计划图分析判断：

(1)总监理工程师对该事件的处理是否妥当，为什么？

(2)你认为如何处理更合适？

参考答案：时间参数计算如图 9-14 所示。

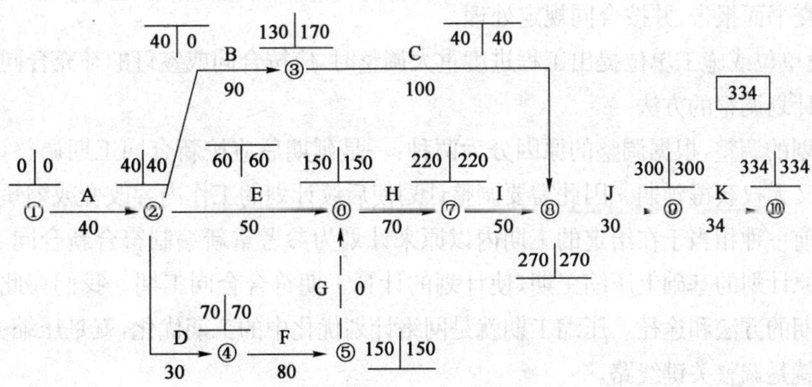

图 9-14　时间参数计算示例

(1)总监理工程师对该事件的处理不妥当。

因为，关键线路是①→②→④→⑤→⑥→⑦→⑧→⑨。B 分项工程是非关键工序，有 40 天的总时差，B 分项工程虽然推迟 12 天，但不会造成总工期 334 的增加，所以不需批准延长工期。

对于费用索赔要根据具体情况处理，可能可以赔偿，也可能不予赔偿；对征地拆迁不及时而引起索赔成立，有一重要条件(合同条款42.1)，就是承包人要在提交工程进度计划的同时，应向监理工程师提交一份按施工先后次序所需的永久占地计划。监理工程师应在收到此计划后的14天内审核并转报业主核备。如果业主没有按照永久占地计划提交现场，此时才能延期和索赔。因此根据题意，承包人没有提交永久占地计划，虽然B分项工程推迟开工造成承包人的机械和人员有窝工，这部分损失是不能赔偿，此索赔不成立，不应批准。

(2)应该要求：

①要求承包人尽快提交永久占地计划；

②B分项工程推迟开工时，监理工程师应指示承包人将窝工的机械和人员调到合同内其他分项工程中使用，以减少承包人的损失。

6. 掌握进度计划的调整方法，《监理规范》5.5中的相关条款

1)计划调整的方法和考虑的因素

改变关键工作的逻辑关系(组织关系)；压缩关键工作的时间。

2)计划调整的措施

组织措施、技术措施、经济措施、其他配套措施。

3)监理规范5.5条

(1)对总体工程进度起控制作用的分项工程的实际工程进度明显滞后于计划进度，且施工单位未获得延期批准时，监理工程师必须签发监理指令，要求施工单位采取措施加快工程进度。需要调整进度计划的，调整后的工程进度计划必须上报监理工程师重新批准。

(2)可延长工期：由于非承包人的责任使工程进度延误并获得监理工程师批准延期后，监理工程师应要求承包人对原来的工程进度计划予以调整以适合新的合同工期，并按调整后的进度计划实施工程。

(3)承包人造成的进度延误：由于承包人自身原因造成工程进度延误，在监理工程师签发监理指令后施工单位未有明显改进，致使合同工程在合同工期内难以完成时，监理工程师应及时向建设单位提交书面报告，并按合同规定处理。

(4)建设单位或施工单位提出工程进度重大调整时，应按合同或签订的补充合同执行。

4)进度计划调整的方法

进度计划的调整，根据调整的原因分为两种：一是延期后应按新合同工期调整计划；二是延误了工期却又无权获得延期。因此需要调整计划使后续计划的工作内容改变或缩短时间以符合合同工期。前一种相当于在给定的工期内以原来计划为参考重新编制符合新合同工期的计划，后一种是在原计划的基础上压缩工期，使计划的计算工期符合合同工期。我们在此主要讨论后一种压缩工期的方法和途径。压缩工期就是网络计划优化中的工期优化，就是压缩关键线路，所以调整计划就是调整关键线路。

【例题】

(1)以下叙述正确的是(CD)。

A. 承包人可自行采用加快工程进度的措施

B. 承包人采用措施加快工程进度时，可以要求支付附加费用

C. 承包人采取加快进度措施所涉及业主的附加监督费由其自己承担

D. 关键线路上的施工力量安排应与非关键线路上的施工力量安排相适应

(2)在提出施工进度调整措施时,主要考虑的因素有(ABCD)。

A. 后续施工活动合同工期要求　　B. 对材料物资供应的影响

C. 劳动力供应情况　　D. 投资分配的影响

E. 不可预见的事件　　F. 项目参加者的错误

(3)施工进度滞后时,监理工程师可建议承包人加快进度的措施有(ABDE)。

A. 采取技术措施,缩短工艺流程　　B. 增加设备和人员

C. 改善劳动条件和福利　　D. 开辟新工作面

E. 加班加点　　F. 加强现场管理

(4)工程进度事中控制过程中应重点做好下列工作(BCDE)。

A. 编制项目实施总进度计划　　B. 工程进度检查

C. 按合同要求进行工程计量验收　　D. 进度计量签证

E. 建立工程进度状况监理日志

(5)承包人连续3个月的期中支付额均达到了合同规定的进度付款额,但其中运到现场的材料和设备(用于永久工程的)按比例支付的款额占了每次期中付款的一半以上,监理工程师认为(B)。

A. 只要阶段付款符合合同要求,监理工程师就没有失职

B. 应该采取措施,促进永久工程的进度

C. 合同中规定的期中支付款额是进度的反映

(6)承包人提出和采取的加快工程进度的措施经过监理工程师批准后,为此而增加的施工费用应由承包人自负。(√)

(7)监理工程师控制工程进度的技术措施是建立进度控制目标体系。(×)

四、重点复习题及参考答案

1. 单选题

(1)签署工程施工开工令的人是(　　)。

A. 项目总监理工程师　　B. 总监代表

C. 业主　　D. 上级主管部门领导

(2)某施工工地,总工作量为10000m³,每个机械台班的计划工作量为500m³,其中有4台相同型号机械进行施工,请问该土石方施工的流水节拍 t_i =(　　)。

A. 2　　B. 3　　C. 4　　D. 5

(3)承包人应在首次延期事件发生(　　)天内,申报延期申请意向。

A. 14天　　B. 7天　　C. 21天　　D. 28天

(4)某网络计划中有一项非关键工作,总时差为5天,局部时差为3天。由于业主未能按时提供施工场地,造成施工耽误6天,施工单位申请工程延期,监理工程师应批准的延期时间为(　　)。

A. 1天　　B. 5天　　C. 6天　　D. 不同意延期

(5)工作的总时差的含义是(　　)。

A. 不影响任何一项紧后工作最早开始的情况下,该工作的极限机动时间

B. 不影响任何一项紧后工作最迟开始的情况下,该工作的极限机动时间

C. 不影响任何一项紧前工作最早结束的情况下，该工作的极限机动时间

D. 不影响任何一项紧前工作最迟结束的情况下，该工作的极限机动时间

(6)由于非承包人的原因造成计划工期的延长，则(　　)。

A. 承包人无须做任何工作，理应获得延长的工期

B. 承包人应向业主报告，由业主确定延长的工期

C. 承包人应向监理工程师报告，监理工程师审查并确定延长的工期

D. 承包人应向监理工程师和业主报告，才能获得延长的工期

(7)网络计划工期优化的目标是(　　)。

A. 确定最低成本工期　　B. 确定最短工期

C. 确定满足目标工期的计划方案　　D. 缩短关键线路

(8)工程费用与工期的关系为(　　)。

A. 直接费随工期缩短而减少，间接费随工期缩短而增加

B. 直接费随工期缩短而增加，间接费随工期缩短而减少

C. 直接费和间接费均随工期缩短而减少

D. 直接费和间接费均随工期缩短而增加

(9)监理工程师在工程进度监理方面的主要工作内容可以概括为(　　)。

A. 进度计划的编制、审查、批准、执行、检查与调整

B. 进度计划的审查、批准、执行、检查与调整

C. 进度计划的审查、批准、检查与调整

D. 进度计划的审查、批准、检查与监督

(10)(　　)施工连续、进度加快、工期缩短，专业化程度高，不仅保证质量，而且提高了劳动生产率，资源供应均衡，降低了工程成本。

A. 顺序作业法　　B. 流水作业法

C. 平行作业法　　D. 平行流水作业法

(11)网络计划中，工作的局部时差等于(　　)。

A. 紧后工作最早开始时间减本工作最早结束时间

B. 本工作与紧后工作的时间间隔

C. 本工作总时差与所有紧后工作总时差差值的最小值

D. 本工作与所有紧后工作之间最小的时间间隔

(12)不属于网络计划时间参数的是(　)。

A. 工作最早开始时间　　B. 工作持续时间

C. 相邻两项工作时间间隔　　D. 计算工期

(13)已知某工程网络计划中工作 M 的自由时差为 3 天，总时差为 5 天。监理工程师在检查进度时发现该工作的实际进度拖延，且影响工程总工期 1 天。在其他工作均正常的前提下，工作 M 的实际进度比计划进度拖延了(　　)天。

A. 3　　B. 4　　C. 5　　D. 6

(14)时标网络计划中，局部(自由)时差的表示用(　　)。

A. 虚箭线　　B. 实箭线　　C. 双箭线　　D. 波形线

(15)不属于工程进度计划编制的主要依据是(　)

A. 合同工期　　B. 施工方案　　C. 材料采购合同　　D. 招标文件

(16)工作的误期值＝工作延误值－工作总时差，当 max{工作的误期值}＞0 时说明（　　）。

A. 总工期提前　　B. 工程按期竣工

C. 总工期拖延　　D. 无法判断

(17)由于非承包人原因发生的工程延误，监理工程师（　　）。

A. 必须批准工程延期　　B. 一定不批准工程延期

C. 不一定批准工程延期　　D. 按业主意图办

(18)在公路工程施工进度的实施过程中，为了加快施工进度，可以采取的组织措施是（　　）。

A. 增加劳动力和施工机械的数量　　B. 改进施工工艺及技术

C. 对所采取的技术措施给予补偿　　D. 采用先进的施工机械

(19)监理工程师控制工程进度的技术措施是指（　　）。

A. 审查承包人提交的进度计划　　B. 建立进度控制目标体系

C. 及时办理工程进度款支付手续　　D. 建立进度信息沟通网络

(20)采用网络计划对工程进度实施动态控制是监理工程师控制工程进度所采取的（　　）。

A. 组织措施　　B.（技术）管理措施　　C. 经济措施　　D. 合同措施

2. 多选题

(1)施工组织的基本方法有（　　）。

A. 平行作业　　B. 流水作业　　C. 平行流水作业　　D. 顺序作业

(2)施工过程组织必须遵循的原则有（　　）。

A. 公正性　　B. 经济性　　C. 合同性

D. 连续性　　E. 均衡性　　F. 协调性

(3)下列时间参数中，单代号网络具有的有（　　）。

A. ES　　B. ET　　C. EF

D. LF　　E. LT　　F. LS

(4)在网络图中，允许（　　）。

A. 有多个起点　　B. 只有一个终点节点

C. 有闭合回路　　D. 箭头节点编号大于箭尾节点编号

E. 在箭线上引出另一条箭线

(5)下列情况中，可用 S 曲线表示的有（　　）。

A. 单位时间工作量完成情况

B. 单位时间完成累计工作量情况

C. 某一时刻完成工作量的百分比情况

D. 某一时刻完成累计工作量的百分比情况

(6)确定施工进度控制目标的主要依据有（　　）。

A. 工程建设总进度目标对施工工期的要求

B. 工期定额，类似工程项目的实际进度

C. 工程难易程度

D. 工程条件及其落实情况

E. 进度计划的表示方法

F. 进度计划的检查与监督

(7)横道图适应于(　　)。

A. 编制集中性工程进度计划　　B. 编制材料供应计划

C. 定量分析采用计算机计算　　D.工程进度实施中的监控

(8)关于工程进度的表述正确的是(　　)。

A. 当所有工期延误值<0 时,说明是工期提前

B. 关键线路只能是一条

C. EF=LF 则说明该工序在关键线路上

D. 关键线路工期是可以压缩的

E. 顺序作业,平行作业、流水作业三者可以转化

F. 非关键工序延长不能导致关键线路的改变

(9)网络计划中,工作的总时差等于(　　)。

A. 该工作的最迟完成时间与其最早完成时间之差

B. 该工作的紧后工作的最迟开始时间与本工作最迟完成时间之差

C. 该工作的紧后工作的最早开始时间与本工作最迟完成时间之差

D. 该工作的最迟开始时间与其最早开始时间之差

(10)双代号网络计划中引入虚工作,是为了(　　)。

A. 表达不需要消耗时间的工作　　B. 表达不需要消耗资源的工作

C. 表达工作间的逻辑关系　　D. 满足绘图规则的要求

E. 节省箭线和节点

(11)下列的工作进度偏差,对工期产生影响的有(　　)。

A. 关键工作的持续时间的延长

B. 非关键工作的开始时间晚于其最迟开始时间

C. 非关键工作的持续时间的延长至原持续时间加上它的自由时差

D. 非关键工作的持续时间的延长至其原持续时间加上它的总时差

(12)实际进度前锋点的标定方法有(　　)。

A. 按已完成的实际工程量来标定　　B. 按已计量支付的工程量来标定

C. 按尚需时间来标定　　D. 按已用去的时间来标定

(13)实际进度与计划进度图形的跟踪比较方法有(　　)。

A. 进度前锋线法　　B. 横道图比较法　　C. S 曲线比较法

D. 排列图法　　E. 香蕉线曲线比较法

(14)进度监理的基本方法包括(　　)。

A. 横道图法　　B. 工程进度曲线　　C. 斜条图法

D. 直方图法　　E. 网络计划图法

(15)公路工程施工组织的原则(　　)。

A. 连续性　　B. 高效性　　C. 协调性

D. 均衡性　　E. 经济性　　F. 节奏性

(16)公路施工过程的组织原则主要包括(　　)。

A. 目的性原则　　B. 连续性原则　　C. 协调性原则

D. 均衡性原则　　E. 系统性原则　　F. 经济性原则

(17)公路工程施工计划管理的特点有(　　)。

A. 计划的主动性　B. 计划的被动性　C. 计划的多变性

D. 计划的统一性　E. 计划的均衡性　F. 计划的不均衡性

(18)双代号网络计划中引入虚工作,是为了(　　)。

A. 表达不需要消耗时间的工作　B. 表达不需要消耗资源的工作

C. 表达工作间的逻辑关系　D. 满足绘图规则的要求。

(19)工程网络计划中工期优化的目的是(　　)。

A. 缩短计算工期（达到指定要求）　B. 寻求资源有限条件下的最短工期

C. 寻求资源均衡条件下的最优工期　D. 寻求最低成本时的最优工期

E. 在一定的约束条件下使工期最短

(20)网络计划优化的内容包括(　　)。

A. 时间优化　B. 时间—费用优化　C. 资源优化

D. 施工管理组织优化　E. 施工人员组成优化

(21)在施工进度计划调整工程中,压缩关键工作持续时间的技术措施有(　　)。

A. 增加劳动力和机械数量　B. 改进施工工艺和施工技术

C. 采用更先进的施工机械　D. 改善外部配合条件

E. 采用工程分包方式

(22)为满足要求工期,在对网络计划进行工期优化时应(　　)。

A. 在多条关键线路中选择直接费用率最小的一项关键工作缩短其持续时间

B. 按经济合理的原则将所有的关键线路的总持续时间同时缩短

C. 在满足资源限量的前提条件下，寻求工期最短的计划安排方案

D. 在缩短工期的同时,尽可能地选择对质量和安全影响小,并使所需要增加费用最少的工作

E. 在满足资源需用均衡的前提条件下,寻求工期最短的计划安排方案

(23)监理工程师审查进度计划的内容主要包括(　　)。

A. 工期和时间安排的合理性　B. 材料、设备运输的可靠性

C. 施工准备的可靠性　D. 施工方案和技术水平的适应性

E. 计划目标与施工能力的适应性

(24)为了减少或避免工程延期事件的发生,监理工程师应做好的工作包括(　　)。

A. 及时下达工程开工令　B. 及时提供施工场地

C. 妥善处理工程延期事件　D. 提醒业主履行合同义务和责任

E. 及时支付工程款

(25)在工程施工过程中,承包人可以提出工程延期的情况可能有(　　)。

A. 施工方案有明显缺陷　B. 异常恶劣的气候条件

C. 施工图纸未按时提供　D. 施工机械未按时到场

E. 监理工程师发出工程变更导致工程量增加

(26)施工进度滞后,监理工程师可建议承包人加快施工进度的组织措施有(　　)。

A. 采取技术措施,缩短工艺流程　B. 增加设备和人员

C. 改善劳动条件和福利　D. 开辟新工作面

E. 延长工作时间

3. 判断题

(1)当用S型曲线比较法进行进度比较时,如果按工程实际进度描出的点落在原计划S型曲线的左侧,则表示此时实际进度比计划进度落后。 ( )

(2)流水步距是指相邻两专业作业队相继投入同一施工段开始施工的时间间隔。 ( )

(3)FIDIC通用条款第46条规定,承包人加快工程进度以及夜间或公认的休息日加班,必须取得监理工程师的同意,由此引起的附加费用由业主负担。 ( )

(4)在网络计划的执行过程中,若某项工作由于非承包人的原因或责任被延误,则承包人可获得工期顺延。 ( )

(5)网络中最长的线路称为关键线路,判定关键线路的方法有多种。 ( )

(6)在网络图中工作与工作之间的关系都是由组织安排需要和资源调配需要决定的。 ( )

(7)如果承包人在延期事件发生后规定时间内未提交延期申请,则监理工程师可以不作出任何延期的决定。 ( )

(8)网络计划方法主要由关键线路法、计划评审法、流水作业网络计划、搭接网络计划等组成。 ( )

(9)进度管理曲线指出了施工管理过程中的偏差,它呈S曲线形。 ( )

(10)工程进度曲线不仅可以反映工程进展的总体情况,还能反映各工作的进展情况。 ( )

(11)顺序作业法具有工期短、工作面利用合理,但资源用量集中的特点。 ( )

(12)双代号网络图中,所有线路中总持续时间最长的线路为关键线路。 ( )

(13)在公路工程项目的实施性网络计划图中,关键线路的数量越多,每个工作的控制越能到位,进度监理就越容易。 ( )

(14)关键线路上所有节点的最早时间不一定等于该节点最迟时间,但所有工作的总时差一定为零。 ( )

(15)一个网络计划只有一条关键线路。 ( )

(16)施工中凡是非承包人原因造成的工作持续时间延长,监理工程师就可以批准工程延期。 ( )

4. 论述题

(1)简述承包人提交的工程总体进度计划中的主要内容。

(2)简述流水施工的主要特点。

参考答案

1. 单选题

(1)A (2)D (3)D(范本为B) (4)A (5)B (6)C (7)C (8)B (9)D (10)D

(11)D (12)B (13)D (14)D (15)D (16)C (17)C (18)A (19)A (20)B

2. 多选题

(1)ABD (2)BDEF (3)ACDF (4)BD (5)BD

(6)ABCD (7)ABD (8)ACDF (9)AD (10)CD

(11)AD (12)AC (13)ABCE (14)ABCE (15)ACDE

(16)BCDF (17)BCF (18)CD (19)AE (20)ABC

(21)BC　　(22)BD　　(23)ACE　　(24)ACD　　(25)BCF
(26)ABDE

3. 判断题

(1)×　(2)√　(3)×　(4)×　(5)√　(6)×　(7)√　(8)√　(9)×　(10)×
(11)×　(12)√　(13)×　(14)×　(15)×　(16)×

4. 论述题

(1)答:①工程项目的合同工期;
②各单项工程及施工阶段的各种时间参数;
③"S"曲线;
④各种资源计划表;
⑤主要施工方案和施工方法等。
(2)答:①同一施工过程在不同段落间施工的连续性;
②注重工程施工的协调性,合格安排施工段落的施工;
③资源供应的均衡性;
④施工成本小;
⑤现场文明施工,组织有序。

第十部分　工程费用监理

了解：10.0.1　工程费用的概念及特点；
10.0.2　工程费用监理的作用、原则与方法；
10.0.3　工程计量的概念、原则、作用和条件。
熟悉：10.0.4　工程量清单的组成及其应用；
10.0.5　工程费用的组成及计算；
10.0.6　工程费用监理要点(《公路工程施工监理规范》5.4节中的相应条款)；
10.0.7　工程计量的类型、依据、程序、内容、时间、方式与方法；
10.0.8　工程费用支付的基本原则；
10.0.9　有关支付的几项基本规定；
10.0.10　监理工程师在费用支付中的职责与权限；
10.0.11　工程费用的支付项目和支付程序；
10.0.12　合同其他费用的监理与支付；
10.0.13　几种常用支付表格的样式和使用方法。
掌握：10.0.14　公路工程各类工程的计量方法；
10.0.15　费用支付的清单支付项目和合同支付项目。

一、基础知识要点

1. 了解工程费用的概念和特点，工程费用监理的作用、原则与方法

1)工程费用的概念和特点

(1)工程费用的概念：一般指修建工程项目所投入的建设资金，它是工程建设项目在施工过程中形成的工程价值的货币表示形式，可分为预算工程费用和实际工程费用。

(2)特点(5点)：预先定价、工程成本为基础、监理签认、承包人使用、业主支付。

2)工程费用监理的作用

(1)费用监理是控制施工合同造价的核心环节；

(2)费用监理是质量控制的重要手段；

(3)费用监理是进度控制的基础；

(4)费用监理是保护承包人合法权益的重要途径。

3)费用监理的目的

对工程费用目标动态控制，实现工程费用目标的最优。

【例题】

工程费用监理的目的就是通过对工程费用的(C)使其能够最优地实现合同费用控制目标。

A. 认真核算　　B. 签证确认　　C. 动态管理　　D. 及时支付

4)费用监理的原则

①依法办事;②恪守合同;③公正公平;④准确及时。

5)费用监理方法

事后监理(反馈监理),跟踪监理(事中监理、过程),事前主动监理(前馈监理)。

【例题】

(1)(D)是对工程实施控制的核心手段。

A. 监理审批权　　B. 质量检查　　C. 工程计量　　D. 工程支付

(2)工程费用监理的方法从时间的角度来分,主要有(ABD)。

A. 事后监理　　B. 事前监理　　C. 综合监理　　D. 合同支付

(3)为做好费用监理工作,监理工程师在监理工作中应遵守的基本原则有(ABCE)。

A. 依法办事原则　　B. 恪守合同原则　　C. 公平公正原则

D. 主动热情原则　　E. 准确及时原则

(4)工程费用监理的目标就是将工程费用控制在合同价格内。(×)[该题有较大迷惑性]

2. 熟悉工程费用的组成及计算

(1)预算的种类:估算、概算(设计和修正)、预算、施工预算、标底、报价、合同价。

(2)工程费用的组成:新旧版教材的组成是相同的。

注意:最新的组成是直接费由直接工程费和其他工程费组成。参见 08 年实施的新预算办法。2007 年的新版《工程费用监理》还是按照旧要求,请注意区别。

【例题】

(1)(B)不是工程费用的部分。

A. 间接成本　　B. 设备费　　C. 法定税金　　D. 利润

(2)施工现场经费包括(BD)。

A. 施工技术装备费　　B. 临时设施费

C. 施工机构迁移费　　D. 现场管理费

(3)(D)不是公路工程建设资金的筹资方式。

A. 政府特许经营　　B. 成立政府项目责任公司

C. 发放国债　　D. 群众集资

(4)某项目建筑安装工程投资为 1000 万元,基本预备费为 60 万元,设备购置费为 300 万元,涨价预备费为 20 万元,贷款利息为 50 万元,则上述投资中属于静态投资的为(B)万元。

A. 1300　　B. 1360　　C. 1380　　D. 1430

(5)以下文件资料不属于费用监理资料的是(C)。

A. 支付文件　　B. 工程变更文件

C. 延期索赔申请　　D. 工程竣工决算审核意见书。

(6)建设工程的静态投资部分包括(ACE)。

A. 基本预备费　　B. 涨价预备费　　C. 建安工程费

D. 铺底流动资金　　E. 工程建设其他费

(7)建设投资是指静态投资和(BCE)的总和。

A. 流动资产投资　　B. 固定资产投资方向调节税　　C. 建设期利息

D. 基本预备费　　E. 涨价预备费

(8)用实物法编制施工图预算时，直接费的计算与（ ADE ）有关。

A. 人工、材料、机械台班的市场价格

B. 预算定额单价

C. 当地造价管理部门公布的取费标准

D. 工、料、机的预算定额消耗量

E. 按工程量计算规则计算出的工程量

(9)直接工程费包括（ ABCD ）。[注释：答案是按照旧编制办法分类]

A. 人工费　　B. 材料费　　C. 施工辅助费

D. 现场经费　　E. 企业管理费

(10)工程成本就是指施工过程中承包人的实际消耗和应得的利润。　（×）

3. 熟悉工程量清单的组成及其应用

(1)工程量清单说明。

(2)投标报价说明。

(3)计日工说明。

(4)其他说明。

(5)工程量清单：①工程量清单表；②计日工表（含劳务、材料、机械、计日工汇总表）；③暂估价表（材料暂估价表、工程设备暂估价表、专业工程暂估价表）；④投标报价汇总表；⑤工程量清单单价分析表。

【例题】

(1)在工程量清单的编制工作中，工程量计算的依据是（ AD ）。

A. 设计图纸　　B. 工程定额

C. 项目编号　　D. 工程量计算规则

(2)工程量清单表不包括（ D ）。

A. 子目号　　B. 子目名称

C. 计量单位　　D. 工程量计算规则

(3)工程量清单表中所列的工程量是（ B ）。

A. 实际计量的数量　　B. 合同图纸给定的数量

C. 承包人实际完成的数量　　D. 实际计量并经监理工程师确认的数量

(4)工程量清单是由（ BCDE ）组成的。

A. 暂列金额汇总表　　B. 说明部分　　C. 工程量清单表

D. 计日工表　　E. 投标报价汇总表

(5)工程量清单由（ ABC ）组成。[建设部题]

A. 分部分项工程量清单　　B. 措施项目清单　　C. 其他项目清单

D. 通用项目清单　　E. 综合单价清单

(6)工程量清单数量是合同图纸给定的数量，计量时应以实际完成并经监理工程师确认的数量为准。　（√）

4. 熟悉工程费用监理要点，《监理规范》5.4 中的相关条款

1)工程费用监理要点

(1)全面熟悉合同文件，特别是计量和支付的职责和权限，这是做好计量支付的前提。

(2)根据合同条款，制定计量支付程序，使之科学化、规范化。

(3)施工中对已完成的细目进行计量和记录，以便检查账单。

(4)计量是支付的基础。(重要的点)

(5)费用支付是对工程实施控制的核心手段，也是控制的最后一个环节。(重要的点)

(6)监理工程师必须熟悉工程的所有支付项。

2)《监理规范》5.4 中的相关条款

5.4.3　对实体质量合格，存在外观质量缺陷但不影响使用和安全的工程，监理工程师可依据合同规定折减计量与支付，并报建设单位批准。

5.4.5　监理工程师收到施工单位计量申请后应及时计量，对路基基底处理、结构物基础的基底处理及其他复杂、有争议需要现场确认的项目，应会同建设、设计、施工等单位现场计量。

【例题】

(1)工程计量时，应以(D)的数量为准。

A. 图纸给定　　B. 工程量清单

C. 实际完成　　D. 实际完成并经监理签认

(2)对实体质量合格，存在外观缺陷但不影响使用和安全的工程，监理工程师可依据合同(C)。

A. 不予计量　　B. 暂缓计量　　C. 折减计量　　D. 按实计量

(3)公路工程施工过程中，费用监理的关键是(C)。

A. 反索赔　　B. 拒绝一切索赔

C. 工程计量与支付　　D. 合理确定工程变更调价

二、工程计量知识要点

1. 了解工程计量的概念、原则、作用和条件

1)工程计量的概念

工程计量是按照公路工程技术规范所规定的方法对承包人符合要求的已完成工程的实际数量所进行的测量、计算、核查和确认的过程。

2)工程计量的原则

(1)不符合合同文件要求的工程，不得计量。

(2)按合同文件所规定的方法、范围、内容、单位计量。

(3)按监理工程师同意的计量方法计量。

【例题】

(1)公路工程计量的原则是(ACD)。

A. 不符合合同文件要求的工程不计量

B. 承包人手续不全不计量

C. 按合同文件规定的方法、范围、内容、单位计量

D. 按监理工程师同意的方法计量

E. 按习惯计量的方法计量

注：本题B选否无关系。

(2)关于计量，下列说法(ABD)是正确的。

A. 不符合合同文件要求的工程，不得计量

B. 按合同文件所规定的方法、范围、内容、单位计量

C. 按业主满意的方法计量

D. 以合同图纸为计量依据

E. 以承包人实际完成的工程量计量

(3)在工程计量中应遵循的基本原则有(ACDF)。

A. 合同原则　　B. 目的性原则　　C. 公正性原则

D. 时效性原则　　E. 适应性原则　　F. 程序性原则

3)工程计量的作用

(1)调节合同中的经济利益关系,促使合同的全面履行。

(2)确保监理工程师的核心地位。

【例题】

监理工程师掌握了计量支付权,就抓住了主要矛盾,掌握了控制施工活动和调控承包人施工行为的最有效的基本手段,抓住了指挥棒。 (√)

4)工程计量的条件

(1)计量的项目应符合合同要求:清单细目、合同项细目、变更项细目。

(2)质量必须达到合同规范标准的要求。

(3)验收手续必须齐全:分项开工、自检、监理检验、中间交工等。

2. 熟悉工程计量的类型、依据、程序、内容、时间、方式与方法(大纲 10.0.7)

1)工程计量的类型

(1)监理工程师独立计量。

(2)承包人独立计量。

(3)联合计量(即监理工程师与承包人共同计量)。

2)工程计量的依据

注意:区别于计量主要文件。

(1)工程量清单及说明(费用教材:有质量合格证书);

(2)合同图纸;

(3)工程变更令及修订的工程量清单;

(4)合同条件;

(5)技术规范;

(6)有关计量的补充协议;

(7)索赔时间/金额审批表。

依据为:质量合格证书、工程量前言和技术规范,设计图纸、测量数据。

【例题】

工程计量的依据包括(ABCDE)。

A. 工程量清单及说明　　B. 合同图纸

C. 工程变更令及修订的工程量清单　　D. 合同条件

E. 技术规范及有关计量的补充协议

3)工程计量的程序

计量通知或申请,审查有关文件资料,填写中间计量表,附上计量主要文件。

4)工程计量的内容

按照技术规范中每一节的“计量与支付”条款和清单前言说明具体可以计量的内容。例如:路基填方只能计路基实际尺寸的内容,为保证压实质量超宽填筑部分不予计量。这个考点要结合实际具体工程进行分析,所以案例分析题中会具体反映,单独作为判断题的可能也有。

5)工程计量的方式

(1)监理工程师与承包人共同计量

旧监理规范 6.2.2 所说的方式就是监理与承包人共同计量。

(2)费用教材的方式

实地测量计算法,记录、图纸计算法。

6)工程计量的方法(注意:不是方式)

(1)概论教材的方法(费用教材称为方式)

实地测量计算法,记录、图纸计算法。

(2)费用教材的方法——**公路工程各类工程的计量方法**

就其共性而言有:断面法,图纸法,钻孔取样法,分项计量法,均摊法,凭证法,估价法等

7)工程计量的主要文件(即计量时应附上的资料)

(1)中间计量表;

(2)工程分项开工申请批复单;

(3)检验申请批复单;

(4)工程质量检验表有关的质量评定意见;

(5)工程变更令;

(6)中间交工证书。

【例题】

(1)某桥梁灌注桩清孔后沉积层仍超过规定厚度,二次清孔后,孔深增加,浇筑后的实际桩长比设计桩长增 1.3m,承包人要求对增加的混凝土量给予计量,监理工程师应(B)。

A. 给予计量　　B. 不予计量
C. 计量所增混凝土量的一半　　D. 和承包人协商后予以计量

(2)工程计量方法有(BD)。

A. 工程量清单计算法　　B. 记录、图纸计算法
C. 估算法　　D. 实地量测计算法

(3)公路工程施工监理一般采用的计量方法有(BCE)。

A. 预算单价法　　B. 分项计量法　　C. 凭证法
D. 经验比较法　　E. 断面法

(4)工程计量的类型一般有(ABC)。

A. 监理工程师单独计量　　B. 承包人独立计量
C. 监理工程师与承包人联合计量　　D. 第三方计量

(5)工程计量的依据主要包括(ACDE)。

A. 质量合格证书　　B. 承包人施工纪录　　C. 清单前言和技术规范
D. 设计图纸　　E. 测量数据

3. 掌握公路工程各类工程的计量方法(注意:不是方式)

(1)费用教材的方法

按工程类别(开办、路基、路面、桥梁、隧道、安全设施、绿化)不同计量方法细节不同。

(2)实际计量工作中应注意的关键点

①计量应以"净值"为准,应正确理解;

②计量应该注意质量检验和中间交工的要求。

【例题】

(1)监理工程师对结构物混凝土体积进行计量,应以(A)为准。

A. 合同图纸净尺寸　　B. 现场实际测量尺寸

C. 与业主协商确定　　D. 与承包人共同确认

(2)承包人开挖基坑的范围超过了合同技术规范规定的超挖上限,虽然没有变更令,监理工程师(B)。

A. 可以根据实际情况对超挖部分予以计量

B. 对超过上限部分不予计量

C. 承包人协商处理

(3)工程计量时,应以(D)为准。

A. 图纸给定的数量　　B. 工程量清单数量

C. 实际完成的数量　　D. 实际完成并经监理签认的数量

(4)先张法预应力钢材长度按(A)计量。

A. 构件长度　　B. 理论长度

C. 构件长度+预留长度　　D. 理论长度+预留长度

(5)工程计量包括实地量测计算法和记录、图纸计算法,无论何种方法都必须经过(BC)签字确认方可进入支付环节。

A. 业主　　B. 承包人　　C. 监理　　D. 设计单位

(6)工程计量的组织类型一般有(ABD)等形式。

A. 承包人计量　　B. 监理工程师计量

C. 业主计量　　D. 承包人与监理工程师共同计量

三、工程支付知识要点

1. 熟悉工程支付的基本原则

(1)支付必须以工程计量为基础(支付是需要计量的原因)

(2)支付必须以技术规范和报价单为依据(费用教材:支付必须以合同为依据)

(3)支付必须符合合同条款(费用教材:支付必须以合同为依据)。

(4)任何工程款的支付必须经监理工程师的审批(概论增加的)。

(5)支付不解除承包人的应尽的合同义务和应承担的合同责任(概论增加的)。

(6)支付必须及时。

(7)支付必须严格按规定的程序进行。

【例题】

(1)下列说法正确的是(C)。

A. 费用支付是需要进行工程计量的最关键手段

B. 费用支付是需要进行工程计量的最关键方法

C. 费用支付是需要进行工程计量的最关键原因

D. 费用支付是需要进行工程计量的最关键途径

(2)工程支付必须以(C)为基础。

A. 工程质量　　B. 工程进度　　C. 工程计量　　D. 工程量清单

(3)按时间分类,工程费用支付可分为(ABCE)。

A. 前期支付　　B. 期中支付　　C. 交工支付

D. 竣工支付　　E. 最终支付

(4)费用支付的基本原则是(ABCD)。

A. 以工程计量为基础　　B. 符合合同条款

C. 及时　　D. 以技术规范和报价单为依据

E. 必须按照合同文件规定的方法进行

(5)对不符合技术规范和合同条件要求的工程项目,监理工程师有权暂时拒绝支付。(√)

(6)合同中未在工程量清单中填入单价或总额的工程细目,将被认为其已包含在本合同的其他细目的单价和总额价中,业主将不另行支付。(√)

(7)若承包人未按照合同规定向指定分包人支付应得款项,业主也没权直接向指定分包人付款。(×)

(8)工程支付是对承包人质量合格和进度符合的评价这意味着解除承包人合同内应尽的责任和义务。(×)

2. 熟悉有关支付的几项基本规定

1)支付期限

(1)中期支付(进度款支付)

监理工程师在收到承包人进度付款申请单以及相应的支持性证明文件后的 14 天内完成核查,提出发包人到期应支付给承包人的金额以及相应的支持性材料,经发包人审查同意后,由监理工程师向承包人出具经发包人签认的进度付款证书。监理工程师有权扣发承包人未能按照合同要求履行任何工作或义务的相应金额。

发包人应在监理工程师收到进度付款申请单后的 28 天内,将进度应付款支付给承包人。发包人不按期支付的,按专用合同条款的约定支付逾期付款违约金。

(2)交工支付

监理工程师在收到承包人提交的交工付款申请单后的 14 天内完成核查,提出发包人到期应支付给承包人的价款送发包人审核并抄送承包人。发包人应在收到后 14 天内审核完毕,由监理工程师向承包人出具经发包人签认的交工付款证书。监理工程师未在约定时间内核查,又未提出具体意见的,视为承包人提交的交工付款申请单已经监理工程师核查同意;发包人未在约定时间内审核又未提出具体意见的,监理工程师提出发包人到期应支付给承包人的价款视为已经发包人同意。

发包人应在监理工程师出具交工付款证书后的 14 天内,将应支付款支付给承包人。发包人不按期支付的,按第 17.3.3(2)目(即专用合同条款)的约定,将逾期付款违约金支付给承包人。

(3)最终支付

缺陷责任期终止证书签发后，承包人可按专用合同条款约定的份数和期限向监理工程师提交最终结清申请单，并提供相关证明材料。

监理工程师收到承包人提交的最终结清申请单后的14天内，提出发包人应支付给承包人的价款送发包人审核并抄送承包人。发包人应在收到后14天内审核完毕，由监理工程师向承包人出具经发包人签认的最终结清证书。监理工程师未在约定时间内核查，又未提出具体意见的，视为承包人提交的最终结清申请已经监理工程师核查同意；发包人未在约定时间内审核又未提出具体意见的，监理工程师提出应支付给承包人的价款视为已经发包人同意。

发包人应在监理工程师出具最终结清证书后的14天内，将应支付款支付给承包人。发包人不按期支付的，按第17.3.3(2)目的约定，将逾期付款违约金支付给承包人。

2)支付的最低限额：按照投标书附录要求的限额，每月在各种扣回后未达到限额则不支付。

3)支付范围：所有到期并符合合同要求的内容都应计价支付。

4)支付方法：分为清单支付和合同支付分类汇总，扣除应扣除和折减内容，填写中期支付表。

5)支付货币：国内工程是人民币；国际工程人民币加外币，比例按照投标书附录确定。

【例题】

在工程变更中，监理工程师颁布工程变更令而引起的费用增减，应由业主确定变更费用。（×）

3. 熟悉监理工程师在费用支付中的职责和权限

(1)职责：审核和出具付款凭证(支付证书)。

(2)权限：

①审查、报送、出具中期支付证书；

②对不合格工程有权暂时拒绝支付；

③具有对合同价格调整的权力(严格地说是确认权)。

④具有确认工程变更和索赔所产生费用的权力。

⑤其他有关支付权：如，**审核**使用计日工权，**建议**动用暂列金额和保留金权力。

4. 熟悉工程支付项目和支付程序

1)支付项目

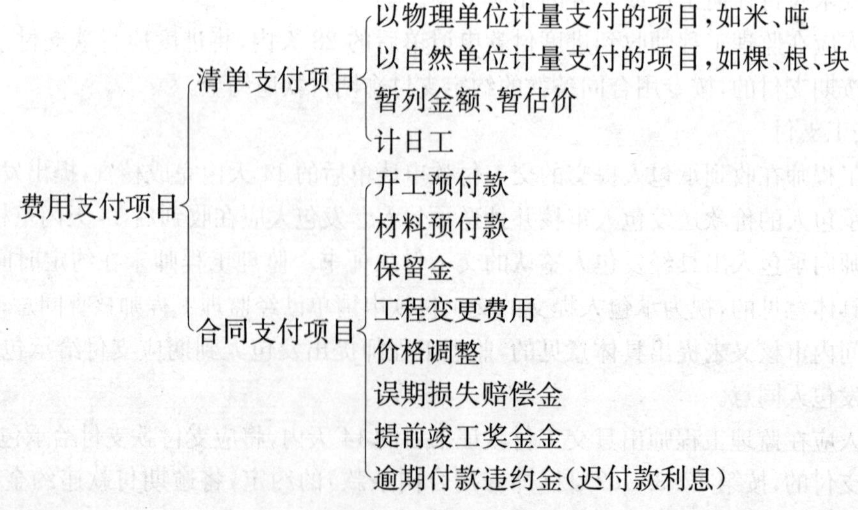

2)支付程序

(1)中期支付程序

中期支付申请→中期支付申请的审定→出具中期支付证书。

(2)最终支付程序

最终支付申请→最终支付申请的审定→出具最终支付申请证书。

【例题】

(1)有关材料预付款正确的表述是(B)。

A.施工过程中,临时工程所需材料可以支付材料预付款;

B.已经支付过材料预付款和材料,其所有权归业主;

C.材料预付款的支付可以不考虑剩余永久工程支付金额;

D.材料预付款支付可依据设计工程量计算得来。

(2)当期中支付证书的累计金额达到合同价格的(B)时,开始按工程进度的固定比例分期从各月的期中支付证书中扣回开工预付款。

A.20%　　B.30%　　C.40%　　D.10%

(3)监理工程师应根据合同规定,在工程进度款的支付证书中逐月扣回的款项有(BC)。

A.保留金　　B.动员预付款　　C.材料设备预付款

D.借贷款　　E.保险金

(4)(B)是业主提供承包人用于支付施工初期各种费用的无息贷款。

A.材料预付款　　B.动员预付款　　C.保留金　　D.暂定金

(5)动员预付款扣回一般始于工程进度付款证书的累计金额超过合同价值的20%的当日,而止于合同竣工日期。　(×)

(6)承包人分项工程完工即可实施计量。　(×)

5.掌握费用支付的清单支付项目和合同支付项目

1)清单支付项目

清单支付项目在工程费用支付中所占的比例很大,包括上述图中的4项内容。

(1)以物理单位计量支付的项目

工程量清单中绝大部分是以物理单位计量支付,其费用约占工程总费用的85%左右。支付条件是完成了技术规范和设计图纸所规定的内容,且质量合格,计量结果准确无误,并使监理工程师满意。费用计算按照支付周期内完成各子目的计量与报价清单中的单价相乘求得支付金额。

(2)以自然单位计量支付的项目

以自然单位计量支付的项目分为按项支付和按自然单位计价支付两种方式。例如,开办费性质的驻地建设、临时工程等,属于按项支付(总额包干支付子目)。为了做好这些子目的支付,业主可以在项目专用条款中规定:承包人在签订合同协议书后28天之内,并在总额价支付子目支付前应向监理人师提交其工程量清单每个总额支付子目的分目。该分目须经监理人的批准。

(3)暂估价和暂列金额

《公路工程标准施工招标文件》(2009年版)将《公路工程国内招标文件范本》(2003年版)中原来的暂定金额分为暂估价和暂列金额。暂估价是指一定要发生的费用(材料、工程设备、专业工程)并且是包含在清单的100～700章中(15.8),例如,原来的专项暂定金(桥梁荷载试验等),跨铁路交叉等特殊分包工程(FIDIC 条款的指定分包)。暂列金额(不含计日工)是不一定发生的费用,例如,预留费或不可预见费等,暂列金额的使用(部分或全部)一定要通过监理工程师和发包人(业主)批准(15.6)。

(4)计日工

《公路工程标准施工招标文件》(2009 年版)规定,计日工单独组成计日工清单和汇总,也不含在暂列金额中。计日工分为 3 类,劳务、材料、施工机械。计日工的使用一定要通过监理工程师和发包人(业主)批准(15.7)。具体是:

①发包人认为有必要时,由监理工程师通知承包人以计日工方式实施变更的零星工作。其价款按列入已标价工程量清单中的计日工计价子目及其单价进行计算。

②采用计日工计价的任何一项变更工作,应从暂列金额中支付,承包人应在该项变更的实施过程中,每天提交以下报表和有关凭证报送监理工程师审批:

a.工作名称、内容和数量。

b.投入该工作所有人员的姓名、工种、级别和耗用工时。

c.投入该工作的材料类别和数量。

d.投入该工作的施工设备型号、台数和耗用台时。

e.监理工程师要求提交的其他资料和凭证。

③计日工由承包人汇总后,按第 17.3.2 项的约定列入进度付款申请单,由监理工程师复核并经发包人同意后列入进度付款。

2)合同支付项目

(1)开工预付款

《公路工程标准施工招标文件》(2009 年版)17.2 款规定:预付款包括开工预付款和材料、设备预付款。预付款必须专用于合同工程。

①开工预付款的具体额度和预付办法

开工预付款的金额在项目专用条款数据表中约定。在承包人签订了合同协议书并提交了开工预付款保函后,监理工程师应在当期进度付款证书中向承包人支付开工预付款的 70%的价款;在承包人承诺的主要设备进场后,再支付预付款 30%。

承包人不得将该预付款用于与本工程无关的支出,监理工程师有权监督承包人对该项费用的使用,如经查实承包人滥用开工预付款,发包人有权立即通过向银行发出通知收回开工预付款保函的方式,将该款收回。

②预付款保函

除项目专用合同条款另有约定外,承包人应在收到开工预付款前向发包人提交开工预付款保函,开工预付款保函的担保金额应与开工预付款金额相同。出具保函的银行须与第 4.2 款的要求相同,所需费用由承包人承担。银行保函的正本由发包人保存,该保函在发包人将开工预付款全部扣回之前一直有效,担保金额可根据开工预付款扣回的金额相应递减。

③预付款的扣回与还清

开工预付款在进度付款证书的累计金额未达到签约合同价的 30%之前不予扣回,在达到签约合同价 30%之后,开始按工程进度以固定比例(即每完成签约合同价的 1%,扣回开工预付款的 2%)分期从各月的进度付款证书中扣回,全部金额在进度付款证书的累计金额达到签约合同价的 80%时扣完。当进度款支付累计超过 30%且未到达 80%前,本月开工预付款的扣回按照下式计算：

预付款的扣回金额＝本月进度款/签约合同总价×(2×开工预付款总额)

［例如］ 合同价＝1 500 万，开工预付款＝1 500×10％＝150 万，5 月份完成工程进度款＝200 万，6 月份完成工程进度款＝500 万，7 月份完成工程进度款＝300 万；4 月份累计完成工程进度款＝400 万。分别求 5、6、7 月份开工预付款扣回金额。

解：起扣点＝1 500×30％＝450 万，5 月份累计＝400＋200＝600 万，当月超过起扣点数值＝600－450＝150 万。

5 月份开工预付款扣回金额＝150/1 500×(2×150)＝30 万；

6 月份开工预付款扣回金额＝500/1 500×(2×150)＝100 万；

7 月份开工预付款扣回金额＝150－(30＋100)＝20 万，因为 7 月份累计(400＋200＋500＋300)＝1 400 超过 80％；就直接计算剩余的预付款数值。

(2)材料设备预付款

①材料设备预付款支付规定

材料、设备预付款按项目专用合同条款数据表中所列主要材料、设备单据费用(进口的材料、设备为到岸价，国内采购的为出厂价或销售价，地方材料为堆场价)的百分比支付。其预付条件为：

a.材料、设备符合规范要求并经监理人认可。

b.承包人已出具材料、设备费用凭证或支付单据。

c.材料、设备已在现场交货，且存储良好，监理工程师认为材料、设备的存储方法符合要求。

则监理工程师应将此项金额作为材料、设备预付款计入下一次的进度付款证书中。在预计交工前 3 个月，将不再支付材料、设备预付款。

②预付款的扣回与还清

当材料、设备已用于或安装在永久工程之中时，材料、设备预付款应从进度付款证书中扣回，扣回期不超过 3 个月。已经支付材料、设备预付款的材料、设备的所有权应属于发包人。

(3)保留金(质保金)

监理工程师应从第一个付款周期开始，在发包人的进度付款中，按项目专用合同条款数据表规定的百分比(注：一般 10％)扣留质量保证金，直至扣留的质量保证金总额达到项目专用合同条款数据表规定的限额为止(注：一般签约合同价 5％)。质量保证金的计算额度不包括预付款的支付以及扣回的金额。

在第 1.1.4.5 目约定的缺陷责任期满时，承包人向发包人申请到期应返还承包人剩余的质量保证金金额，发包人应在 14 天内会同承包人按照合同约定的内容核实承包人是否完成缺陷责任。如无异议，发包人应当在核实后将剩余保证金返还承包人。

在第 1.1.4.5 目约定的缺陷责任期满时，承包人没有完成缺陷责任的，发包人有权扣留与未履行责任剩余工作所需金额相应的质量保证金余额，并有权根据第 19.3 款约定要求延长缺陷责任期，直至完成剩余工作为止。

(4)工程变更费用

工程变更费用一般是按照变更令的要求，在变更设计的范围内根据变更子目单价乘以变更数量在中期进度款中进行支付。

注：工程变更费用按照目前的实际情况本应属于清单支付，由于历史上的原因最早实行的世界银行贷款

项目变更费用在财务支付报表中作为合同支付单独列项，而不是归于清单项中，例如京津塘高速公路的财务报表就是如此；因此后来人们大部分将工程变更费用归于合同支付。

(5)费用索赔的支付

费用索赔的程序和支付要求可以参照延长工期的要求。费用的支付可以归于不可预见费使用。

(6)价格调整

价格调整主要是指物价(人工费、材料费、机械使用费)涨跌造成的合同价格调整(不是调单价)。费用的支付也属于不可预见费使用。调价方法票证法和公式法(指数法)。

(7)逾期付款违约金(迟付款利息)

利率大小在项目专用条款中约定，一般按照单利计算，不计复利，按日计算，世界银行推荐为日利率0.033%～0.04%，京津塘高速公路日利率采用0.022%，济南青岛高速路日利率采用0.033%。

3)按时间段分为前期支付、中期支付、最终支付的各种支付项目

(1)前期支付

动员(开工)预付款，履约担保的手续费(如果有)，由业主承担的保险费

(2)中期支付

工程款，暂估价和暂列金额，计日工，材料设备预付款，工程变更款项，保留金，索赔，价格调整，迟付款利息，对指定分包人的支付，合同中止(解除)后的支付，工程交工支付(按照2003版范本还包含履约担保的退还支付)。

(3)最终支付

复核检查所有支付项的数量费用，退还保留金，最终结算清单含说明和附件。

【例题】

(1)(B)是一项由业主提供给承包人用作开工费用的无息款项。

A. 暂定金额　　B. 动员(开工)预付款

C. 保留金　　D. 计日工

(2)在合同支付项目中，业主先支付给承包人，并在一定期间又要扣回的款项有(BE)。

A. 保留金　　B. 动员(开工)预付款

C. 索赔费用　　D. 延迟付款利息

E. 材料设备预付款

(3)监理工程师必须在满足下列(ABCDE)要求后，签发支付材料设备的预付款证明。

A. 材料设备将被用于永久性工程

B. 材料设备已运抵工地现场或监理工程师认可的承包人的生产场地

C. 材料设备的质量满足合同要求

D. 材料设备的存放满足合同要求

E. 承包人向监理工程师提交材料设备的订货单或收据

(4)承包人在完成较小附加工程后申请计日工支付时，应提供：(ABCD)。

A. 用工清单　　B. 材料清单　　C. 设备清单

D. 费用清单　　E. 工程量清单

(5)在下列几种款项的支付中，哪种款项在支付前需要确认银行的担保(B)。

A. 工程进度款　　B. 动员预付款(开工预付款)

C. 材料预付款　　　　　　　　　　　　D. 保险金

(6)下列支付项目中属于合同支付项目的有(ABD)。

A. 开工预付款　　　B. 材料预付款　　　C. 暂定金

D. 保留金　　　E. 计日工

(7)在合同支付项目中,业主预先支付给承包人,并在一定期间又要扣回的款项有(AC)。

A. 开工预付款　　　B. 保留金　　　C. 材料预付款

D. 索赔费用　　　E. 工程进度款

(8)已经支付过材料设备预付款的材料,其所有权归业主。　(√)

(9)工程施工过程中的费用监理,主要是对工程计量与支付的监督和管理。　(√)

(10)延迟付款利息是对业主支付的一种约束。　(√)

(11)监理工程师可以通过任何一期《中期付款证书》,对已支付工程中发现的问题或已颁发的支付证书的错误进行纠正。　(√)

6. 熟悉合同其他费用的监理与支付

(1)合同其他费用的支付包含:工程变更、索赔、价格调整、反索赔。

(2)工程变更费用的支付:变更单价的确定和计算,工程总价变更(总价15%的问题)。

(3)索赔费用的支付:索赔成立的条件,索赔细目和数量审核,单价和费率确定,计算审查。

(4)价格调整(是指物价):

方法为票证法和价格指数法,调整的内容为物价,差价的两个时间点,指数的类型和计算,价格调整差值的计算。

(5)反索赔:概念,类型分类,承包人违约的赔偿(反索赔)处理。

【例题】

(1)有关费用索赔的选项中,错误的是(C)。

A. 费用索赔是由于非承包人自身原因造成的费用损失或增加

B. 费用索赔必须要经过监理工程师受理

C. 监理工程师处理索赔时,应先核实费用,后查证原因

D. 处理索赔时,监理工程师必须是完全独立的裁判人身份

(2)开工预付款的支付条件包括(ABCE)。

A. 业主与承包人签订了合同协议书

B. 承包人提供了开工预付款保函

C. 承包人提供了履约保函

D. 业主与监理单位签订了合同

E. 监理工程师签发了支付证书

(3)由于业主违约,连带出现的合同事项可能有(BCD)。

A. 工程变更　　　B. 工程延期　　　C. 费用索赔

D. 工程暂停　　　E. 反索赔

7. 熟悉几种常见支付表格的样式和使用方法

只有理解表格中各表项名词的含义就能正确使用表格。中期支付证书也称为财务支付表。

四、重点复习题及参考答案

1. 单选题

(1)工程量清单上路基清表工程量是按平均 20cm 厚度估算的，开工后，承包人提出对于超过 20cm 厚度的清表工作应予计量，以保证清表质量，监理工程师认定(　　)。

A. 不予计量　　B. 为确保工程质量可予计量

C. 安排承包人与业主协商解决

(2)承包人连续 3 个月的期中支付额均达到了合同规定的进度付款额，但其中运行现场的材料和设备(用于永久工程的)按比例支付的款额占了每次的期中付款的一半以上，监理工程师认为(　　)。

A. 只要阶段付款符合合同要求，监理工程师就没有失职

B. 应该采取措施，促进永久工程的形象

C. 合同中规定的期中支付款额是进度的反映

(3)任何合同形式的工程项目，涉及合同双方利益的最终体现是(　　)。

A. 合同文件　　B. 工程费用

C. 工程质量　　D. 工程进度

(4)依据《公路工程标准施工招标文件》(2009 年版)，进度支付及最终支付的期限分别为(　　)天。

A. 28,56　　B. 28,42

C. 21,56　　D. 21,42

(5)在出现承包人与业主签订合同并开始施工后，承包物价上涨 20%的情况，由此增加的工程费用由(　　)。

A. 由业主负担　　B. 由承包人负担　　C. 由保险负担　　D. 由监理负担

(6)有关材料设备预付款正确的表述是(　　)。

A. 施工过程中，临时工程所需材料可以支付材料设备预付款

B. 已经支付过材料设备预付款和材料，其所有权归业主

C. 材料设备预付款的支付可以不考虑剩余永久工程支付金额

D. 材料设备预付款支付可依据设计工程量报算得来

2. 多选题

(1)计量的原则有(　　)。

A. 不符合合同文件要求的工程，不得计量

B. 按合同文件所规定的方法、范围、内容、单位计量

C. 按监理工程师同意的计量方法计量

D. 依据承包人提供的计量所需的资料计量

(2)工程计量方法有(　　)。

A. 工程量清单计算法　　B. 记录、图纸计算法

C. 估算法　　D. 实地量测计算法

(3)经济分析的基本方法有(　　)。

A. 现值法　　B. 年值法　　C. 内部收益率

D. 投资回收期法　　E. 经验分析法

(4)工程费用及其支付的特点主要有(　　)。

A. 单件性计价支付　　B. 一次性计价支付

C. 多次性计价支付　　D. 批量性计价支付

(5)FIDIC 费用管理的特点有(　　)。

A. 承包人申请、使用　　B. 监理工程师签认

C. 业主支付　　D. 通过银行付款

(6)工程计量的依据有(　　)。

A. 质量合格证书　　B. 工程量清单前言和技术规范

C. 设计图纸　　D. 工作指令

(7)按支付的内容分,工程费用支付可分为(　　)。

A. 清单支付　　B. 合同支付

C. 动员(开工)预付款支付　　D. 材料设备预付款支付

(8)价格调整的方法有(　　)。

A. 基价指数法　　B. 物价指数法　　C. 票证法　　D. 公式法

(9)以下支付项目中,属于中期支付的有(　　)。

A. 动员(开工)预付款　　B. 材料设备预付款　　C. 暂定额

D. 索赔　　E. 迟付款利息

(10)FIDIC 合同条件下工程费用的支付中,工程量清单支付项目包括(　　)。

A. 暂定金额　　B. 计日工　　C. 工程变更的费用

D. 材料设备预付款　　E. 保留金

(11)在工程支付项目中,属于前期支付的有(　　)。

A. 动员(开工)预付款　　B. 履约保函手续费

C. 保险手续费　　D. 材料设备预付款

(12)工程计量的方式(　　)。

A. 监理工程师与承包人共同计量　　B. 监理工程师单独计量

C. 承包人计量,监理工程师核实　　D. 业主与监理共同计量

(13)中期支付按支付的内容可分为(　　)。

A. 清单支付　　B. 预付款支付

C. 合同支付　　D. 迟付款利息支付

(14)监理工程师应根据合同规定,在工程进度款的支付证书中逐月扣回的款项有(　　)。

A. 保留金　　B. 动员(开工)预付款　　C. 材料设备预付款

D. 借贷款　　E. 保险金

(15)对构成工程单价有重大影响的因素是(　　)三个方面。

A. 基础价格　　B. 工程数量　　C. 工程定额

D. 购货渠道　　E. 各种摊入系数

3. 判断题

(1)监理工程师可指令承包人按计日工完成特殊的、较小的变更工程或附加工程。(　　)

(2)缺陷责任期一般为一年,起算日期以工程完成时的日期为准。(　　)

(3)延迟付款利息是对业主支付的一种约束。(　　)

(4)资金的时间价值是指随着时间的推移,经贮藏保存后带来的增值。(　　)

(5)合同中未在工程量清单中填入单价或总额的工程细目，将被认为其已包含在本合同的其他细目的单价和总额价中，业主将不另行支付。（　　）

(6)工程施工过程中的费用监理，主要工作是对工程计量与支付的监督和管理。（　　）

(7)有效合同价是指包含暂定金额费用之后的合同价格。（　　）

(8)工程费用支付必须以工程计量为基础，以技术规范和报价单为依据来进行。（　　）

(9)工程量清单上开列的工程量是预算量，是应予完成的实际和准确的工程量。（　　）

(10)计量是支付的前提。（　　）

(11)编制工程量清单时采用的计算方法将继续用于实际工程计量。（　　）

(12)工程单价就是基础单价。（　　）

(13)工程结算与工程决算是一回事。（　　）

(14)在计量组织的三种类型(监理独立计量、承包人独立计量、联合计量)中承包商独立计量就是指由承包人自行进行的计量。（　　）

(15)动员(开工)预付款扣回一般始于工程进度付款证书的累计金额超过合同价值的20%的当日，而止于合同竣工日期。（　　）

4. 论述题

(1)论述工程量清单及其作用。

(2)材料设备预付款的支付条件及应注意的问题?

(3)监理工程师在签发支付材料设备预付款证明时，应注意哪些问题?

(4)监理工程师在费用监理中的根本职责和权利是什么?

参考答案

1. 单选题

(1)A　(2)B　(3)B　(4)D　(5)A　(6)B

2. 多选题

(1)ABC　(2)BD　(3)ABCD　(4)AC　(5)ABC

(6)ABC　(7)AB　(8)CD　(9)BCDE　(10)AB

(11)ABC　(12)ABC　(13)AC　(14)BC　(15)ACE

3. 判断题

(1)√　(2)×　(3)√　(4)×　(5)√　(6)√　(7)×　(8)√　(9)×　(10)√

(11)√　(12)×　(13)×　(14)×　(15)×

4. 论述题

(1)答:工程量清单构成标书的一部分，列有按合同实施的工作说明，项目估算的工程量及已标价的工程量表。清单的作用:

①为编制标底服务;

②为所有投标人提供一个报价计算的共同基础;

③为实施工程计量与支付提供重要依据。

(2)答:监理工程师签发支付材料设备预付款证明时，需具备以下条件:

①材料设备将被用于永久性工程;

②材料设备已运抵工地现场或监理工程师认可的承包人的生产场地;

③材料设备的质量和存放均满足合同要求;

④承包人向监理工程师提交材料设备的订货单或收据。

⑤应在预计竣工的前 3 个月内支付。

(3)**答**:监理工程师在签发支付材料设备预付款证明时,应注意以下问题。

①累计支付材料设备预付款的金额不应超过合同剩余工作量;

②累计支付材料设备预付款的材料设备数量不应超过工程所需的实际总数量;

③设备预付款的材料设备的品种应与工程计划进度相匹配;

④已支付材料设备预付款的材料设备,所有权归业主。

(4)**答**:计量的根本职责就是按合同有关规定准确测定已完工程的实际工程量;计量权利实际上是对计量结果的确认权。

第十一部分 交工验收与缺陷责任期监理

了解:11.0.1 交工验收的主要工作内容;
11.0.2 竣工验收应具备的条件。
熟悉:11.0.3 公路工程交工验收与竣工验收的关系和区别;
11.0.4 进行交工验收应具备的条件;
11.0.5 缺陷责任期监理的主要工作。
掌握:11.0.6 交工验收和竣工验收中监理单位应负责完成的工作。

一、交工验收与缺陷责任期监理的知识要点

主要参考书目:《公路工程施工监理规范》(JTG G10—2006)(以下简称规范),《公路工程竣(交)工验收办法》(交通部令 2004 年第 3 号)(以下简称办法)。

1. 了解交工验收的主要工作内容

1)交工验收的主要工作内容(**办法**)

(1)检查合同执行情况;

(2)检查施工自检报告、施工总结报告及施工资料;

(3)检查监理单位独立抽检资料、监理工作报告及质量评定资料;

(4)检查工程实体,审查有关资料,包括主要产品质量的抽(检)测报告;

(5)核查工程完工数量是否与批准的设计文件相符,是否与工程计量数量一致;

(6)对合同是否全面执行、工程质量是否合格作出结论,按交通主管部门规定的格式签署合同段交工验收证书;

(7)按交通部规定的办法对设计单位、监理单位、施工单位的工作进行初步评价。

2)交工验收由业主(项目法人)主持(办法)

3)交工证书的类型(规范)

(1)合同工程的交工证书;

(2)部分工程交工证书。

4)签发交工证书的必要条件(规范)

(1)承包人书面申请;

(2)工程确实完成;

(3)工程检验合格;

(4)现场清理完毕;

(5)交工资料。

5)工程交工证书签发程序(规范)

(1)成立交工检查小组;

(2)对交工申请进行审查;

(3)现场检查与评价:检查现场以及清理情况,评价缺陷;

(4)提交检查报告:小组写报告;

(5)签发交证书。

工程交工的日期以检查小组决定的签发交工证书的日期为准。监理工程师出具业主答认的证书。

6)工程交工证书必须包括的内容(规范)

(1)获得交工证书的工程范围;

(2)工程获得交工证书的日期;

(3)审查交工工程的单位;

(4)交工证书的签字人(业主、监理工程师、承包人各方代表,注意签字不是签发)。

【例题】

(1)交工验收应包括的主要内容有(ABCDEF)。

A. 审查承包人的预验收申请报告

B. 对全部完成或部分完成的工程进行预验收

C. 审查承包人的交工验收报告或中间验收报告及其他有关交工资料

D. 对申请交工工程提出质量等级评价建议

E. 提交监理工作总结报告

F. 审查交工结算

(2)关于交工验收相关的叙述,错误的是(B)。

A. 承包人完成施工合同范围内的全部工程,可向监理机构提出预验收申请

B. 监理机构及时对施工现场和有关资料进行审查后,确认具备预验收条件,由监理机构组织业主、承包人三方进行联合预验收

C. 预验合格后,由承包人提出正式交工验收申请,监理机构再次进行审查,提出监理机构的意见报送质量监督站,由业主组织各有关单位进行交工验收

D. 签发“交工验收证书”,日期为交工日期

(3)监理工程师在审查施工单位提交的合同工程交工验收申请时,应重点审查(ABCD)。

A. 合同约定内容完成情况　　B. 施工自检结果

C. 工程数量核对情况　　D. 工程现场清理情况

2. 熟悉进行交工验收应具备的条件(办法)

(1)合同约定的各项内容已完成;

(2)施工单位按交通部制定的《公路工程质量检验评定标准》及相关规定的要求对工程质量自检合格;

(3)监理工程师对工程质量的评定合格;

(4)质量监督机构按交通部规定的公路工程质量鉴定办法对工程质量进行检测(必要时可委托有相应资质的检测机构承担检测任务),并出具检测意见;

(5)竣工文件已按交通部规定的内容编制完成;

(6)施工单位、监理单位已完成本合同段的工作总结。

【例题】

(1)符合下列(ABC)条件时,应及时向承包人签发全部工程的交工证书。

A. 合同范围内的全部工程已基本完成

B. 监理工程师收到承包人的交工申请报告

C. 经全面检查认为符合合同文件要求

D. 工程缺陷已经消除

(2)公路工程进行交工验收应具备哪些条件(ABD)。

A. 合同约定各项内容已完成

B. 监理工程师对质量的评定合格

C. 施工单位上报验收资料

D. 竣工文件已按照交通运输部规定的内容编制完成

E. 已经具备通车条件

3. 了解竣工验收应具备的条件(办法)

(1)通车试运营 2 年后;

(2)交工验收提出的工程质量缺陷等遗留问题已处理完毕,并经项目法人验收合格;

(3)工程决算已按交通部规定的办法编制完成,竣工决算已经审计,并经交通主管部门或其授权单位认定;

(4)竣工文件已按交通部规定的内容完成;

(5)对需进行档案、环保等单项验收的项目,已经有关部门验收合格;

(6)各参建单位已按交通部规定的内容完成各自的工作报告;

(7)质量监督机构已按交通部规定的公路工程质量鉴定办法对工程质量检测鉴定合格,并形成工程质量鉴定报告。

【例题】

公路工程竣工验收应具备的条件包括(BCD)。

A. 合同约定的各项内容已完成

B. 通车试运营 2 年后

C. 竣工文件已按交通运输部规定的内容完成

D. 各参建单位已按交通运输部规定的内容完成各自的工作报告

E. 监理工程师对工程质量的评定合格

4. 熟悉公路工程交工验收与竣工验收的关系和区别(办法)

1)关系

交工是竣工的基础和前提。交工验收是检查施工合同的执行情况,评价工程质量是否符合技术标准及设计要求,是否可以移交下一阶段施工或者是否满足通车要求,对各参建单位工作进行初步评价。

竣工验收是综合评价工程建设成果,对工程质量、参建单位和建设项目进行综合评价。

2)区别

交工以 75 分为界,只评合格与不合格,向业主交工,由业主负责并主持,是对设计单位、监理单位、施工单位的工作进行**初步评价**;竣工要评优良与合格以及不合格,向国家交工,由交通主管部门负责并主持,对各参建单位进行**综合评价**。

【例题】

交工验收工程质量评定得分大于等于 90 分为优良，小于 90 分且大于等于 75 分的为合格，小于 75 分的为不合格 。（×）

5. 熟悉缺陷责任期监理的主要工作(规范)

1)缺陷责任期监理的主要工作

(1)检查承包人剩余工程计划；

(2)检查已完工程；

(3)确定缺陷责任及修复费用；

(4)督促承包人按合同规定完成交工资料。

2)缺陷责任期终止证书签发的必要条件

(1)监理工程师确认承包人已经按照合同规定及监理工程师指示完成全部剩余工程，并对全部剩余工程的质量检查认可。

(2)监理工程师收到承包人含有如下内容的终止缺陷证人申请：

· 剩余工作计划的执行情况；

· 缺陷责任期内监理工程师发现并指示承包人进行修复的工程完成情况；

· 交工资料的完成情况。

3)缺陷责任期终止证书签发程序(与交工相似，5 步)

(1)成立缺陷责任期工作检查小组；

(2)检查小组审查终止缺陷责任的申请报告；

(3)最终检查和评价：检查两个方面(剩余、全面地使用)；评价现场检查结果；

(4)提交检查报告：小组写报告，报送业主，抄送承包人；

(5)签发工程缺陷责任终止证书(由监理工程师签发)；

4)缺陷责任期终止证书的主要内容

(1)获得证书的工程范围；

(2)审查缺陷责任期工作的单位；

(3)工程交工日期及合同缺陷责任期终止日期；

(4)工程缺陷责任期终止证书的签字人(业主、监理、承包人各方代表，注意签字不是签发)。

【例题】

(1)对于有一个以上交工日期的工程，缺陷责任期应以(D)起算。

A. 统一规定的日期　　B. 最后交工的日期

C. 最先交工的日期　　D. 分别自各自不同的交工日期

(2)监理工程师在缺陷责任期监理的工作包括(ABCD)。

A. 检查已完工程

B. 检查承包人剩余工程的实施情况

C. 督促承包人按规定完成竣工资料

D. 确定缺陷责任及修复费用。

(3)交工证书和缺陷责任终止证书都要由业主、监理工程师、承包人三方的代表签字。(√)

(4)在缺陷责任期，监理工程师应督促施工单位按合同规定完成竣工资料。(√)

(5)《缺陷责任终止证书》是证明承包人合同义务完成的重要文件,监理工程师在签发该文件前应对承包人完成的工程是否存在质量缺陷进行认真地检查。 (√)

6. 掌握交工验收和竣工验收中监理单位应负责完成的工作(办法)

1)交工验收中监理单位应负责完成的工作

参加交工验收,完成监理工作报告。

监理单位负责完成监理资料的汇总、整理,协助项目法人检查施工单位的合同执行情况,核对工程数量,科学公正地对工程质量进行评定。

项目法人组织监理单位按《公路工程质量检验评定标准》的要求对各合同段的工程质量进行评定。监理单位根据独立抽检资料对工程质量进行评定,当监理按规定完成的独立抽检资料不能满足评定要求时,可以采用经监理确认的施工自检资料。

2)竣工验收中监理单位应负责完成的工作

宣读监理单位的工作报告并提交监理工作报告。提供工程监理资料,配合竣工验收检查工作。

【例题】

(1)(D)才是证明承包人所施工的工程已经完成的批准文件。

A. 中间交工证书　　B. 各分项分部工程的中间交工证书

C. 工程交工证书　　D. 缺陷责任终止书

(2)竣工验收监理单位的主要工作内容是(C)。

A. 成立竣工验收会议

B. 检查工程实体质量、审查有关资料

C. 汇报监理情况

D. 按交通运输部规定的办法对参建单位进行综合评价

(3)下列选项中属于竣工验收时监理单位应完成的工作内容的是(D)。

A. 协助建设单位检查施工单位合同执行情况

B. 核对工程数量

C. 评定各合同段工程质量

D. 提交监理工作报告

(4)缺陷责任期最终检查的内容包括以下(AB)方面。

A. 剩余工程及缺陷工程的完成情况　　B. 整个工程的使用情况

C. 工程财务的结算情况　　D. 合同纠纷的处理情况

(5)在单位工程质量验收时,应对其是否符合设计和规范要求及总体质量水平做出评价,其综合验收结论由参加验收的(ABCE)共同商定。

A. 建设单位　　B. 设计单位　　C. 监理单位

D. 工程质量监督单位　　E. 施工单位

(6)在合同工程的缺陷责任期内,监理工程师的工作包括(ABCD)。

A. 检查施工单位剩余工程的实施情况

B. 巡视检查已完工程

C. 记录发生的工程缺陷,指示施工单位进行修复,并对工程缺陷发生的原因、责任及修复费用进行调查、确认

D. 督促施工单位按合同规定完成竣工资料

E. 对竣工决算资料进行审核

(7)在合同工程的缺陷责任期内，监理工程师应检查施工单位剩余工程的实施情况；巡视检查已完工程。 (√)

二、重点复习题及参考答案

1. 单选题

(1)公路工程交工验收由(　　)主持。

A. 县、市级以上交通主管部门　　B. 县、市级以上质量监督站

C. 建设单位　　D. 监理单位

(2)工程交工日期以(　　)为准。

A. 工程完工之日　　B. 承包人提交工程交工报告之日

C. 业主指定的日期　　D. 检查小组决定的签发交工证书之日

(3)缺陷责任期一般为(　　)。

A. 一年　　B. 十八个月

C. 两年　　D. 三年

(4)因施工原因造成的质量缺陷的修补和加固，应先由(　　)提出修补方案和方法，经(　　)批准后方可进行。

A. 设计代表，业主　　B. 监理工程师，业主

C. 承包人，设计代表　　D. 承包人，监理工程师

(5)缺陷责任终止证书签发的日期应从(　　)为准。

A. 承包人提出缺陷责任终止申请报告的日期

B. 工程通过最终检验的日期

C. 最终检查报告送达监理工程师的日期

D. 业主指定的日期

(6)交工证书的签字人有(　　)。

A. 业主和监理工程师　　B. 业主和承包人

C. 监理工程师和承包人　　D. 业主、监理工程师、承包人各方的代表

(7)质量缺陷的处理方案一般应由(　　)提出。

A. 施工单位　　B. 建设单位

C. 监理单位　　D. 设计单位

2. 多选题

(1)关于质量缺陷的修补或加固的叙述不正确的是(　　)。

A. 修补方案须由监理工程师提出

B. 修补措施和方法不降低质量控制指标

C. 若已完工程的缺陷不构成对工程安全的危害，可不进行处理

D. 因设计产生的质量缺陷，应通过业主提出处理方案

(2)交工检查须满足的条件有 (　　)。

A. 工程确实完成　　B. 工程检验合格

C. 交工资料齐备　　D. 承包人书面申请

E. 现场清理完备

(3)签发交工证书的必要条件是(　　)。

A. 承包人书面申请　　B. 工程确定完成

C. 工程检验合格　　D. 现场清理完毕

E. 完成合同规定的有关交工资料　　F. 业主同意

(4)发放交工证书的基本条件是(　　)。

A. 工程已按施工合同和设计文件要求建成,具有独立使用价值

B. 按要求编制完成竣工文件

C. 按要求进行了竣工决算

D. 设计、施工、监理、业主等单位已准备好总体报告材料

E. 质量监督部门已完成工程质量检测,检验并编写完成了工程质量鉴定书

(5)工程交工证书必须包括以下内容(　　)。

A. 承包人的申请　　B. 业主的批准书

C. 获得交工证书的工程范围　　D. 工程获得交工证书的日期

E. 审查交工工程的单位　　F. 交工证书的签字人

(6)缺陷责任期属承包人责任,自费修复的项目包括(　　)。

A. 交工证书附件中所附的承包人的"剩余工作计划"的实施

B. 交工证书附件"工程检查表"中指的全部工程缺陷的整修

C. 所用材料,设备或工艺不符合合同要求

D. 由于工程设施被盗窃或被损

(7)缺陷责任期监理的工作内容包括(　　)。

A. 检查承包人剩余工程计划　　B. 确定缺陷责任及维修费用

C. 检查已完工程　　D. 督促承包人按合同规定完成交工资料

E. 按程序签发《缺陷责任终止证书》

(8)监理工程师收到承包人递交的交工申请时,应确认工程满足(　　)的条件。

A. 承包人书面申请　B. 工程确实完成　C. 工程检验合格

D. 现场清理完毕　E. 交工资料齐备

(9)[2005 年考题]竣工验收时,有关各方提交的工作报告应包括(　　)。

A. 设计工作报告　　B. 监理工作报告

C. 生产安全报告　　D. 项目执行报告

E. 质量监督工作报告及工程质量鉴定　　F. 环境保护情况报告

(10)交工证书的类型有(　　)。

A. 合同工程的交工证书

B. 部分工程的交工证书

C. 剩余工程的交工证书

D. 临时工程和辅助工程的交工证书

(11)符合下列(　　)条件时,应及时向承包人签发全部工程的交工证书。

A. 合同范围内的全部工程已基本完成

B. 监理工程师收到承包人的交工申请报告

C. 经全面检查认为符合合同文件要求

D. 工程缺陷已经消除

(12)工程交工现场检查的内容有(　　)。

A. 交工工程的外观质量

B. 外形尺寸

C. 各类构造物及工程范围内所有现场清理情况

D. 详细记录检查中发现的工程缺陷

(13)缺陷责任期最终检查的内容包括以下(　　)方面。

A. 剩余工程及缺陷工程的完成情况　　B. 整个工程的使用情况

C. 工程财务的结算情况　　D. 合同纠纷的处理情况

(14)在工程交工检查小组和缺陷责任期工作检查小组中,关于承包人的定位是(　　)。

A. 正式成员　　B. 列席参加　　C. 特别顾问

D. 参加评审　　E. 提供服务　　F. 不介入

(15)缺陷责任终止证书的签字人包括(　　)。

A. 质监站代表　　B. 业主代表　　C. 监理工程师代表　　D. 承包人代表

3. 判断题

(1)对于有一个以上交工日期的工程,缺陷责任期应从最后一个交工日期起算。(　　)

(2)签发《工程缺陷责任终止证书》前,根据承包人申请,按照合同的有关规定对全部工程付款。(　　)

(3)缺陷责任期长度都是一年。(　　)

(4)颁发缺陷责任证书后,承包人和业主之间的任何义务将失去效力。(　　)

(5)[2005 年考题]在工程缺陷责任期,如果发现已交工程的任何工程缺陷或工程质量不合格,若施工单位没有执行监理工程师的修复指示,建设单位有权安排修补缺陷,监理工程师应确定费用,并在支付承包人的款项中扣除。(　　)

(6)工程的任何主要部分已完成,能够独立交付使用,就可向承包人签发部分工程交工证书。(　　)

(7)无论检查小组是否同意签发工程交工证书,均应提交一份交工检查报告。(　　)

(8)交工证书和缺陷责任终止证书都要由业主、监理工程师、承包人三方的代表签字。(　　)

(9)工程质量缺陷的修复费用应由承包人承担。(　　)

(10)缺陷责任期一般为一年,起算日期以工程完成时的日期为准。(　　)

参考答案

1. 单选题

(1)C　(2)D　(3)C　(4)D　(5)B　(6)D　(7)A

2. 多选题

(1)AC　(2)ABCDE　(3)ABCDE　(4)ABDE　(5)CDEF

(6)ABC　(7)ABCDE　(8)CD　(9)BCDE　(10)AB

(11)ABC　(12)ABCD　(13)AB　(14)BE　(15)BCD

3. 判断题

(1)×　(2)×　(3)×　(4)×　(5)√　(6)√　(7)√　(8)√　(9)√　(10)×

第十二部分　工地会议与组织协调

> **了解**：12.0.1　组织协调的概念、主要手段和主要内容；
> 　　　12.0.2　工地会议的类型及各自的目的。
> **熟悉**：12.0.3　各种工地会议的目的、组织和内容；
> 　　　12.0.4　监理交底会的目的、组织和内容。

一、工地会议与组织协调的知识要点

1. 了解组织协调的概念、主要手段和主要内容

1)组织协调的概念

组织协调即通过一定措施和方法，使事物内部及事物之间和谐、协调，是指客观事物诸多方面的配合，亦指自然界多样性中的统一。

2)组织协调的主要手段：联系、沟通、调解、协商、会议。

3)组织协调的主要内容

(1)监理工程师组织协调业主、承包人等各关系方对技术、规范等质量标准的统一认识，使之符合设计文件要求。

(2)监理工程师组织协调各方统一计量支付的方法和原则，使其按合同规定进行各期工程计量、工程款支付。

(3)组织协调各方的进度安排，保证按期完工。

(4)对工程施工安全、环境保护措施等予以高度重视，协调工程施工各方保质保量，安全施工，文明施工，保护环境。

(5)组织协调、落实施工活动按计划进行。对发现的施工质量问题及时纠正，对其重大问题只是提出而不进行讨论，另行召开专门会议或在工地会议上进行研究处理。

(6)监理工程师就施工进度和施工质量予以充分关注，对不符合合同文件要求的工程质量、进度计划问题及时指示承包人采取纠偏措施，保证工程按计划顺利完成。

【例题】

(1)项目监理机构与建设单位、设计单位、施工单位，以及政府有关部门、社会团体、工程比邻单位之间的协调属于(D)协调。

A. 系统内部之间的　　　　B. 系统与近外层
C. 系统与远外层　　　　　D. 系统与外部环境之间的

(2)在工程目标控制中，相对而言，组织协调对(A)的作用最为突出且最为直接。

A. 进度控制　　B. 投资控制　　C. 质量控制　　D. 风险控制

2. 了解工地会议的意义、作用及类型

工地会议是监理工程师用于协调各方关系，解决施工中出现的各种问题的一种组织协调形式。

通过工地会议,为工程施工全过程的监理工作提供了大量的反馈信息,是监理工程师对工程项目进行全面管理的一种重要方法,也是合同管理中普遍使用的一种手段。

工地会议旨在检查、督促合同各方对合同的执行情况,协调各方关系,促进工程项目顺利进行。

工地会议的类型:第一次工地会议,工地例会(月例会)、专题工地会议。

【例题】

(1)工地会议的类型有(BCD)。

A. 听证会　B. 第一次工地会议　C. 工地例会

D. 专题工地会议　E. 动员表彰会

(2)业主代表一般不参加的会议形式是(C)。

A. 第一次工地会议　B. 工地例会

C. 监理交底会　D. 专题工地会议

(3)工地会议可以根据会议召开时间、内容及参加人员的不同,分为(ACD)。

A. 第一次工地会议　B. 预备会议

C. 工地例会　D. 专题工地会议

3. 熟悉各种工地会议的目的、组织和内容

1)各种会议的目的

(1)第一次工地会议的目的,在于监理**工程师对工程开工前的各项准备工作**进行全面的检查,确保工程实施**有一个良好的开端**。

(2)工地例会的目的,在于监理工程师对工程实施过程的进度、质量、费用、安全、环保的执行情况进行全面检查,为正确决策提供依据,确保工程顺利进行。

(3)专题工地会议的目的,在于监理工程师对施工期间出现的有关质量、安全、环保、费用、进度及合同管理等方面的重点、难点和需协调的问题与各方进行研讨,提出解决方案,使监理工作和施工活动更加有效地进行。

2)工地会议的组织和内容

(1)第一次工地会议的组织和内容

时间:工程正式开工之前。

参加人员:主持人应是总监理工程师;建设单位、施工单位法人代表或授权代表必须出席。三方在项目中担任主要职务的人员和分包单位的负责人因参加;邀请质量监督部门参加。

召开的范围:合同段。

会议内容:

①各方应介绍各方的人员、组织机构、职责范围及联系方式。建设单位应宣布对监理工程师的授权;总监理工程师应宣布对驻地监理工程师授权;施工单位应书面提交对工地代表(项目经理)的授权书。

②施工单位应陈述开工的各项准备情况;监理工程师应就施工准备以及安全、环保等予以评述。

③建设单位应就工程占地、临时用地、临时道路、拆迁、工程支付担保情况以及其他与开工条件有关的内容及事项进行说明。

④监理单位应就监理工作准备情况以及有关事项作出说明。

⑤监理工程师应就主要监理程序、质量和安全事故报告程序、报表格式、函件往来程序、工地例会等进行说明。

⑥总监理工程师应进行会议小结,明确施工准备工作还存在的主要问题及解决措施。

(2)工地例会的组织和内容

时间：每月定期召开一次。

参加人员：主持人是总监理工程师或驻地监理工程师；

召开的范围：合同段。

会议内容：会议应检查上次会议一定事项的落实情况，并就工程质量、安全、环保、费用、进度及合同其他事项等进行讨论，提出解决问题的措施并确定下一步工作的具体安排和要求。

(3)专题工地会议的组织和内容

时间：不定期举行，依据专题的需要举行。

参加人员：主持人是监理工程师。

召开的范围：合同段。

会议内容：会议对施工期的工程质量、安全、环保、费用、进度及合同管理等方面的重点、难点和需要协调的问题进行研讨，并提出明确的解决方案和落实措施。

【例题】

(1)(B)是监理工程师对工程实施过程中的进度、质量、费用、安全、环保等方面的情况进行全面检查，为正确决策提供依据，使施工和监理活动密切配合而召开的会议。

A. 第一次工地会议　B. 工地例会　C. 专题工地会议　D. 监理交底会

(2)第一次工地会议和施工阶段常规工地会议由(D)主持。

A. 业主　B. 承包商

C. 监理工程师和业主　D. 监理工程师

(3)工地会议的主持人是(B)。

A. 业主　B. 监理工程师　C. 承包商　D. 上级主管领导

(4)下列各项不属于第一次工地会议内容的是(C)。

A. 介绍人员和组织机构　B. 开工的各项准备情况说明

C. 审议工程延期　D. 监理工作准备情况的说明

(5)专题工地会议由(C) 主持。

A. 总监理工程师　B. 高级驻地监理工程师

C. 专业监理工程师　D. 监理员

(6)第一次工地会议的内容包括(ABDF)。

A. 介绍人员及组织机构

B. 承包人介绍施工准备

C. 业主说明委托监理的范围和内容

D. 监理单位说明监理工作准备情况及监理程序

E. 监理单位说明监理计划和监理细则的主要内容

F. 总监理工程师进行会议小结

(7)第一次工地会议由总监理工程师主持，(BC)的法定代表人或授权代表参加。

A. 监理单位　B. 业主单位　C. 承包人单位

D. 设计单位　E. 质量监督站

(8)第一次工地会议的目的，在于监理工程师对开工前承包人的各项准备工作进行全面的检查。 (×)

(9)第一次工地会议应在工程正式开工前召开，由建设单位现场负责人主持。 (×)

(10)如果各种条件具备,第一次工地会议召开的时间越早越好。 (√)

(11)正式的工地会议都是由监理工程师主持的,业主、监理单位、承包人三方均应出席。 (√)

4. 熟悉监理交底会的目的、组织和内容

1)监理交底会的目的

为了做好事前控制,让承包人明确监理程序,合同工程开工前,总监理工程师应主持召开由承包人项目经理、技术负责人及相关人员、监理单位主要的监理人员参加的交底会,介绍监理计划的有关内容。

2)监理交底会的组织

在开工前单独举行;也可在第一次工地会议一起举行。

3)监理交底会的内容

(1)业主委托监理的范围和内容;

(2)监理工作的依据:法律法规,规章,规范,标准,设计文件,合同等;

(3)项目监理组织机构情况;

(4)监理计划和监理细则的主要内容;

(5)监理工作制度。

【例题】

(1)为了做好事前控制,让承包人明确监理程序,合同工程开工前,总监理工程师应组织承包人项目经理、技术负责人及监理单位主要人员参加的是(D),介绍监理计划的有关内容。

A. 第一次工地会议　　B. 工地例会

C. 专题工地会议　　D. 监理交底会

(2)监理交底会的内容主要包括(ACDE)。

A. 业主委托监理的范围和内容　　B. 业主说明开工条件

C. 监理的工作依据　　D. 项目监理组织机构情况

E. 监理计划、细则的主要内容

(3)监理交底会议的内容包括(ABDEF)。

A. 业主委托监理的范围和内容　　B. 监理工作地依据

C. 施工技术交底　　D. 项目监理组织机构情况

E. 监理计划、监理细则主要内容　　F. 监理工作制度

二、重点复习题及参考答案

1. 单选题

(1)下列哪一条不属于第一次工地会议内容(　　)。

A. 介绍人员及组织机构　　B. 审议施工进度计划

C. 明确施工监理例行程序　　D. 审议工程分包

(2)第一次工地会议,必须在(　　)举行。

A. 合同签订后　　B. 监理进场前

C. 工程开工前　　D. 工程开工后

2. 多选题

(1)工地会议的类型(　　)。

A. 听证会　　B. 第一次工地会议　　C. 工地例会

D. 专题工地会议　　E. 动员表彰会

(2)第一次工地会议的参加者包括(　　)。

A. 业主

B. 承包人

C. 监理工程师

D. 项目部担任主要职务的部门负责人

E. 一般分包人

3. 判断题

(1)第一次工地会议是监理工程师检查承包人的施工准备情况的一次会议。(　　)

(2)工地会议由建设单位主持。(　　)

参考答案

1. 单选题

(1)D　(2)C

2. 多选题

(1)BCD　(2)ABCD

3. 判断题

(1)×　(2)×

第十三部分　监理文件和资料

了解：13.0.1　监理文件与资料的内容；
13.0.2　监理文件与资料的分类；
13.0.3　监理文件与资料的管理要求。
熟悉：13.0.4　工程监理月报的内容；
13.0.5　《监理工作报告》的内容（以《公路工程竣（交）工验收办法》附件5的内容为准）；
13.0.6　巡视记录、旁站记录、监理日志等监理记录表格（《监理规范》附录B）的内容及填写要求。

一、监理文件和资料的知识点

1.了解监理文件与资料的分类和内容

1）监理管理文件与资料
（1）监理方案（也叫监理大纲）：投标时编写。
（2）监理计划：按照项目编写。
（3）监理细则：由项目监理机构（总监办）的专业监理工程师编写。
（4）监理人员的岗位职责：总监、驻地、专业、监理员的岗位职责。
2）质量监理文件与资料
（1）质量监理措施、规定及来往文件和信函。
（2）材料试验、检测资料。
（3）监理抽检资料。
（4）交工验收工程质量评定资料。
3）进度监理文件与资料
（1）进度计划审批、检查、调整的有关文件。
（2）工程开工/复工令。
（3）工程暂停令。
4）费用监理文件与资料
（1）支付文件。
（2）工程变更文件。
（3）工程竣工决算审核意见书。
5）施工安全和环境保护监理文件
（1）安全管理的规章制度、安全措施。
（2）安全会议记录、安全检查结果。
（3）安全事故的有关文件。

(4)施工环境保护的规划。

(5)施工环境保护的措施。

(6)施工环境保护的检查。

6)合同管理文件与资料

(1)承包人的保险手续的有关文件。

(2)延期索赔申请。

(3)分包资质资料。

(4)批准延期时间和索赔费用文件。

(5)价格调整申请及批准文件。

7)工程监理月报:见13.0.4

8)监理工作报告:见13.0.5

9)其他监理文件与资料

监理日记、工作指令、变更令、工地会议纪要、试验抽检原始记录、各种台账。

【例题】

(1)监理大纲、监理规划和监理实施细则之间互相关联,下列表述中正确的是(D)。

A. 监理大纲和监理规划都应依据签订的委托监理合同内容编写

B. 监理单位开展监理工作均须编制监理大纲、监理规划和监理实施细则

C. 监理规划和监理实施细则均须经监理单位技术负责人签认

D. 建设工程监理工作文件包括监理大纲、监理规划和监理实施细则

(2)监理单位在接受业主委托并签订监理合同后,针对所要监理的工程项目编制的指导开展监理工作的纲领性文件是(C)。

A. 监理方案　　B. 监理大纲　　C. 监理计划　　D. 监理细则

(3)质量监理文件与资料包括(ABCE)。

A. 质量监理措施　　B. 试验检测资料　　C. 监理抽检资料

D. 监理细则　　E. 交工验收工程质量评定资料

2. 熟悉工程监理月报的主要内容

即驻地监理向总监和业主提交报告的主要内容(11点简化为6点)。

监理工程师每月应向建设单位和上级监理机构报送工程监理月报。月报的内容包括:①本月工程概述;②本月工程形象进度;③工程进度、质量、安全、环保、费用及合同其他事项;④合同执行情况;⑤存在的问题;⑥本月监理工作小结。

【例题】

(1)监理月报的内容有(ABC)。

A. 工程概述

B. 工程质量、进度、安全、环保、支付合同管理的其他事项;合同执行情况

C. 对本月监理工作进行小结

D. 费用分析

(2)监理月报是监理工程师将本月工程进展情况、存在的问题向业主及上级监理机构报告的形式。　(√)

3. 熟悉《监理工作报告》的内容(以交竣工办法附件5为准)

1)交竣工办法的内容

(1)监理工作概况:合同段监理组织形式、管理结构、人员投入情况。

(2)工程质量管理。

质量管理措施;施工过程中质量检查情况汇总;质量问题和事故处理情况总结;工程质量评定情况。

(3)计量支付、工程进度和合同管理情况。

(4)设计变更情况。

(5)交工验收中存在问题及处理情况。

(6)对设计单位、施工单位和建设单位评价。

(7)监理工作体会。

2)监理概论的监理工作报告内容

①工程基本情况;②监理机构及工作起止时间;③投入的监理人员、设备和设施;④关于工程质量、安全、环保、费用、进度监理及合同管理执行情况;⑤分项、分部、单位工程质量评估;⑥工程费用分析;⑦工程建设中存在问题的处理意见和建议;⑧工程照片(有必要时)。

【例题】

在《公路工程施工监理规范》(JTG G10—2006)中,规定工程结束时,监理工程师应提交的监理工作报告的内容一般为(ABDE)等。

A. 工程基本情况

B. 关于工程质量、安全、环保、费用、进度监理及合同管理执行情况

C. 对业主和承包人的评价

D. 工程质量评估及费用分析

E. 存在的问题与处理意见

4. 了解监理文件与资料的管理要求

1)档案的分类

(1)行政档案

各方的来往信函、书面协议、申请批复、会议纪要、请示报告和批复、监理月报。

(2)财务(支付)档案

延期和索赔申请、计日工计划申请和批复、价格调整申请和批准指数、额外或紧急工程费用计算、设计变更批准的费用计算、各类支付证书、保险单及支付收据、其他的费用支付证明、工程进度月报。

(3)技术档案:开工及停工令、现场指令、检查记录、试验记录。

2)监理文件与资料的管理

建立监理文件与资料系统、完整地反映监理的全过程。监理机构要建立健全监理文件与资料管理制度,通过计算机系统化进行管理。监理工程师应建立材料、试验、测量、计量支付、变更、安全、环保等台账。对资料要及时整理,分类有序,系统完整,妥善存放保管。

3)监理文件与资料的归档

监理文件与资料的归档保存应严格按照:"保存原件为主、复印件为辅和按照一定顺序归档"的原则。监理文件按10大类27个归档,文件的分类如下:

(1)监理管理文件:监理计划、监理细则(业主长期,监理短期,送档案管理部门保存)。

(2)监理月报中的质量问题:业主长期,监理长期,送档案管理部门保存。

(3)监理会议纪要中的质量问题:业主长期,监理长期,送档案管理部门保存。

(4)进度控制:工程开工/复工申请表、审批表、暂停令(业主长期,监理长期,送档案管理部门保存)。

(5)质量控制:不合格项目通知、质量事故报告及处理意见(业主长期,监理长期,送档案管理部门保存)。

(6)造价控制:预付款报审与支付、月付款报审与支付(业主短期),设计变更、洽商费用报审与签认(业主长期),竣工决算审核意见书(业主长期,送档)。

(7)分包资质:分包单位资质材料、供货单位资质材料、试验单位资质材料(业主长期)。

(8)监理通知:有关进度、质量、造价控制的监理通知(业主长期,监理长期)。

(9)合同与其他事项管理:延期报告及审批、合同争议、违约报告及处理意见(业主永久,监理长期,送档案管理部门保存),费用索赔报告及审批(业主、监理长期),合同变更材料(业主长期,监理长期,送档案管理部门保存)。

(10)监理总结:专题总结、月报总结(业主长期,监理短期),工程竣工总结、质量评估报告(业主长期,监理长期,送档案管理部门保存)。

【例题】

(1)对施工单位工程文件的形成、积累、立卷归档工作进行监督、检查是(C)的职责。

A. 建设单位和施工单位　　B. 监理单位和施工单位

C. 建设单位和监理单位　　D. 当地档案管理部门

(2)费用监理文件与资料包括(BC)。

A. 施工单位办理保险的有关文件　　B. 各类工程支付文件

C. 工程变更有关费用审核工作　　D. 延期和索赔的批准文件

E. 工程竣工决算审核意见书

(3)监理文件应根据规范的要求,由(ACE)进行长期或短期保存。

A. 业主　　B. 监理工程师　　C. 监理单位

D. 质监站　　E. 城建档案管理部门

(4)不列入归档的监理文件与资料也应分类整理,与工程直接相关的文件资料,竣工后移交建设单位保管。 (√)

(5)一个同样的施工行为,监理日记和施工日记必须记载有相同的结论。 (×)

(6)与工程直接相关的文件资料,竣工后移交建设单位保管,不列入归档的监理文件由监理单位自行处理。 (×)

5. 熟悉"巡视记录"、"旁站记录""监理日记"等监理记录的表格(《监理规范》附录B)内容及填写要求

(1)《监理规范》附录B有3张表格:巡视记录、旁站记录、监理日记;根据表项含义填写。

(2)监理记录形式和内容:

①监理记录(8点):各类用表的记录和隐蔽工程的记录照片;分项开工批复单;承包人周计划;监理日记(志);检验申请批复;工作指令;工程变更令;工地会议纪要。

②原始记录(4点):巡视记录、旁站记录、试验抽检原始记录、各类台账。

【例题】

监理日志的内容有(ABCD)。

A. 材料、设备、人员的变化情况

B. 施工工序质量、进度情况

C. 发现问题的处理情况

D. 天气、温度对工序质量的影响和采取措施与否

二、重点复习题及参考答案

1. 单选题

(1)(　　)不是监理月报的内容。

A. 工程描述　　B. 监理收发函件

C. 工程质量、进度、支付状况　　D. 监理工作执行情况

(2)《公路工程施工监理规范》明确的监理技术档案不包括(　　)。

A. 现场指令　　B. 监理日报

C. 检查记录　　D. 试验记录

2. 多选题

(1)监理人员的记录应(　　)。

A. 及时交监理组保管　　B. 及时整理

C. 及时交承包人签字　　D. 监理人员自行保管即使调离

(2)监理管理资料系统，主要有(　　)。

A. 监理月报　　B. 内部报告　　C. 特别报告

D. 最后综合报告　　E. 监理周报

(3)质量记录主要包括(　　)。

A. 试验记录　　B. 样品记录　　C. 测量记录

D. 验收记录　　E. 工地会议记录

3. 论述题

(1)简述记录主要包括哪几项？其重要性是什么？应该怎样保管？

(2)缺陷责任期监理的主要工作是什么？简述内容。

参考答案

1. 单选题

(1)B　(2)B

2. 多选题

(1)AB　(2)ABCD　(3)ABCD

3. 论述题

(1)答：质量记录主要包括：试验记录，样品记录，测量记录、验收记录。

重要性：①是工序开工、停工、返工、验收的依据；

②是计量支付的证明；

③是工程交工的依据和证明；

④是缺陷修补的重要参考；

⑤是处理合同纠纷的证明；

⑥是监理工作的具体体现。

质量记录应编号分类归档保存。

(2)**答**:①检查承包人剩余工程计划,并及时要求调整;

②检查已完工程,并对交接时存在的缺陷和签发交工证书之后发生的工程缺陷进行记录,并指示承包人修复;

③确定缺陷责任及修复费用,对非承包人引起的缺陷作出修复费用评估,向业主签发费用追加证明;

④督促承包人按合同规定完成交工资料,并根据剩余工程配备监理人员,完成缺陷责任期监理工作。

第十四部分　公路机电工程监理的特殊要求

了解：14.0.1　检验进场的计算机平台软件；

14.0.2　机电工程部分设备、材料的厂验；

14.0.3　应用软件开发监理；

14.0.4　系统检验测试；

14.0.5　试运行阶段监理。

1. 了解检验进场的计算机平台软件（《监理规范》9.2.1）

进场的计算机平台软件应具有软件拷贝、说明书和最终用户的授权文件。

2. 了解机电工程部分设备、材料的厂验（《监理规范》9.2.2）

对于施工现场不具备检测条件或无法进行现场检测的设备和材料，监理工程师应到生产厂厂家监督检测，监督检测的频率不得低于15%，但设备数量少于等于3台件时宜逐台检测。

3. 了解应用软件开发监理（《监理规范》9.2.3）

监理机构应审批施工单位提交的机电工程应用软件的需求分析、概要设计、详细设计和测试大纲。应用软件必须经测试合格后，方可进行安装。

4. 了解系统检验测试（《监理规范》9.2.16）

施工单位按测试大纲完成自测并提交自测报告后，可由监理工程师主持现场系统检验测试。受条件限制无法进行的单机测试项目，可使用厂验检测数据。监理工程师应对系统测试的各项指标是否合格做出结论。

5. 了解试运行阶段监理（《监理规范》9.3）

1）检查遗留问题的整改

监理工程师应检查、督促施工单位按照完工验收提出的问题和意见进行整改落实。

2）检查系统试运行情况

监理工程师应巡视系统得试运行情况，并做好巡视纪录。应重点检查试运行人员的值班记录、系统工作情况。对发现的问题应要求施工单位及时回应、整改。

3）核查专用工具、备品、备件

监理工程师应检查施工单位提供的专用工具、备品、备件的质量和数量是否符合合同约定。

4）审查交工申请与合同工程的质量评定

监理工程师应检查施工单位提交的交工申请，对具备交工验收条件的应及时进行合同工程的质量评定。

第十五部分　施工监理招标投标

了解:15.0.1　施工监理招标与招标单位应具备的条件； 15.0.2　施工监理招标方式,进行邀请招标的项目应符合的条件； 15.0.3　监理招标文件应包括的主要内容； 15.0.4　投标单位的条件； 15.0.5　联合体形式投标应符合的要求； 15.0.6　建设工程施工监理服务收费的计费方式； 15.0.7　评标结果与评标报告。 **熟悉**:15.0.8　施工监理招标的程序； 15.0.9　资格审查的方式和方法； 15.0.10　监理投标竞争的原则； 15.0.11　监理财务建议书的构成； 15.0.12　投标书作为废标处理的情况； 15.0.13　监理评标的三种主要评标方法。 **掌握**:15.0.14　监理投标文件的组成和投标注意事项； 15.0.15　监理技术建议书的编制内容。

注:通过合同管理课程的招标投标内容帮助记忆和理解。

1. 了解施工监理招标与招标单位应具备的条件

1)施工监理招标

施工监理招标是指招标人(即业主)将拟委托服务工作的内容、范围、要求等有关条件作为标底,公开或非公开地邀请投标人报出完成服务的技术方案和财务方案,从而择优选定监理单位的过程。择优以管理水平、技术水平、社会信誉为首要条件。

工程项目应具备以下条件才可进行施工监理招标

(1)初步设计文件应当履行审批手续的,已经批准；

(2)建设资金已经落实；

(3)项目法人或者承担项目管理的机构已经依法成立。

2)招标单位应具备的条件(区别项目应具备的条件)

(1)必须是项目法人或者其他组织；

(2)具有与招标项目相适应的工程管理、造价管理、财务管理能力；

(3)具有组织编制施工监理招标和标底的能力

(4)具有对投标人进行资格审查和组织评标的能力

【例题】

选定监理单位,择优的首要条件有(ADE)。

A. 技术水平　　　　B. 标价高低　　　　C. 人员组成

D. 社会信誉　　　　　　　　E. 管理水平

2. 了解施工监理招标方式，进行邀请招标的项目应符合的条件

(1)施工监理招标方式:公开招标、邀请招标(不少于3家)

(2)进行邀请招标的项目应符合的条件

①技术复杂或者有特殊要求的；

②符合条件的潜在投标人数量有限的；

③受自然地域环境限制的；

④公开招标的费用与工程监理费用相比，所占比例过大的；

⑤法律、法规规定不宜公开招标的。

【例题】

(1)在采用邀请招标方式选择公路工程监理单位时，邀请的监理投标单位最少不得少于(A)家。

A. 3　　　　B. 4　　　　C. 5　　　　D. 8

(2)公路工程施工监理招标可采取下列方式(AB)。

A. 公开招标　　B. 邀请招标　　C. 议标

D. 直接委托　　E. 谈判招标

(3)监理招标的宗旨是对监理单位(A)的选择。

A. 能力　　　　B. 人员　　　　C. 设备　　　　D. 报价

(4)公路建设项目除涉及国家安全、国家机密、抢险救灾或利用扶贫资金实行以工代赈、民工建勤、民办公助的项目不适宜招标外，达到(ABCD)的，必须进行招标。

A. 建设项目总投资额在3000万元人民币以上的

B. 工程单项合同估算价在200万元人民币以上的

C. 重要设备、材料等货物的采购，单项合同估算价在100万元人民币以上的

D. 勘察、设计、监理等服务的采购，单项合同估算价在50万元人民币以上的

E. 勘察、设计、监理等服务的采购，单项合同估算价在80万元人民币以上的

(5)政府行政主管部门对招标投标的管理包括(BDE)等工作。

A. 批准招标　　　　　　　　B. 查处假招标行为

C. 指定招标代理机构　　　　D. 核查招标文件并备案

E. 追查招标人在中标委员会推荐的中标人名单之外确定中标人的行为

(6)技术复杂或者有特殊要求的公路工程项目，经有审批权的部门批准后，可采用(B)选择监理单位。

A. 公开招标　　B. 邀请招标　　C. 议标　　D. 直接委托

(7)公路工程建设单位选择监理单位的方式有(ABC)。

A. 公开招标　　B. 邀请招标　　C. 直接委托

D. 定向议标　　E. 直接指定

(8)工作量大、时间长、费用大是(B)的缺点。

A. 直接委托　　B. 公开招标　　C. 邀请招标　　D. 议标

(9)择优选择公路工程监理单位的通常方式有(AB)。

A. 公开招标　　B. 邀请招标　　C. 直接委托

D. 议标　　　　E. 联营体招标

3. 熟悉施工监理招标程序：项目法人主持招标工作

(1)招标人确定招标方式。采用邀请招标的，应当履行审批手续。

(2)招标人编制招标文件，并按照项目管理权限报县级以上地方交通主管部门备案；采用资格预审方式的，同时编制投标资格预审文件，预审文件中应当载明提交资格预审申请文件的时间和地点。

(3)发布招标公告。采用资格预审方式的，同时发售投标资格预审文件；采用邀请招标的，招标人直接发出投标邀请，发售招标文件。

(4)采用资格预审方式的，对潜在投标人进行资格审查，并将资格预审结果通知所有参加资格预审的潜在投标人，向通过资格预审的潜在投标人发出投标邀请书和发售招标文件。

(5)必要时组织投标人考察招标项目工程现场，召开标前会议。

(6)接受投标人的投标文件。

(7)公开开标。

(8)采用资格后审方式的，招标人对投标人进行资格审查。

(9)组建评标委员会评标，推荐中标候选人。

(10)确定中标人，将评标报告和评标结果按照项目管理权限报县级以上地方交通主管部门备案并公示。

(11)招标人发出中标通知书。

(12)招标人与中标人签订公路工程施工监理合同。

【例题】

(1)在监理招、投标过程中，当投标人少于(B)时，招标人应当重新招标。

A. 2 个　　B. 3 个　　C. 4 个　　D. 5 个

(2)招标人和投标人应当自中标通知书发出之日起(D)日内，按照招标文件和中标人的投标文件订立书面合同。

A. 7　　B. 15　　C. 20　　D. 30[不是 28]

(3)工程项目的实施，一般应先选择监理单位，后选择承包人。(√)

(4)公路工程项目的实施，一般应先进行施工招标，后进行监理招标。(×)

4. 了解监理招标文件应包括的主要内容

(1)投标邀请书；

(2)投标须知(包括工程概况和必要的工程设计图纸，提交投标文件的起止时间、地点和方式，开标的时间和地点等)；

(3)资格审查要求及资格审查文件格式(适用于采用资格后审方式的)；

(4)公路工程施工监理合同条款；

(5)招标项目适用的标准、规范、规程；

(6)对投标监理企业的业务能力、资质等级及交通和办公设施的要求；

(7)根据招标对象是总监理机构还是驻地监理机构，提出对投标人投入现场的监理人员、监理设备的最低要求；

(8)是否接受联合体投标；

(9)各级监理机构的职责分工；

(10)投标文件格式，包括商务文件格式、技术建议书格式、财务建议书格式等；

(11)评标标准和办法。评标标准应当考虑投标人的业绩或者处罚记录等诚信因素，评标办法应当注重人员素质和技术方案。

5. 资格审查的方式和方法

1)资格审查的方式

资格预审，资格后审

2)资格审查的方法

资格审查方法分为强制性条件审查法和综合评分审查法。

(1)强制性条件审查法是指招标人只对投标人或者潜在投标人的资格条件是否满足招标文件规定的投标资格、信誉要求等强制性条件进行审查，并得出“通过”或者“不通过”的审查结论，不对投标人或潜在投标人的资格条件进行具体量化评分的资格审查方法。

(2)综合评分审查法是指在投标人或者潜在投标人的资格条件满足招标文件规定的最低资格、信誉要求的基础上，招标人对投标人或者潜在投标人的施工监理能力、管理能力、履约情况和施工监理经验等进行量化评分并按照分值进行筛选的资格审查方法。

【例题】

(1)资格预审程序哪个正确(C)。

A. 投标单位提交资格预审申请，购买资格预审文件

B. 准备资格预审文件，发布参加资格预审通告，邀请投标单位参加资格预审

C. 招标单位进行资格评审，写出资格评审报告，业主在此基础上确定投标单位名单

D. 招标单位填写和提交资格预审有关材料

(2)公路工程施工监理招标中应对拟投标的监理单位进行资格审查，资格审查方法包括(BC)。

A. 商务文件审查法　　B. 强制性条件审查法

C. 综合评分审查法　　D. 文件资料审查法

(3)监理招标资格评审工作包括以下几个方面(BE)。

A. 符合性检查　　B. 强制性资格条件评审　　C. 推荐中标候选人

D. 澄清与核实　　E. 资格评分

6. 熟悉投标书作为废标处理的情况

投标文件有以下条件之一的，应当作废标处理：

(1)投标文件未按照要求的方式密封；

(2)投标文件未加盖本单位公章或未经法定代表人或其授权代理人签字；

(3)投标文件未按照招标文件规定的格式、内容和要求填写；

(4)投标文件字潦草、模糊、无法辨认；

(5)投标人在一份投标文件中，对同一个监理项目报有两个或多个报价；

(6)投标人对同一招标项目递交了两份或多份内容不同的投标文件，而又未申明哪份有效。

(7)投标人未能按照招标文件要求提供投标担保或者所提供的担保有瑕疵；

(8)技术建议书副本中未出现投标人的名称和其他可识别投标人身份的文字、符号、标识等(适用于采用技术建议书无标识方式招标的)；

(9)联合体投标未附联合体共同投标协议书；

(10)投标文件明显不符合技术标准、技术规范的要求；

(11)投标文件附有招标人不能接受的条件。

(12)不符合招标文件中规定的其他实质性要求和条件。

【例题】

(1)监理中标人(D)。

A. 可以向他人转让中标项目

B. 可以将中标项目分解后向他人转让

C. 可以将中标项目全部分包给他人

D. 必须自行完成中标项目

(2)简述废标应注意的几种情况(列出其中 3 种情况),并注意细微偏差的区别。

答:①投标文件未按招标文件要求的方式密封和打印页码属废标;如果漏一页页码可以属于细微偏差。

②投标人未能按照招标文件要求提供投标担保或者所提供的担保有瑕疵属废标;保证金少于规定金额或份数一定废标;如果多交了金额和份数则是细微偏差。

③不符合招标文件中规定的其他实质性要求和条件,如,工程工期、投标期限、执照等属废标;报价漏项和算术计算错误属于细微偏差。

7. 熟悉监理投标竞争的原则

公路工程施工监理投标,应在投标人自愿的前提下,坚持公开、公平、公正、诚信的原则,以管理水平、技术水平、社会信誉展开竞争。

【例题】

(1)公路工程施工监理投标应坚持(ABCD)的原则。

A. 公开　　B. 公平　　C. 公正

D. 诚信　　E. 守法

(2)业主择优选择监理单位以(ACD)展开竞争。

A. 管理水平　　B. 设备状况　　C. 技术水平

D. 社会信誉　　E. 财务状况

(3)投标竞争既要以技术方面为主,又取决于经济方面。　　(×)

8. 了解投标单位的条件

(1)交通部或省级交通主管部门核发的监理资质等级证书;

(2)工商营业执照并取得法人资格;

(3)监理单位应具备的专业能力。

9. 了解联合体形式投标应符合的要求

(1)联合体成员可以两个以上监理企业组成。联合体各方均当具备承担招标项目的显影能力和招标文件规定的资格条件;

(2)由同一专业的监理企业组成的联合体,按照资质等级较低的企业确定资质等级;

(3)联合体各方应当签订共同投标协议,约定各方拟承担的工作和责任,并将共同投标协议连同投标文件一并提交招标人;

(4)联合体各方应当签订共同投标协议,只能以一个投标人身份投标,不得针对同一标段再以各自名义单独投标或者参加其他联合体投标;

(5)联合体各方必须指定牵头人,授权其代表所有联合体成员负责投标和合同实施阶段的组织、协调工作,并应当向招标人提交由所有联合体成员法定代表人签署的授权书;

(6)联合体投标的，应当以联合体各方或者联合体中牵头人的名义提交投标保证金。以联合体中牵头人的名义提交投标保证金，对联合体各成员具有约束力。

【例题】

当监理企业以联合体方式投标的，由同一专业的监理单位组成的联合体，则联合体的资质等级按照（ B ）来确定。

A. 资质等级较高的企业　　B. 资质等级较低的企业

C. 任意一个监理资质等级　　D. 平均资质等级

10. 掌握监理投标文件的组成和投标注意事项

1)投标文件组成

(1)投标书；

(2)法人代表身份证明，授权书、公证书(如果有)；

(3)商务文件；

(4)技术建议书(8点)：概况、范围、机构与人员、程序、监理大纲(监理方案)与措施、监理工作重点与难点分析、建议；

(5)财务建议书：递交函、说明、报价表(共4张附D表)；

(6)联合体共同投标协议书(如果有)；

(7)投标保证金或者银行保函；

(8)招标文件要求提交的其他资料；

2)投标注意事项

(1)资格预审合格并购买到招标文件的投标者，应当按时参加招标单位主持召开的投标预备会(即标前会)及勘察现场。按照招标文件的要求编制投标文件，在招标文件规定日期内按要求的份数和密封方式将投标文件送交招标单位。

(2)投标文件应当按照招标文件的要求密封。投标文件及任何说明函件应当经投标人盖章，并经法定代表人或者其授权代理人签字。

(3)投标文件送交招标人后，在投标截止如前，投标人如需修改投标文件内容或调整已报的报价，应以正式函件提出并附说明。上述函件采用与投标文件相同的密封方式投递，与投标文件具有同等的法律效力。任何函件包括投标文件，在投标截止日期后送达，将不被接受。

(4)招标人要求投标人提交投标担保的，投标人应当按照要求的金额和形式提交。投标保证金一般不得超过5万元人民币，其交付方式及清退办法由招标人在招标文件中规定。投标保证金有效期应当超过投标有效期30天。

(5)投标者不得串通作弊，不得对招标单位行贿，违者丧失投标资格，将无权请求返还投标担保函或投标保证金。

【例题】

(1)对监理单位参加施工监理投标结果产生影响的最主要因素是（ C ）。

A. 费用建议书　　B. 监理单位和业主的关系

C. 技术建议书　　D. 监理单位的经济实力

(2)施工监理招标过程中，技术评价起决定性因素的是（ D ）。

A. 监理单位的经验

B. 监理技术方案

C. 被提名担任该项目工程监理负责人的资格

D. 被提名担任该项目工程监理任务人员的资格和能力

(3)《公路工程施工监理合同范本》包括以下(ABDE)部分。

A. 合同协议书

B. 合同通用条件

C. 监理职务的形式范围内容

D. 合同专用条件

E. 监理服务的费用与支付

(4)监理投标文件的核心内容是(BC)。

A. 商务文件　　B. 技术建议书　　C. 财务建议书

D. 法人代表授权书　　E. 单位资质证明文件

(5)监理投标者不得串通作弊,不得对招标单位行贿,违者丧失投标资格,并将返还投标保证金。(×)

(6)简述监理投标文件的组成部分有哪些?其中最重要的部分是什么?

答:监理投标文件的组成有:

①投标书;　⑤技术建议书;

②法人代表授权书;　⑥财务建议书;

③联合体协议书(如有);　⑦投标保证金或银行保函;

④商务报表;　⑧其他资料。

其中最重要的部分是技术建议书。

11. 掌握监理技术建议书的编制内容

监理技术建议书又称监理技术方案。主要有以下编制内容:

1)技术建议书的功能

表明与监理项目有关的经验和能力,以及对工作范围提出的任务的理解。

2)技术建议书应主要描述

(1)监理组织机构;

(2)人员组成,尤其总监(驻地)和专业监理工程师的资力如何;

(3)具体承担哪些监理工作;

(4)具体监理工作的方法措施;

(5)向承包人提出哪些资料要求和向业主提供哪些监理报告。

3)技术建议书的主要内容(18点,简化为12点)

(1)工程概况;

(2)监理工作的指导思想和监理目标;

(3)监理工作范围;

(4)现场监理机构设置和人员安排;

(5)自备的监理仪器和设备;

(6)监理工作程序;

(7)费用监理、进度监理、质量监理、安全和环保监理、合同及其他事务管理、组织协调缺陷责任期监理工作任务方法(7~12简化为1点);

(8)本工程监理工作的重点与难点分析:根据招标文件及现场考察,对本项目监理工作需要给予重视的问题逐一论述并给出解决难点的对策与方法;

(9)监理报告(含报表)目录及主要监理报表格式;

(10)招标书要求的其他资料;

(11)其他建议:为了更好地完成本项目的监理工作,监理单位可根据以往经验,对本项目监理工作提出建议;

(12)联合体的情况(如果有)。

12. 熟悉财务建议书的构成

监理单位应根据监理业务的范围、要求的深度和工程规模、难易程度及工作条件,并结合招标文件的要求编制财务建议书,即计算与其技术建议书中所承诺工作相对应的各种监理所需费用。财务建议书的组成(即监理费用的组成)一般有:正常服务费和附加服务费两大类。

※正常服务费有:

(1)派驻的监理人员费用(俗称人头费);

(2)现场费用;

(3)不可预见费;

(4)公司取费(管理费等);

(5)设施与物品使用费和维修费。

※附加服务费:

在合同规定正常服务之外增加的监理服务费用,有些附加服务费的计算方法双方可在合同中商定。

【例题】

(1)对监理单位的技术评价,通常有以下三方面的内容(ABD)。

A. 经验如何　　B. 技术方案适宜感

C. 在工程所在地的经历和语言掌握情况　　D. 被提名人员的资格和能力

(2)构成施工监理服务费的项目包括(BDE)。

A. 各项投入　　B. 监理人员服务费　　C. 设备设施维护使用费

D. 税金　　E. 合理利润

(3)监理财务建议书费用的构成是(AD)。

A. 正常服务费　　B. 现场取费

C. 不可预见费　　D. 附加服务的费用

(4)构成施工监理服务费的项目包括(BDE)。

A. 各项投入　　B. 监理人员服务费

C. 设备设施维护使用费　　D. 税金

E. 合理利润

13. 了解建设工程施工监理服务收费的计费方式

(1)按时计算法。

(2)工资加一定比例的其他费用计算法。

(3)按工程建设成本百分比计算法(也称费率法)。

(4)监理成本加固定费用计算法。

(5)固定价格计算法。

【例题】

(1)(D)监理费用计算方法适用于小型或中型规模的工程项目。

A. 按时计算法　　　　　　　　　　　　B. 费率法

C. 监理成本加固定费用计算法　　　　　　D. 固定价格计算法

(2)招标过程中需要对现场进行考察，以了解现场情况。现场考察组织工作由(A)。

A. 招标人承担，费用由投标人承担

B. 投标人承担，费用由招标人承担

C. 招标人承担，费用由招标人承担

D. 投标人承担，费用由投标人承担

14. 熟悉监理评标的三种主要评标方法

评标可以使用固定标价评分法、技术评分合理标价法、综合评标法以及法律、法规允许的其他评标方法。

(1)固定标价评分法，是指由招标人按照价格管理规定确定监理招标标段的公开标价，对投标人的商务文件和技术建议书进行评分，并按照得分由高至低排序，确定得分最高者为中标候选人的方法。

(2)技术评分合理标价法，是指对投标人的商务文件和技术建议书进行评分，并按照得分由高至低排序，确定得分前二名中的投标价较低者为中标候选人的方法。

(3)综合评标法，是指对投标人的商务文件和技术建议书、财务建议书进行评分、排序，确定得分最高者为中标候选人的方法。其中财务建议书的评分权值应当不超过10%。

【例题】

(1)不是我国公路工程监理评标常用方法的是(D)。

A. 固定标价评分法　　　　　　　　　　B. 技术评分合理标价法

C. 综合评标法　　　　　　　　　　　　D. 最低标价中标法

(2)公路工程施工监理评标的主要方法有(ABCF)。

A. 固定标价评分法　　　　　　　　　　B. 技术评分合理标价法

C. 综合评标法　　　　　　　　　　　　D. 最低标价中标法

E. 双信封评标法　　　　　　　　　　　F. 法律、法规允许的其他评标方法

(3)公路工程施工监理招投标时，如采用固定标价评分法评标时，监理单位投标文件(评标部分)由(D)组成。

A. 技术建议书　　　　　　　　　　　　B. 技术建议书、财务建议书

C. 商务文件、财务建议书　　　　　　　D. 商务文件、技术建议书

(4)监理评标采用综合评标法时，其中财务建议书的评分权值应当不超过(A)。

A. 10%　　　　B. 20%　　　　C. 30%　　　　D. 40%

(5)有关施工监理评标的选项中，错误的是(D)。

A. 监理评标分为技术评标和财务评标

B. 监理评标先技术评标，后财务评标

C. 采用综合评标法时，财务建议书的评分权值应当不超过10%

D. 工程任务越复杂，工程越重要，监理方案越难比较，费用对监理单位选择的影响越大

(6)在施工监理技术性评标过程中，占权重最大的部分是(A)。

A. 监理工程师水平和能力　　　　　　　B. 监理设施和设备

C. 监理程序和措施的适应性　　　　　　D. 监理单位以往业绩及信誉

(7)施工监理招标过程中，监理费用在评标过程中应起多大作用主要取决于(BCE)。

A. 工程规模大小

B. 监理单位对工程质量的影响程度

C. 工程复杂性

D. 工期

E. 监理方案的可比性

(8)工程任务越复杂，工程越重要，监理方案越难比较，费用对选择监理单位的影响就越小。 (√)

(9)监理评标时，如采用综合评标法，其财务建议书的评分权值应当不超过20%。 (×)

15. 了解评标结果与评标报告

1)评标结果

由评标委员会负责进行评标，排出顺序，推荐中标候选人名单，完成评标报告。招标人确定最后的中标单位。招标人确定中标人后，应当及时向中标人发出中标通知书，并同时将中标结果告知所有的投标人，并按照分级管理原则将评标报告及评标结果报上级交通主管部门备案。质量监督机构应对评标工作进行全过程监督。

招标人和中标人应当自中标通知书发出之日起30日内订立书面合同。招标人和中标人均不得提出招标文件和投标文件之外的任何其他条件。

招标文件中要求中标人提交履约担保的，中标人应当按要求的金额、时间和形式提交。以保证金形式提交的，金额一般不得超过合同价的5%。

招标人应当在与中标人签订合同后的5个工作日内，向中标人和未中标的投标人退还投标保证金。

2)评标报告应当包括以下内容

(1)评标委员会的成员名单；

(2)开标记录情况；

(3)符合要求的投标人情况；

(4)评标采用的标准、评标办法；

(5)投标人排序；

(6)推荐的中标候选人；

(7)需要说明的其他事项。

【例题】

(1)监理单位的选择方式包括(BD)。

A. 由政府进行招投标来择优选择

B. 由建设单位进行招投标来择优选择

C. 由质检站直接委托

D. 由建设单位直接委托

(2)各种等级的监理单位所能承担的工程类型正确的有(A、E)。

A. 甲级可以监理高速公路　　B. 乙级可以监理一级公路

C. 丙级可以监理二级公路　　D. 丁级可以监理三级公路

E. 甲级可以监理各级公路

(3)世界银行在进行监理评标采用参考费用的综合评价时，需考虑(BCEF)几方面的问题。

A. 工程监理任务的危险性　　B. 工程监理对工程最终质量的影响

C. 应邀提出监理技术方案的可比性　　D. 工程监理单位的名气

E. 工程监理任务的复杂性　　F. 监理报价

(4)公路、桥隧甲组监理单位的监理业绩是承担过(A)项以上一类的公路桥隧工程的施工监理。

A. 2　　B. 3　　C. 4　　D. 5

(5)总监理工程师或高级驻地监理工程师应当具有从事路桥建设(C)年以上的经历，具有路桥专业或土木工程专业高级技术职称，持有监理工程师证书，从事监理工作满(C)年以上。

A. 10　5　　B. 15　5　　C. 10　2　　D. 15　2

(6)以下桥梁工程属于一类监理等级的有(ACD)。

A. 3×30＋90＋200＋90＋2×30　　B. 16×50

C. 20×50　　D. 2×40＋180＋360＋180

(7)总监理工程师是指同时具备(ABC)条件的人。

A. 高级专业技术职称　　B. 2 年以上监理经历

C. 10 年以上专业经历　　D. 中级以上技术职称

(8)下列各类单位中，合法从事监理业务活动的是(CE)。

A. 具有法人资格的工程咨询单位　　B. 具有法人资格的工程设计单位

C. 具有法人资格工程监理单位　　D. 质量监理站

E. 具有法人资格，取得监理资质证书的科研单位

(9)国际咨询工程师联合会(FIDIC)所规定的道德行为准则除了“社会和职业责任”之外，还包括以下几方面要求(BCD)。

A. 独立性　　B. 能力　　C. 正直性

D. 公正性　　E. 对他人的公正

(10)根据项目法人责任制在实施工程建设监理的工程项目中业主应当负责完成(BCD)工作。

A. 组织编写工程招标文件、投标资格预审、开标、评标

B. 选择确定设计、施工单位

C. 确定工程项目投资、进度、质量总目标

D. 筹集项目所需资金 E 实施目标控制

(11)《公路工程施工监理合同范本》包括以下(ABDEF)部分。

A. 合同协议书　　B. 合同通用条件

C. 监理职务的形式范围内容　　D. 合同专用条件

E. 业主提供的监理工作条件　　F. 监理服务的费用与支付

(12)我国《公路工程施工监理合同范本》由(ABEF)组成。

A. 合同协议书　　B. 合同通用条款

C. 合同所列的技术标准　　D. 合同所定的监理职责及业主授权

E. 合同专用条款　　F. 附件

(13)公路工程施工监理合同协议书附件由以下内容(ABD)组成。

A. 监理服务形式、范围、内容　　　　B. 业主提供的监理工作条件

C. 监理人员的数量、结构　　　　　D. 监理费与支付

(14)在考虑费用的监理评标中，工程越复杂，越重要，则费用在评标中占有的权重应越大。(×)

(15)《公路工程施工监理招标评标办法》规定：国内项目工程监理投标价高于概算定额建安工程费的 1.4%，其投标无效。(×)

(16)工程监理单位可以委托其他单位或个人以本单位的名义承担工程监理业务。(×)

(17)在监理工程中，由于监理的过失而造成了损失，监理单位应赔偿整个损失。(×)

附录1　复习题及参考答案

1.简述作为合格的监理工程师应具备哪些条件？

答:(1)有一个完整的知识结构，掌握工程技术，经济，管理和法律等方面的知识；

(2)有丰富的工程实践的经验；

(3)有较强的组织协调能力；

(4)有良好的职业道德；

(5)对于世行贷款项目与涉外工程，还应具有专业外语知识和涉外工作经验。

2.什么叫做施工监理？简述其任务和性质？

答:公路工程监理在施工阶段进行称为施工监理。

任务:五大目标监控，二大管理，以及协调工作；

性质:服务性，委托性和公正性，科学性。

3.工程监理的独立性和公正性体现在哪些方面？二者的关系如何？

答:独立性表现在:组织关系独立，经济关系独立和业务关系独立。

公正性表现在;监理是处于公正，独立的第三者，因此它必须要公正的来协调各方关系与处理各种合同事宜，以保护合同双方的合法利益。

两者关系:独立性是公正性的前提条件，要做到公正，必须首先要保持独立性。

4.为了保证工程质量，监理工程师在监理中应当坚持做到哪几个不准？

答:质量监理中应坚持以下几个不准:

(1)人力材料、机械设备准备不足不准开工；

(2)未经检查认可的材料不准使用；

(3)施工工艺未经批准，施工中不准采用；

(4)前道工序未经验收，后道工序不准进行。

5.针对自检体系的建立，监理工程师该做哪些工作？

答:(1)检查配备的自检人员的质量与数量是否合格与足够；

(2)检查仪器设备的质量是否良好，数量、备件是否足够，类型与品种是否与工程特点相适应。

(3)帮助承包人自检体系建立规范化，标准化的工作方法与工作制度。

(4)在工程实施过程中要定期的不断的检查自检系统各方面的情况，以满足工程项目自检的要求。

6.在施工准备阶段，监理工程师应做哪些工作？

答:在正式开工前应熟悉合同文件的内容，了解现场用地占有权和使用权的解决情况，核查设计图纸，复核定线数据，制定监理程序，审查承包人的工程总进度计划，现金流动估算，临时用地计划，审查承包人自检系统，落实承包人的材料来源等。

7.如何理解社会监理的公正性？

答:在实施监理的过程中，监理单位是处于工程承包合同签约双方，即建设单位和施工单位之间的独立一方，依法行使签订的监理委托合同所确认的职权，承担相应的职业道德责任和法律责任。而不是以建设单位的名义，即不是作为建设单位的"代表"行使职权，否则它在法律上变成了从属于建设单位一方，而失去了自身的独立地位，从而也就失去了调解建设单位和工程承包单位利益纠纷的合法资格。当然，监理也不得参与承包单位工程造价承包的盈利分配，否则，它又变成了承包单位经营的合作者，丧失了自己的独立地位。

8.工程合理延期(非承包人原因的延误)是否均能获得监理工程师批准的延期(延长工期)？为什么？

答：不一定要批准延期。因为，工序的延误不一定造成工程总工期的增加；即使造成工程总工期增加还需判断承包人是否按照延期的申请程序提交了延期意向书，如果没遵照程序监理工程师可以不批准延期。

9.为什么要编制监理技术方案(技术建议书)？它有哪些作用？

答：监理技术方案是针对某一具体工程项目的监理工作而编制的。用来全面、详细的规划监理工作，作为工程监理的具体指导思想的体现，为正确监控三大目标服务的。

作用：

(1)它是指导监理全过程的重要文件，使监理工作规范化、标准化、防止随意性。

(2)它反映了监理工作中"五控制、两管理"的工作流程。

(3)它是监理投标文件与监理合同的组成部分。

10.工地会议有哪三种形式？各种形式会议要达到的目的是什么？

答：第一次工地会议的目的，在于监理工程师对工程开工前的各项准备工作进行全面的检查，确保工程实施有一个良好的开端；

工地例会的目的，在于监理工程师对工程实施过程中的进度、费用、质量的执行情况进行全面检查，为正确决策提供依据，确保工程顺利进行。

专题工地会的目的，在于监理工程师对日常或经常性的施工活动进行检查、协调和落实，使监理工作和施工活动密切配合。

11.世行监理评标办法中，对监理单位的技术建议书，通常依据哪些内容进行评价？

答：依据下列三方面内容进行评价：

(1)在工程监理任务所涉及的领域中，该监理工程师(单位)的一般经验如何；

(2)所提出的监理技术方案是否适宜，监理技术方案中提出的工程监理方法、措施是否能满足建设单位对监理工程(单位)的要求。

(3)被提名承担该工程监理任务人员的资格和能力。

12.监理单位违反《建设工程安全生产管理条例》的规定的法律责任？

答：违反本条例的规定，工程监理单位有下列行为之一的，责令限期改正；逾期未改正的，责令停业整顿，并处10万元以上30万元以下的罚款；情节严重的，降低资质等级，直至吊销资质证书；造成重大安全事故，构成犯罪的，对直接责任人员，依照刑法有关规定追究刑事责任；造成损失的，依法承担赔偿责任：

(1)未对施工组织设计中的安全技术措施或者专项施工方案进行审查的；

(2)发现安全事故隐患未及时要求施工单位整改或者暂时停止施工的；

(3)施工单位拒不整改或者不停止施工，未及时向有关主管部门报告的；

(4)未依照法律、法规和工程建设强制性标准实施监理的。

13.施工图设计文件审查的主要内容包括哪些？

答:(1)是否采纳工程可行性研究报告、初步设计批复意见;

(2)是否符合公路工程强制性标准、有关技术规范和规程要求;

(3)施工图设计文件是否齐全,是否达到规定的技术深度要求;

(4)工程结构设计是否符合安全和稳定性要求。

14.公路工程质量保证体系?

答:公路工程实行政府监督、法人管理、社会监理、企业自检的质量保证体系。

交通主管部门及其所属的质量监督机构对工程质量负监督责任;

项目法人对工程质量负管理责任;

勘察设计单位对勘察设计质量负责;

施工单位对施工质量负责;

监理单位对工程质量负现场管理责任;

试验检测单位对试验检测结果负责;

其他从业单位和从业人员按照有关规定对其产品或者服务质量负相应责任。

15.公路工程竣(交)工验收的依据?

答:(1)批准的工程可行性研究报告;

(2)批准的工程初步设计、施工图设计及变更设计文件;

(3)批准的招标文件及合同文本;

(4)行政主管部门的有关批复、批示文件;

(5)交通部颁布的公路工程技术标准、规范、规程及国家有关部门的相关规定。

16.公路工程(合同段)进行交工验收应具备的条件?

答:(1)合同约定的各项内容已完成;

(2)施工单位按交通部制定的《公路工程质量检验评定标准》及相关规定的要求对工程质量自检合格;

(3)监理工程师对工程质量的评定合格;

(4)质量监督机构按交通部规定的公路工程质量鉴定办法对工程质量进行检测(必要时可委托有相应资质的检测机构承担检测任务),并出具检测意见;

(5)竣工文件已按交通部规定的内容编制完成;

(6)施工单位、监理单位已完成本合同段的工作总结。

17.公路工程进行竣工验收应具备的条件?

答:(1)通车试运营2年后;

(2)交工验收提出的工程质量缺陷等遗留问题已处理完毕,并经项目法人验收合格;

(3)工程决算已按交通部规定的办法编制完成,竣工决算已经审计,并经交通主管部门或其授权单位认定;

(4)竣工文件已按交通部规定的内容完成;

(5)对需进行档案、环保等单项验收的项目,已经有关部门验收合格;

(6)各参建单位已按交通部规定的内容完成各自的工作报告;

(7)质量监督机构已按交通部规定的公路工程质量鉴定办法对工程质量检测鉴定合格,并形成工程质量鉴定报告。

18.公路工程监理业务分级标准?

答：

分级	一类	二类	三类
1.公路工程	高速公路	高速公路路基工程及一级公路	一级公路路基工程及二级以下各级公路
2.桥梁工程	特大桥	大桥、中桥	小桥、涵洞
3.隧道工程	特长隧道、长隧道	中隧道	短隧道

19.公路工程质量事故的分类及其分级标准?

答:公路工程质量事故分质量问题、一般质量事故及重大质量事故三类。

(1)质量问题:质量较差、造成直接经济损失(包括修复费用)在20万元以下。

(2)一船质量事故:质量低劣或达不到合格标准,需加固补强,直接经济损失(包括修复费用)在20万元至300万元之间的事故。一般质量事故分三个等级:

①一级一般质量事故:直接经济损失在150万~300万元之间。

②二级一般质量事故:直接经济损失在50万~150万元之间。

③三级一般质量事故;直接经济损失在20万~50万元之间。

(3)重大质量事故:由于责任过失造成工程倒塌、报废和造成人身伤亡或者重大经济损失的事故。重大质量事故分为三个等级:

①具备下列条件之一者为一级重大质量事故:死亡30人以上;直接经济损失1000万元以上;特大型桥梁主体结构垮塌。

②具备下列条件之一者为二级重大质量事故:死亡10人以上,29人以下;直接经济损失500万元以上,不满1000万元;大型桥梁主体结构垮塌。

③具备下列条件之一者为三级重大质量事故:死亡1人以上,9人以下;直接经济损失300万元以上,不满500万元;中小型桥梁主体结构垮塌。

20.简述工程计量工作的必要性。

答:(1)只有通过准确的计量工作才能获得准确的实际工程量。

(2)计量是监理工程师控制工程质量与进度的重要手段,确保监理工作的顺利开展。

(3)在单价合同中,计量是支付的基础,是确保业主与承包人双方实现公平交易的关键。

21.为什么说计量和支付是监理工程师的重要控制手段?

答:监理工程师在工程监理中,制约承包人施工行为有三个基本手段或三个环节,即质量监理中的质量否决权,计量过程中的计量权以及工程费用的审核与签认权,只有通过了质量监理环节的合格工程量才能被计量,也只有质量合格的工程才能被监理签认其价值,因此,计量和支付是制约承包人严格遵守合同,准确地按设计图纸进行施工的两个手段。

附录 2 模拟试题一及参考答案

一、单选题 (每题 1 分,共 10 分)

1. 在铺筑热拌沥青混合料面层试验路段之前(　　)天,承包人应安装好与本项工程有关的全部试验仪器和设备,配备足够数量的熟练试验技术人员,报监理工程师审查批准。

A. 7　　B. 14　　C. 28　　D. 56

2. 路面基层摊铺时混合料的含水率宜高于最佳含水率(　　),以补偿摊铺及碾压过程中的水分损失。

A. 0.5%～1.0%　　B. 1.0%～1.5%

C. 1.5%～2.0%　　D. 2.0%～2.5%

3. 在进行现场压实质量的评定时,施工单位的自检人员的检测频率为 2000m^2 检验(　　)点。

A. 2　　B. 4　　C. 6　　D. 8

4. 盖板涵及箱涵台背填土必须在支撑梁(或涵底铺砌)及盖板安装且砂浆强度达到(　　)以后方可进行。

A. 70%　　B. 80%　　C. 90%　　D. 100%

5. 工期、质量、费用三者的关系为(　　)。

A. $T=T_A,Q>Q_A,C<C_A$　　B. $T>T_A,Q<Q_A,C>C_A$

C. $T>T_A,Q>Q_A,C>C_A$　　D. $T<T_A,Q>Q_A,C>C_A$

6. 承包人开挖基坑的范围超过了合同技术规范规定的超挖上限,虽然没有变更令,监理工程师(　　)。

A. 可以根据实际情况对超挖部分予以计量

B. 对超过上限部分不予计量

C. 与承包人协商处理

7. 某灌注桩清孔后沉积层仍超过厚度,二次清孔后,孔深增加,浇筑后的实际桩长比设计桩长增 1.3m。承包人要求对增加的混凝土量给予计量。监理工程师认为(　　)。

A. 不予计量　　B. 对承载力有好处,不予计量

C. 计量所增混凝土量的一半

8. 工程量清单上路基清表工程量是按平均 20cm 厚度估算的,开工后,承包人提出对于超过 20cm 厚度的清表工作应予计量,以保证清表质量,监理工程师认定(　　)。

A. 不予计量　　B. 为确保工程质量可予计量

C. 安排承包人与业主协商解决

9. 承包人连续 3 个月的期中支付额均达到了合同规定的进度付款额,但其中运行现场的材料和设备(用于永久工程的)按比例支付的款额占了每次的期中付款的一半以上,监理工程

师认为(　　)。

A. 只要阶段付款符合合同要求,监理工程师就没有失职

B. 应该采取措施,促进永久工程的形象

C. 合同中规定的期中支付款额是进度的反映

10. A 工序的 $EF_A=20$ 天表示(　　)。

A. A 工作最早可以在第 20 天结束时结束

B. A 工作最迟可以在第 20 天结束时结束

C. A 工作的自由时差为 20 天

D. A 工作的总时差为 20 天

二、多选题 (每题 1 分,共 40 分)

1. 质量监理的依据是(　　)。

A. 合同条件　　B. 合同图纸

C. 技术规范　　D. 质量标准

2. 现场监理机构有(　　)种类型。

A. 一级监理机构　　B. 二级监理机构

C. 三级监理机构　　D. 总监理工程师办公室

E. 高级驻地监理办公室　　F. 项目监理部

3. 质量控制中比较常用而有效的统计方法有(　　)。

A. 频数分布直方图法　　B. 排列图法

C. 因果分析图法　　D. 控制图法

E. 分层法　　F. 相关图法

G. 统计调查分析法

4. 影响压实效果的主要因素有(　　)。

A. 含水率　　B. 土类

C. 压实功能　　D. 压实土层厚度

5. 公路工程环保监理的依据(　　)。

A. 项目的环境影响评价报告书　　B. 项目的环境行动计划

C. 国家有关资源环境保护法规　　D. 国家有关文物保护法规

E. 国家有关环境质量保护法规　　F. 地方有关环境质量保护法规

6. 环保监理主要有以下(　　)主要环节。

A. 施工期环境保护措施报告表　　B. 施工期环保措施实施情况的核查

C. 施工现场环境监测　　D. 施工工艺监测

7. 基层施工前,监理工程师应检查的内容有(　　)。

A. 施工机械设备

B. 混合料拌和场的位置、拌和设备以及运输车辆能否满足质量要求及连续施工的要求

C. 路用原材料

D. 混合料配合比设计试验报告

E. 试验路段施工与总结报告

8. 基层(底基层)混合料的试验项目有(　　)。
A. 重型击实试验　　B. 承载比　　C. 抗压强度
D. 耐久性　　E. 筛分试验
9. 沥青混合料组成设计的目标(　　)。
A. 高温稳定性　　B. 低温抗裂性　　C. 耐久性
D. 抗滑性　　E. 抗疲劳性　　F. 针入度
10. 缺陷责任期监理的工作内容(　　)。
A. 检查承包人剩余工程计划　　B. 检查已完工程
C. 确定缺陷责任及维修费用　　D. 督促承包人按合同规定完成交工资料
E. 按程序签发《缺陷责任终止证书》
11. 随机抽样的方法有(　　)。
A. 单纯随机抽样　　B. 系统抽样
C. 分层抽样　　D. 间隔定量法
12. 对路面的基本要求有(　　)。
A. 强度和刚度　　B. 稳定性　　C. 耐久性
D. 表面性能　　E. 平整度　　F. 抗滑性
13. 基层结构的稳定性,包括(　　)。
A. 水温稳定性　　B. 高温稳定性
C. 温度稳定性　　D. 低温抗裂性
14. 桥梁的基本组成有(　　)。
A. 桥跨结构　　B. 桥墩和桥台　　C. 支座　　D. 桥面
15. 桥梁明挖基础的分类有(　　)。
A. 刚性扩大基础　　B. 单独或联合基础
C. 条形基础　　D. 片筏和箱形基础
16. 隧道分项工程划分为(　　)。
A. 洞口工程　　B. 洞身工程
C. 防水与排水工程　　D. 附属设施工程
17. 应注意临时设施(　　)的环保要求。
A. 供水　　B. 生活污水　　C. 垃圾处理
D. 控制扬尘　　E. 噪声控制
18. 监理工程师收到承包人递交的交工申请时,应确认工程满足(　　)。
A. 承包人书面申请　　B. 工程确实完成
C. 工程检验合格　　D. 现场清理完毕
E. 交工资料齐备
19. 混凝土路面施工时,监理工程师应注意(　　)等接缝的处理。
A. 横向施工缝　　B. 横向缩缝　　C. 横向胀缝
D. 纵向缩缝　　E. 纵向施工缝
20. 从路面力学特性出发,一般把路面分为(　　)结构类型。
A. 沥青路面　　B. 柔性路面
C. 混凝土路面　　D. 刚性路面

21. 组织设计的原则有（　　）。

A. 目的性原则　　B. 有效管理跨度原则

C. 集权与分权相结合原则　　D. 责、权、力、效、利相匹配的原则

22. 工程监理的主要内容有（　　）。

A. 工程质量监理　B. 工程进度监理　C. 工程费用监理

D. 合同管理　E. 信息管理

23. 公路工程施工质量监理的主要方法有（　　）。

A. 旁站　B. 测量　C. 试验

D. 指令文件　E. 抽查　F. 工序控制

24. FIDIC 费用管理的特点有（　　）。

A. 承包人申请、使用　　B. 监理工程师签认

C. 业主支付　　D. 通过银行付款

25. 经济分析的基本方法有（　　）。

A. 现值法　B. 年值法　C. 内部收益率

D. 投资回收期法　E. 经验分析法

26. 现场经费包括（　　）。

A. 施工技术装备费　　B. 临时设施费

C. 施工机构迁移费　　D. 现场管理费

27. 工程计量的依据有（　　）。

A. 质量合格证书　　B. 工程量清单前言和技术规范

C. 设计图纸　　D. 工作指令

28. 施工组织的基本方法有（　　）。

A. 顺序作业法　　B. 平行作业法

C. 流水作业法　　D. 立体交叉法

29. 流水作业参数有（　　）。

A. 空间参数　B. 工艺参数　C. 时间参数　D. 分段参数

30. 进度监理的基本方法有（　　）。

A. 横道图法　B. S 曲线法　C. 斜条图法

D. 网络计划图法　E. 计划评审法

31. 公路施工过程的组织原则为（　　）。

A. 连续性　B. 均衡性　C. 协调性　D. 经济性

32. 搭接网络计划的基本时距有（　　）。

A. EF　B. STS　C. FTS　D. ES

E. FTF　F. STF　G. LF　H. LS

33. 网络计划优化内容包括（　　）。

A. 时间优化　　B. 时间—费用优化

C. 资源优化　　D. 施工管理组织优化

34. 网络计划按工序持续时间的表示方法分为（　　）。

A. 关键型网络计划　　B. 非关键型网络计划

C. 肯定型网络计划　　D. 非肯定型网络计划

35. 用网络图进度计划下达执行的方式一般有(　　)。

A. 新横道图　　　　　　　　B. 新斜条图

C. 新进度管理曲线图　　　　D. 时标网络图

36. 实际进度前锋点的标定方法有(　　)。

A. 按已完成的实际工程量来标定　B. 按已计量支付的工程量来标定

C. 按尚需时间来标定　　　　　　D. 按已用去的时间来标定

37. 网络计划资源优化的目标有(　　)。

A. 资源有限使工期最短　　　B. 资源有限使质量最好

C. 工期最短资源使用最少　　D. 工期规定使资源均衡

38. 监理系统含(　　)。

A. 监理主体　　B. 监理对象　　C. 目标

D. 调节功能　　E. 信息反馈

39. 按支付的内容分,工程费用支付可分为(　　)。

A. 清单支付　　　　　　　　B. 合同支付

C. 动员(开工)预付款支付　　D. 材料设备预付款支付

40. 价格调整的方法有(　　)。

A. 基价指数法　B. 物价指数法　C. 票证法　　D. 公式法

三、判断题 (每题 1 分,共 10 分)

1. 混凝土路面施工过程中,如果试件的试验结果表明 28 天混凝土强度达不到规定强度时,监理工程师就可认为承包人该段混凝土施工质量不合格。　(　　)

2. 在桥墩、支柱或桥台混凝土未达到图纸规定强度或设计等级时,在经监理工程师许可后,可架设预制构件。　(　　)

3. 进度管理曲线指出了施工管理过程中的偏差,它呈 S 曲线形。　(　　)

4. 工序的总时差是指在不影响任何一项紧前工作的最迟必须开始时间的条件下,工作所拥有的最大机动时间。　(　　)

5. FIDIC 通用条款第 46 条规定,承包人加快工程进度以及夜间或公认的休息日加班,必须取得监理工程师的同意,由此引起的附加费用由业主负担。　(　　)

6. 判断下图是否正确。　(　　)

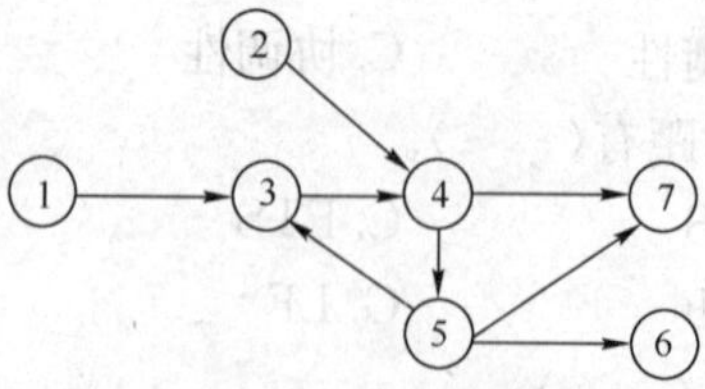

7. 如果承包人在延期事件发生后规定时间内未提交延期申请,则监理工程师可以不作出任何延期的决定。　(　　)

8. 编制工程量清单时采用的计算方法将继续用于实际工程计量。　(　　)

9. 工程单价就是基础单价。　(　　)

10. 延迟付款利息是对业主支付的一种约束。　(　　)

四、综合问答题 (每题 15 分，共 30 分)

1.某高速公路施工中，工地试验室对某路段路基施工压实度抽样检测结果如下：96.57、95.38、96.52、93.54、94.58、96.10、97.21、95.62、95.77、95.94。

1)试求此组数据下列的统计特征量：(1)算求平均值；(2)中位数；(3)极差；(4)标准差；(5)变异系数。

2)质量控制按什么样的程序进行？

2.计算下图工作时间参数，总时差，自由时差，确定总工期(天)和关键线路。并简要说明监理工程师审核承包人工程进度计划时应注意哪些事项？

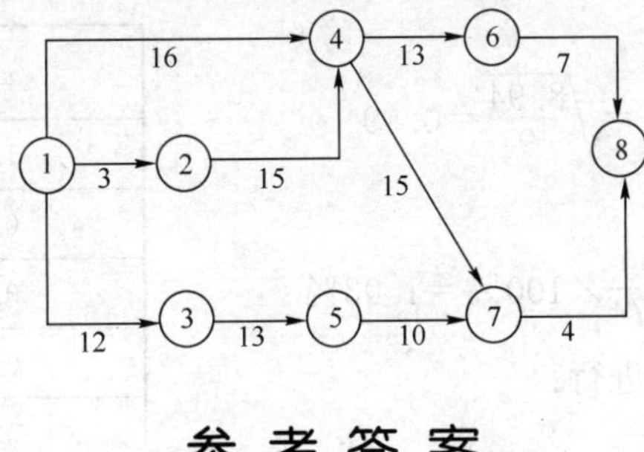

参考答案

一、单选题

1.C　2.A　3.D　4.A　5.C　6.B　7.A　8.A　9.B　10.A

二、多选题

1.ABCD　2.ABC　3.ABCDEFG　4.ABCD　5.ABCDEF
6.ABC　7.ABCDE　8.ABCD　9.ABCDE　10.ABCDE
11.ABC　12.ABCD　13.AC　14.ABC　15.ABCD
16.ABCD　17.ABCDE　18.ABCDE　19.ABCDE　20.BD
21.ABCD　22.ABCDE　23.ABCDEF　24.ABC　25.ABCD
26.BD　27.ABC　28.ABC　29.ABC　30.ABCD
31.ABCD　32.BCEF　33.ABC　34.CD　35.AD
36.AC　37.AD　38.ABCDE　39.AB　40.CD

三、判断题

1.×　2.×　3.×　4.×　5.×　6.×　7.√　8.√　9.×　10.√

四、综合问答题

1.解：

1)整理数据，按大小顺序排列：

97.21、96.57、96.52、96.10、95.94、95.77、95.62、95.38、94.58、93.54

①算术平均值

$x=(97.32+96.57+96.52+96.10+95.94+95.77+95.62+95.38+94.58+93.54)/10=95.74$

②中位数$\overline{f_B}$

$$\overline{f_B}=\frac{1}{2}(x_{\frac{n}{2}}+x_{\frac{n}{2}+1})=\frac{95.94+95.77}{2}=95.86$$

③极差 R

由上列数据可知，$R=97.32-93.54=3.78$

④标准差 S

$$S=\sqrt{\frac{\sum_{x=1}^{10}(x-\bar{x})^2}{n-1}}=\sqrt{\frac{8.94}{9}}=0.99$$

$x-\bar{x}$	$(x-\bar{x})^2$
1.58	2.50
0.83	0.68
0.78	0.61
0.36	0.13
0.20	0.04
0.03	0.00
−0.12	0.01
−0.36	0.13
−2.2	4.84
	∑8.94

⑤变异系数 C

$$c=\frac{s}{x}\times100\%=\frac{0.99}{95.74}\times100\%=1.03\%$$

2)质量控制按如下程序进行：

①开工报告；

②工序自检报告；

③工序检查认可；

④中间交工报告；

⑤中间交工证书；

⑥中间计量。

2. **解**：

1)关键线路为下图双箭线所示。

2)应注意以下事项

①工期和施工时间安排：总工期与合同工期相符；施工顺序符合工艺要求，易受气候、季节影响的工作应避免安排在不适宜的时间内施工；承包人的计划与业主提供土地使用权的时间或其他分包人的计划时间是否协调。

②调查承包人实现总进度计划的能力：施工是否安排过紧，机械设备进场准备情况，计划中关键线路的合理性，与施工有关的准备工作。

附录3　模拟试题二及参考答案

一、单选题（下列各题中，只有一个备选项最符合题意，请将该备选项的代号填入括号中，选错或不选不得分，每题1分，共10分）

1. 如果某项工作拖延的时间超过其局部时差但没有超过总时差，则（　　）。
A. 其紧后工作不能按最早时间开工　　B. 会影响工程总工期
C. 该项工作会变成关键工作　　D. 对后续工作工期及总工期无影响

2.（　　）是一项由业主提供给承包人用作开工费用的无息贷款。
A. 暂定金　　B. 动员（开工）预付款
C. 保留金　　D. 计日工

3. 承包人开挖基坑的范围超过了合同技术规范规定的超挖上限，虽然没有变更令，监理工程师（　　）。
A. 可以根据实际情况对超挖部分予以计量基础
B. 对超过上限部分不予计量
C. 承包人协商处理

4. 在公路工程监理过程中，承包人应当按照（　　）的规定接受监理。
A. 施工合同文件　　B. 公路工程监理合同
C. 监理单位给被监理单位的书面通知　　D. 项目法人给被监理单位的书面通知

5. 工序检查时，前道工序未（　　），后道工序不得进行。
A. 实施　　B. 完成　　C. 经检查认可　　D. 计量支付

6. 能够反映施工工序在施工中的机动时间的进度计划图是（　　）。
A. 横道图　　B. 斜道图　　C. S形曲线　　D. 网络图

7. 下列说法正确的是（　　）。
A. 费用支付是需要进行工程计量的最关键手段
B. 费用支付是需要进行工程计量的最关键方法
C. 费用支付是需要进行工程计量的最关键原因
D. 费用支付是需要进行工程计量的最关键途径

8. 监理工程师办公室各专业部门负责人及驻地监理工程师等中级专业监理人员，一般应占监理总人数的（　　）。
A. 10%以内　　B. 40%
C. 10%以上　　D. 70%

9. 工地会议的主持人是（　　）。
A. 业主代表　　B. 监理工程师
C. 承包人项目经理　　D. 行政主管部门代表

10. 工程计量时，应以(　　)为准。

A. 图纸给定的数量　　B. 工程量清单数量

C. 实际完成的数量　　D. 实际完成并经监理签认的数量

二、多选题（在下列各题的备选答案中，有两个及以上的选项符合题意，请将其代号填入括号内；若选项中有错误选项该题不得分，选项正确但不完全的每个选项给 0.5 分，完全正确得满分；每题 2 分，共 40 分）

1. 工程计量的主要文件包括(　　)。

A. 工程量清单及说明　　B. 合同图纸

C. 工程变更令及修订的工程量清单　　D. 合同条件

E. 技术规范及有关计量的补充协议

2. 按时间分，工程支付可分为(　　)。

A. 综合支付　　B. 前期支付

C. 最终支付　　D. 中期支付

3. 公路工程选择监理单位通常方式有(　　)。

A. 公开招标　　B. 邀请招标　　C. 直接委托　　D. 议标

4. 监理工程师必须在满足下列(　　)要求后，签发支付材料设备的预付款证明。

A. 材料设备将被用于永久性工程

B. 材料设备已运抵工地现场或监理工程师认可的承包人的生产场地

C. 材料设备的质量满足合同要求

D. 材料设备的存放满足合同要求

E. 承包人向监理工程师提交材料设备的订货单或收据

5. 网络计划优化的目标有(　　)。

A. 按资源有限优化工程质量　　B. 按合同工期缩短关键线路

C. 按工期最短优化资源均衡　　D. 进行工程费用优化

6. 进度计划的表示方式有(　　)等。

A. 网络图　　B. 横道图　　C. 斜道图　　D. 进度曲线图

7. 流水作业参数有(　　)。

A. 空间参数　　B. 工艺参数　　C. 时间参数　　D. 分段参数

8. 监理工程师在监理过程中进行监督检查的技术依据是(　　)。

A. 技术规范、评定标准

B. 设计图纸、所有经监理工程师签发的指令

C. 工程变更

D. 业主的整改令

9. 监理中心试验室应在承包人进行标准试验的同时或以后平行进行复核对比试验。中心试验室可以(　　)承包人标准试验的参数或指标。

A. 肯定　　B. 否定　　C. 调整　　D. 不理睬

10. 工程质量常用的数理统计方法有(　　)。

A. 直方图　　B. 控制图　　C. 相关图　　D. 斜道图

11. 工程项目目标控制的方式有(　　)等。

A. 搜集信息　　B. 跟踪调查

C. 前馈控制　　D. 反馈控制

E. 被动控制　　F. 主动控制

12. 工作之间的逻辑关系包括(　　)。

A. 工艺关系　　B. 紧前工作

C. 紧后工作　　D. 组织关系

E. 先行工作　　F. 后续工作

13. 有节奏流水施工的种类(　　)。

A. 等节奏流水施工　　B. 等步距异节奏

C. 异步距异节奏　　D. 变化步距节奏

14. 在工程网络计划中,关键线路是指(　　)的线路。

A. 双代号网络计划中没有虚箭线

B. 时标网络计划中没有波形线

C. 单代号网络计划中相邻两项工作之间间隔均为零

D. 双代号网络计划中由关键节点组成

15. 工程项目建设管理组织结构模式有(　　)。

A. 工程项目总承包模式　　B. 工程指挥部管理模式

C. 交钥匙管理模式　　D. 业主自管模式

E. 社会监理管理模式

16. 质量控制中比较常用而有效的统计方法有(　　)

A. 频数分布直方图法　　B. 排列图法

C. 因果分析图法　　D. 控制图法

E. 分层法　　F. 统计调查分析法

17. 第一次工地会议必须参加的人员是(　　)。

A. 质量监督人员　　B. 监理工程师

C. 业主或授权代表　　D. 承包人授权代表

18. 监理技术性评标内容包括(　　)。

A. 拟用于该项目监理工程师水平及能力

B. 监理单位信誉

C. 监理单位注册资金

D. 监理单位所有制形式

E. 监理程序及措施适用性

19. 公路工程实行社会监理的优点是(　　)。

A. 赋予监理工程师全面监督管理的权限,加强其地位

B. 有助于提高管理水平

C. 有助于转变各级政府主管部门的职能

D. 有利于提高工程质量和加快工程进度

E. 有利于控制费用、节约投资

三、判断题 （认为下述观点正确的在括号内划“√”，错误的划“×”，判断准确得分，否则不得分。每题 1 分，共 10 分）

1. 监理工程师可指令承包人按计日工完成特殊的、较小的变更工程或附加工程。（ ）
2. PDCA 管理循环的四个阶段，符合“实践—认识—再实践—再认识”。（ ）
3. 缺陷责任期一般为一年，起算日期以工程完成时的日期为准。（ ）
4. 进度计划的编制中，逻辑关系中紧前工作与紧后工作可以互逆，当 B 工作的紧前工作有 A 时，A 工作的紧后工作也只有 B。（ ）
5. 延迟付款利息是对业主支付的一种约束。（ ）
6. 目标的动态控制是一个无限的循环过程，应贯穿于工程项目实施阶段的全过程。（ ）
7. 监理工程师实施工程进度监理主要职责之一是审批承包人在开工前提交的总体施工进度计划、现金流动计划和总说明以及在施工阶段提交的各种详细计划和变更计划。（ ）
8. 双代号网络图中，所有线路中总持续时间最长的线路为关键线路。（ ）
9. 工程费用支付必须以工程计量为基础，以技术规范和报价单为依据来进行。（ ）
10. 承包人提出和采取的加快工程进度的措施经过监理工程师批准后，为此而增加的施工费用应由承包人自负。（ ）

四、简答题 （要求简明扼要，每题 4 分，共 20 分）

1. S 曲线的定义和作用是什么？
2. 工程结束后，监理工程师提交监理工作报告内容包括什么？
3. 工程工期延期的审批和受理原则？
4. 工程变更的合理价格如何确定？
5. 简述各监理阶段的主要监理任务。

五、综合分析题 （正确分析并回答问题，每题 10 分，共 20 分）

1. 公路工程建设中为什么要实行监理制度？
2. 论述当前业主和监理工程师(单位)的合理分工。

参考答案

一、单选题

1. A　2. B　3. B　4. A　5. C　6. D　7. C　8. C　9. B　10. D

二、多选题

1. ABCDE　2. BCD　3. ABC　4. ABCDE　5. BD
6. ABCD　7. ABC　8. ABC　9. ABC　10. ABC

11. CDEF　12. AD　13. ABC　14. BC　15. BDE
16. ABCDEF　17. BCD　18. ABE　19. ABC

三、判断题

1. √　2. √　3. ×　4. ×　5. √　6. ×　7. √　8. √　9. √　10. √

四、简答题

略。

五、综合分析题

略。

附录 4　模拟试题三及参考答案

一、单选题（下列各题中，只有一个备选项最符合题意，请将该备选项的代号填入括号，如果选错或不选不得分，每题 1 分，共 20 分）

1. 把对工程的（　　）交给监理工程师，是执行好监理制度的关键。

A. 工程费用支付的签认和否决权　　B. 停工与返工权

C. 旁站与验收权　　D. 验收与计量权

2. 在工程项目建设中，始终处于主要负责者地位的是（　　）。

A. 项目法人　　B. 监理单位

C. 承包人　　D. 政府建设主管部门

3. 监理工程师对结构物混凝土体积进行计量，应以（　　）为准。

A. 合同图纸净尺寸　　B. 现场实际测量尺寸

C. 与业主协商确定　　D. 与承包人共同确认

4. 在公路工程监理过程中，承包人应当按照（　　）的规定接受监理。

A. 公路工程承包合同　　B. 公路工程监理合同

C. 监理单位给承包人的书面通知　　D. 项目法人给承包人的书面通知

5.（　　）是一项由业主提供给承包人用作开工费用的无息款项。

A. 暂定金额　　B. 动员（开工）预付款

C. 保留金　　D. 计日工

6. 承包人的质量控制主要靠（　　）来实现。

A. 监理工程师的监控　　B. 质量监督部门的监督

C. 承包人的质量自检体系　　D. 业主提供的条件

7. 公路工程施工质量监理程序的第一个环节是（　　）。

A. 承包人自检　　B. 承包人填报《质量验收通知单》

C. 承包人填报《开工申请单》　　D. 监理抽检质量

8.（　　）就是预先分析目标偏离的可能性，并拟订和采取各项预防性措施，以使计划目标得以实现。

A. 全面控制　　B. 主动控制　　C. 被动控制　　D. 反馈控制

9. 某公路工程在缺陷责任期内，由于洪水造成了该公路的损坏，其修复费用应由（　　）承担。

A. 承包人　　B. 设计单位

C. 运营单位　　D. 业主

10. 命令源最多的组织结构是（　　）。

A. 直线式　　B. 职能式　　C. 矩阵式　　D. 直线职能式

11. 风险管理中(　　)项工作最重要。

A. 风险的预测和识别　　B. 风险分析和评估

C. 规划并决策　　D. 风险回避

12. 如果某项工作拖延的时间超过其局部时差但没有超过总时差，则(　　)。

A. 其紧后工作不能按最早时间开工

B. 会影响工程总工期

C. 该项工作会变成关键工作

D. 对后续工作工期及总工期无影响

13. 承包人开挖基坑的范围超过了合同技术规范规定的超挖上限，虽然没有变更令，监理工程师(　　)。

A. 可以根据实际情况对超挖部分予以计量

B. 对超过上限部分不予计量

C. 承包人协商处理

14. 路面水泥稳定基层摊铺时混合料的含水率宜高于最佳含水率(　　)，以补偿摊铺及碾压过程中的水分损失。

A. 0.5%～1.0%　　B. 1.0%～1.5%　　C. 1.0%～2.0%　　D. 2.0%～2.5%

15. 业主在选择监理工程师(单位)时考虑的因素(　　)。

A. 技术评价　　B. 既考虑技术方面评价，也考虑费用的评价

C. 对监理单位的经济实力评价　　D. 费用评价

16. 监理合同的标的是(　　)。

A. 酬金　　B. 工程项目　　C. 技术与酬金　　D. 设计图纸

17. 每一个控制过程都是经过投入、转换、(　　)对比、纠正等基本步骤。

A. 检查　　B. 分析　　C. 反馈　　D. 决策

18. 在建设工程的实施过程中，如果提高工程质量标准，一般会导致(　　)。

A. 投资增加，工期缩短　　B. 投资减少，工期延长

C. 投资增加，工期延长　　D. 投资减少，工期缩短

19. 在一组数据中最大值与最小值之差称为(　　)。

A. 中位数　　B. 极差　　C. 标准差　　D. 变异系数

20. 在采用邀请招标方式选择公路工程监理单位时，邀请的监理投标单位最少不得少于(　　)家。

A. 3　　B. 4　　C. 5　　D. 8

二、多选题

(在下列各题的备选答案中，有两个及以上的备选项符合题意，请将其代号填入括号内；若选项中有错误选项该题不得分，选项正确但不完全的每个选项给 0.5 分，完全正确得满分；每题 2 分，共 40 分)

1. 下列违约中属于承包人一般违约的有：(　　)。

A. 无正当理由不开工或拖延工期

B. 未按合同照管好工程

C. 由于承包人的责任，使业主的利益受到损害

D. 无视监理工程师的警告，一贯公然忽视履行合同规定的责任与义务

2. 组织设计的原则包括（　　）。

A. 目的性原则　　B. 有效管理跨度原则

C. 精简的原则　　D. 集权与分权相结合原则

E. 责、权、力、效、利相匹配的原则

3. 工程监理的相关学科是（　　）。

A. 系统工程　　B. 经济管理学　　C. 投资学

D. 技术经济学　　E. 组织学　　F. 工程监理学

4. 监理工程师必须在确认延期事件满足（　　）条件后，才受理工程延期申请。

A. 由于非承包人的责任，工程不能按原定工期完工

B. 延期情况发生后，承包人在合同规定期限内向监理工程师发出工程延期的通知

C. 未经监理工程师同意，随意分包工程，或将整个工程分包出去

D. 延期时间终止后，承包人在合同规定的期限内，向监理工程师提交正式的延期申请报告

E. 承包人承诺继续按合同规定向监理工程师提交有关延期的详细资料，并根据监理工程师的要求随时提供有关证明

5. 我国《公路工程施工监理合同范本》由（　　）组成。

A. 合同协议书　　B. 合同通用条款

C. 合同所列的技术标准　　D. 合同所定的监理职责及业主授权

E. 合同专用条款　　F. 附件

6. 监理工程师对进度计划的审查内容为（　　）。

A. 工期安排的合理性　　B. 施工准备的可靠性

C. 计划与能力的适应性　　D. 机械设备的协调性

E. 实现目标的准确性

7. 在合同支付项目中，业主先支付给承包人，并在一定期间又要扣回的款项有（　　）。

A. 保留金　　B. 动员（开工）预付款

C. 索赔费用　　D. 延迟付款利息

E. 材料设备预付款

8. 在工程网络计划中，关键线路是指（　　）的线路。

A. 双代号网络计划中没有虚箭线

B. 时标网络计划中没有波形线

C. 单代号网络计划中相邻两项工作之间间隔均为零

D. 双代号网络计划中由关键节点组成

9. 工作之间的逻辑关系包括（　　）。

A. 工艺关系　　B. 紧前工作

C. 紧后工作　　D. 组织关系

E. 先行工作　　F. 后续工作

10. 工程项目建设承发包的形式按计价方式不同分为（　　）。

A. 固定总价合同　　B. 固定单价合同

C. 计量估价合同　　D. 成本加酬金合同

11. 有节奏流水施工的种类有(　　)。

A. 等节奏流水施工　　B. 等步距异节奏

C. 异步距异节奏　　D. 变化步距节奏

12. 进度监理的基本方法有(　　)。

A. 横道图法　　B. S 曲线法

C. 斜条图法　　D. 网络计划图法

E. 计划评审法

13. 公路工程计量的原则是(　　)。

A. 不符合合同文件要求的工程不计量

B. 承包人手续不全不计量

C. 按合同文件规定的方法、范围、内容、单位计量

D. 按监理工程师同意的方法计量

E. 按习惯计量的方法计量

14. 在工程项目实施过程中(　　)应接受政府监督。

A. 业主　　B. 监理单位　　C. 材料设备供应单位　　D. 承包人

15. 工程项目建设管理的组织结构模式有(　　)。

A. 工程项目总承包模式　　B. 工程指挥部管理模式

C. 交钥匙管理模式　　D. 业主自管模式

E. 社会监理管理模式

16. 路基压实度可用(　　)检测。

A. 灌砂法　　B. 环刀法

C. 核子密度仪法　　D. 钻孔取芯法

17. 质量控制中比较常用而有效的统计方法有(　　)。

A. 频数分布直方图法　　B. 排列图法

C. 控制图法　　D. 加权平均法

E. 因果分析图法

18. 在工程项目建设监理的目标中,(　　)必须优先予以保证。

A. 安全可靠性　　B. 投资费用

C. 使用功能　　D. 施工质量

E. 工程进度

19. 在工程量清单的编制工作中,工程量计算的依据是(　　)。

A. 设计图纸　　B. 工程定额

C. 项目编号　　D. 工程量计算规则

20. 工程质量监理的主要方法有(　　)。

A. 旁站　　B. 试验　　C. 抽检　　D. 工序控制

三、判断题(认为下述观点正确的在括号内划"√",错误的划"×",判断准确得分,否则不得分。每题 1 分,共 10 分)

1. 监理工程师是施工合同文件中授权承担工程监理工作的个人。　　(　　)

2. 当监理中心试验室试验结果与承包人的试验结果出现允许误差以外的差异时，一般以承包人的试验结果为准。（ ）

3. 承包人的质量负责人在工序施工中可不在现场，但在自检和监理工程师验收时，必须亲临现场。（ ）

4. 工程施工过程中的费用监理，主要是对工程计量与支付的监督和管理。（ ）

5. 业主如不同意项目总监理工程师下达的工程指令，可直接向承包人下达更改指令。（ ）

6. 监理工程师可指令承包人按计日工完成特殊的、较小的变更工程或附加工程。（ ）

7. PDCA 管理循环的四个阶段，符合"实践—认识—再实践—再认识"规律。（ ）

8. 工程质量监理是监理工程师对一项工程实行全过程、全方位、全天候的旁站。（ ）

9. 只要业主同意，承包人就可雇用任何分包商而无需监理审查批准。（ ）

10. 已经支付过材料设备预付款的材料，其所有权归业主。（ ）

四、简答题（要求简明扼要地回答问题，每题 5 分，共 10 分）

1. 什么是合同的变更、转让？

2. 简述与工程施工监理活动相关的各行为主体之间的关系。

五、论述题

1. 某承包人在 1 月份完成了 3 座涵洞和 500 立方米土方，但是涵洞洞身混凝土试件的 7 天抗压强度试验结果未达到要求。试述监理工程师是否同意承包人申报 1 月份的工程量？

2. 试述监理工程师在质量监理、进度监理、费用监理方面的职责和权限。

参考答案

一、单选题

1. A　2. A　3. A　4. A　5. B　6. C　7. C　8. B　9. D　10. B
11. A　12. A　13. B　14. A　15. B　16. C　17. C　18. C　19. B　20. A

二、多选题

1. BC　2. ABDE　3. CDEF　4. ABDE　5. ABEF
6. ABC　7. BE　8. BC　9. AD　10. ABCD
11. ABC　12. ABCD　13. ACD(选 B 不扣分)　14. ABCD　15. BDE
16. ABC　17. ABCE　18. ACD　19. AD　20. ABCD

三、判断题

1. ×　2. ×　3. ×　4. √　5. ×　6. √　7. √　8. ×　9. ×　10. √

四、简答题

略。

五、论述题

略。

附录5　模拟试题四及参考答案

一、单选题（下列各题中，只有一个备选项最符合题意，请将你认为最符合题意的一个备选项在答题卡相应的代号框格内涂黑，选错或不选不得分。每题1分，共20分）

1. 如果不具有（　　），监理就难以保证三大目标的实现。

A. 科学性　　B. 服务性　　C. 独立性　　D. 委托性

2. 公路工程施工过程中，施工监理的主要依据是（　　）。

A. 监理委托合同及施工承包合同　　B. 建设单位的会议纪要

C. 设计合同文件　　D. 质量监督信息

3. 已经运到施工现场的施工机械设备是承包人资产，承包人可以（　　）。

A. 自由调用　　B. 经业主同意后，可自由调用

C. 经监理批准即可自由调用　　D. 经监理批准、业主同意，才能自由调用

4. 在法律上，合同的签订可分为要约和承诺两个阶段，一般认为（　　）。

A. 工程招标是要约，工程投标是承诺

B. 工程招标是要约，工程投标是再要约，定标则是承诺

C. 工程招标是要约邀请，工程投标是要约，定标则是承诺

D. 工程招标、投标是要约，定标则是承诺

5. 设计单位、监理工程师、承包人均可按照规定程度提出设计变更要求，但必须经过（　　）的批准才能生效。

A. 工程专家　　B. 监理工程师

C. 总监理工程师　　D. 业主

6. 承包人的费用索赔是指承包人由于（　　）原因而造成的费用损失或增加而向业主提出的费用补偿要求。

A. 不可预见因素　　B. 天气因素　　C. 业主因素　　D. 非承包人自身

7. 按《公路工程施工监理规范》规定，各类高级监理人员一般应占监理人数的（　　）以上。

A. 5%　　B. 10%　　C. 15%　　D. 20%

8.（　　）就是预先分析目标偏离的可能性，并拟订和采取各项预防性措施，以便计划目标得以实现。

A. 全面控制　　B. 主动控制　　C. 被动控制　　D. 反馈控制

9. 下列属于工程进度监理职责与权限的是（　　）。

A. 主持开工前的第一次工地会议

B. 签发动员（开工）预付款支付证书

C. 审批承包人在开工前提交的现金流动计划

D. 签发各项工程的开工通知单

10. 进度控制中横道图是常用图之一，在以下四项中，哪一项不是其优点（　　）。

A. 形象直观　　B. 搭接关系明确

C. 逻辑关系严谨　　D. 制作方便快捷

11.（　　）不是确定关键线路的方法。

A. 线路枚举法　　B. 关键工作法　　C. 关键节点法　　D. S 曲线法

12. 除工地实验室外，承包人试验室还包括（　　）。

A. 中心试验室　　B. 流动试验室

C. 检测中心　　D. 质监站试验室

13.（　　）不是质量检验的方法。

A. 目测法　　B. 量测法　　C. 分层法　　D. 试验法

14.（　　）不是工程费用的部分

A. 间接成本　　B. 设备费　　C. 法定税金　　D. 利润

15.（　　）不是公路工程建设资金的筹资方式。

A. 政府特许经营　　B. 成立政府项目责任公司

C. 发放国债　　D. 群众集资

16. 工程计量时，应以（　　）的数量为准。

A. 图纸给定　　B. 工程量清单

C. 实际完成　　D. 实际完成并经监理签认

17. 工程支付必须以（　　）为基础。

A. 工程质量　　B. 工程进度　　C. 工程计量　　D. 工程量清单

18. 质量缺陷的处理方案一般应由（　　）提出。

A. 施工单位　　B. 建设单位　　C. 监理单位　　D. 设计单位

19.（　　）不是监理月报的内容。

A. 工程描述　　B. 监理收发函件

C. 工程质量、进度、支付状况　　D. 监理工作执行情况

20.《公路工程施工监理规范》明确的监理技术档案不包括（　　）。

A. 现场指令　　B. 监理日报　　C. 检查记录　　D. 试验记录

二、多选题

（在下列各题的备选答案中，有两个或两个以上的备选项符合题意，请将你认为符合题意的备选项在答题卡相应的代号框格内涂黑；若选项中有错误选项该题不得分，选项正确但不完全的每个选项给 0.5 分，完全正确的得满分。每题 2 分，共 40 分）

1.（　　）属于项目监理组织内部工作制度。

A. 监理组织工作会议制度　　B. 监理工作日志制度

C. 施工图纸会审制度　　D. 监理周报制度

E. 技术经济签证制度

2. 公路建设必须招标的项目有（　　）。

A. 投资 3000 万元以上　　B. 单项合同价 200 万元以上

C. 材料设备单项合同 100 万元以上　　D. 设计、监理费单项合同 50 万元以上

E. 国家机密工程

3. 以下属总监理工程师的职责与权限的有(　　)。

A. 审查批准工程建设合同　　B. 审查批准工程延期

C. 签发工程支付证书　　D. 处理重大质量事故

4. 在公路工程施工项目监理的目标中(　　)必须优先予以保证。

A. 安全可靠性　　B. 投资费用

C. 使用功能　　D. 施工质量

E. 工程进度

5. 监理目标控制的前提工作是(　　)。

A. 目标规划和计划　　B. 落实好控制机构、人员和职能

C. 与被监理单位的充分协商　　D. 与业主合作监理

E. 落实全部项目建设资金

6. 月(季)度施工进度计划包括(　　)。

A. 工程施工总进度计划　　B. 分项工程施工进度计划

C. 设备、材料采购计划　　D. 资金流动计划与施工人员安排计划

7. 提交总进度计划应包括下述内容(　　)。

A. 总进度计划　　B. 关键工程进度计划

C. 现金流动计划　　D. 施工组织计划

E. 进度计划调整方案

8. 工程进度事中控制过程中应重点做好下列工作(　　)。

A. 编制项目实施总进度计划　　B. 工程进度检查

C. 按合同要求进行工程计量验收　　D. 进度计量签证

E. 建立工程进度状况监理日志

9. 施工进度滞后时,监理工程师可建议承包人加快进度的措施有(　　)。

A. 采取技术措施,缩短工艺流程　　B. 增加设备和人员

C. 改善劳动条件和福利　　D. 开辟新工作面

E. 加班加点　　F. 加强现场管理

10. (　　)是评价项目施工质量的尺度。

A. 质量检验评定标准　　B. 合同文件

C. 设计文件　　D. 质量数据

E. 工程验收资料　　F. 质量评定资料

11. 质量监理分为(　　)阶段。

A. 施工准备阶段　　B. 施工阶段

C. 竣工验收阶段　　D. 交工及缺陷责任期阶段

12. 监理工程师书面指示进行某项检查试验,届时他既未出席,又未发布其他指令,承包人应(　　)。

A. 推迟试验等待监理工程师出席

B. 自行试验

C. 将试验记录送监理工程师

D. 质量是否合格由试验数据判定

E. 不必试验,书面请求监理工程师承认该部分产品合格

13. 施工人员素质是影响工程质量的主要因素之一，除此之外还有(　　)。

A. 工程材料　B. 机械设备　C. 工艺方法　D. 环境条件

14. 根据建设任务、施工管理和质量检验评定需要，公路建设项目可划分为(　　)。

A. 单位工程　B. 单项工程
C. 重点工程　D. 一般工程
E. 分部工程　F. 分项工程

15. 施工现场经费包括(　　)。

A. 施工技术装备费　B. 临时设施费
C. 施工机构迁移费　D. 现场管理费

16. 工程计量的主要文件(可能是依据)包括(　　)。

A. 工程量的主要及说明　B. 合同图纸
C. 工程变更及修订的工程量清单　D. 合同条件
E. 技术规范及有关计量的补充协议

17. 承包人在完成较小附加工程后申请计日工支付时，应提供(　　)。

A. 用工清单　B. 材料清单
C. 设备清单　D. 费用清单
E. 工程量清单

18. 竣工验收时，有关各方提交的工作报告应包括(　　)。

A. 设计工作报告　B. 监理工作报告
C. 生产安全报告　D. 项目执行报告
E. 质量监督工作报告及工程质量鉴定　F. 环境保护情况报告

19. 第一次工地会议的参加者包括(　　)。

A. 业主　B. 承包人
C. 监理工程师　D. 项目部担任主要职务的部门负责人
E. 一般分包人

20. 公路工程施工监理合同协议书附件由以下内容(　　)组成。

A. 监理服务形式、范围、内容　B. 业主提供的监理工作条件
C. 监理人员的数量、结构　D. 监理费与支付

三、判断题

(认为题述观点正确的请在答题卡上将该题的[√]框格涂黑，错误的将该题的[×]框格涂黑，判断准确得分，否则不得分。每题1分，共10分)

1. 工程监理的实质是监理工程师在工程管理中处于核心地位，运用业主授予的权力，对三大目标实行全面监理。(　　)

2. 承包人提出的变更与监理提出的变更一样，一旦获得批准，承包人有权获得额外的费用补偿。(　　)

3.《公路工程施工监理招标评标办法》规定：国内项目工程监理投标价高于概算定额建安工程费的1.4%，其投标无效。(　　)

4. 监理单位只有具备了维护其独立性、公正性所需要的条件和从事监理工作应当具备的人员素质、专业技能、管理水平、监理经验等条件，才能有效的开展工程建设监理业务。(　　)

5. 监理工程师在进行进度控制时,要明确进度计划不变是绝对的,变是相对的。 ( )

6. 在公路工程项目的实施性网络计划图中,关键线路的数量越多,每个工作的控制越能到位,进度监理就越容易。 ( )

7. 在工程缺陷责任期,如果发现已交工程的任何工程缺陷或工程质量不合格,若施工单位没有执行监理工程师的修复指示,建设单位有权安排修补缺陷,监理工程师应确定费用,并在支付承包人的款项中扣除。 ( )

8. 第一次工地会议是监理工程师检查承包人的施工准备情况的一次会议。 ( )

9. 对监理人员履行职责的能力、表现和职业道德,进行评价、考核和处理是总监理工程师的职责和权限。 ( )

10. 对不符合技术规范和合同条件要求的工程项目,监理工程师有权暂时拒绝支付。 ( )

四、综合分析题

(按所给问题的背景资料,正确分析并回答问题,请将答案和题号写在答题纸上,每题 15 分,共 30 分)

1. 简述监理工程师在施工准备阶段的主要任务。

2. 某高速公路工程全长 160km,跨甲、乙两省市,划分为甲 1、甲 2、甲 3 和乙 1、乙 2 共五个施工合同段,并相应设置现场监理机构。请按照监理规范的要求选择适当的监理组织形式,画出监理组织结构图,并分析该组织模式的优缺点。

参考答案

一、单选题

1. A	2. A	3. C	4. C	5. B	6. D	7. B	8. B	9. C	10. C
11. D	12. B	13. C	14. B	15. D	16. D	17. C	18. A	19. B	20. B

二、多选题

1. ABD	2. ABCD	3. BCD	4. ACD	5. AB
6. BCD	7. BC	8. BCDE	9. ABDE	10. ABC
11. ABD	12. BCD	13. ABCD	14. AEF	15. BD
16. ABCDE	17. ABCD	18. ABCDE	19. ABCD	20. ABD

三、判断题

1. √	2. ×	3. ×	4. √	5. ×	6. ×	7. √	8. ×	9. √	10. √

四、综合分析题

1. 答:答案要点(参见《公路工程施工监理规范》3.3.1 内容)

(1)参加施工招标,熟悉施工设计文件;

(2)制定详细的监理工作计划;

(3)发布开工令;

(4)召开第一次工地会议;

(5)审批承包人的工程进度计划(含施工组织设计);

(6)审批承包人的质量保证体系;

(7)检验承包人的进场材料;

(8)审批承包人的标准试验;

(9)检查承包人的保险及担保,支付动员(开工)预付款;

(10)审查承包人的施工机械设备;

(11)验收承包人的施工定线;

(12)验收承包人测定的地面线;

(13)审批承包人提前的施工图;

(14)检查承包人占用工程场地;

(15)监理其他与保证工期开工有关的施工准备工作。

2. **答**:(1)按照现行《公路工程施工监理规范》,现场监理机构一般按工程招标合同段设置基层机构,可视情况分别设置一级、二级或三级监理机构。由于该工程为跨省市,根据监理机构设置的适用条件,应设置三级监理机构,有 4 种监理组织结构可供选择,直线式、职能式、直线职能式、矩阵式;一般常用的是直线式或直线职能式。本题以直线式为例。

(2)画直线式结构图如附图 5-1:

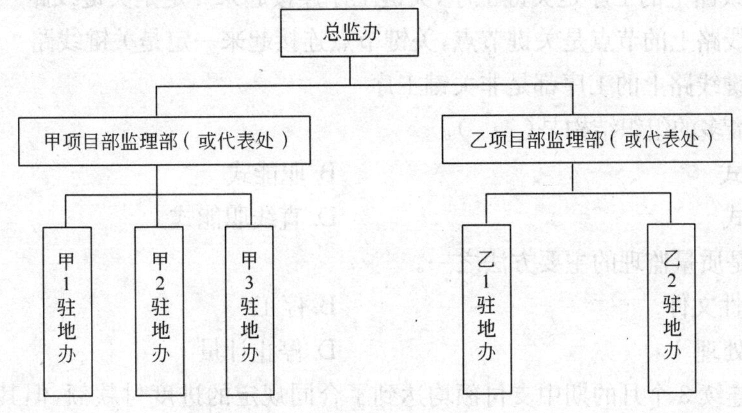

附图 5-1

(注:如以直线—职能式结构形式绘出图也可,但优缺点与其相应)

该项目采用直线式监理组织结构很适用。根据合同段的数量可设置五个合同段驻地办公室。

(3)直线式监理组织具有结构简单、职责分明、权力集中、命令统一、决策迅速、指挥灵活等优点;其缺点是结构呆板,专业分工差,横向联系困难等。

(如果采用直线——职能式等形式的特点叙述也可,但要结构图一致)

附录6 模拟试题五及参考答案

一、单选题（下列各题中，只有一个备选项最符合题意，请将你认为最符合题意的一个备选项在答题卡相应的代号框格内涂黑，选错或不选不得分。每题1分，共20分）

1. 在工程网络计划执行过程中，监理工程师检查工程进度已拖延数天，且已超过该工作的自由时差，则该工作（ ）。

A. 不影响其后续工作和工程总工期

B. 不影响其后续工作，但影响工程总工期

C. 影响其后续工作，且可能影响工程总工期

D. 影响其后续工作和工程总工期

2.（ ）不属于承包人自检体系的配备。

A. 配备材料　　B. 配备人员

C. 采用标准化、规范化的工作方法和制度　　D. 配备试验设备

3. 下面几种说法中，只有（ ）的说法是正确的。

A. 关键线路上的工序是关键工序，关键工序连接起来一定是关键线路

B. 关键线路上的节点是关键节点，关键节点连接起来一定是关键线路

C. 非关键线路上的工序都是非关键工序

4. 命令源最多的组织结构是（ ）。

A. 直线式　　B. 职能式

C. 矩阵式　　D. 直线职能式

5.（ ）是质量监理的主要方法之一。

A. 指令性文件　　B. 停工

C. 返工处理　　D. 停止计量

6. 承包人连续3个月的期中支付额均达到了合同规定的进度付款额，但其中运到现场的材料和设备（用于永久工程的）按比例支付的款额占了每次期中付款的一半以上，监理工程师认为（ ）。

A. 只要阶段付款符合合同要求，监理工程师就没有失职

B. 应该采取措施，促进永久工程的进度

C. 合同中规定的期中支付款额是进度的反映

7. 工程费用监理的目的就是通过对工程费用的（ ），使其能够最优地实现合同费用控制目标。

A. 认真核算　　B. 签证确认

C. 动态管理　　D. 及时支付

8. 工程建设过程中，施工监理的主要依据是(　　)。

A. 业主和承包人签订的承包合同　　B. 业主的要求

C. 建设市场的要求

9. 能够反映施工工序在施工中机动时间的进度计划图是(　　)。

A. 横道图　　B. 斜条图　　C. S形曲线　　D. 网络图

10. (　　)不是影响工程质量的主要因素。

A. 工序检查　　B. 机械设备　　C. 材料　　D. 方法及环境

11. S形曲线控制法一般用作(　　)。

A. 进度控制　　B. 投资控制和进度控制

C. 质量控制　　D. 投资控制

12. 当提高工程项目的功能和使用要求时，通常会引起(　　)。

A. 投资增加、工期延长　　B. 投资增加、工期缩短

C. 投资减少、工期延长　　D. 投资减少、工期缩短

13. [2005 年考题]《公路工程施工监理规范》明确规定监理技术档案不包括(　　)。

A. 停工指令　　B. 现场指令

C. 监理日报(记)　　D. 试验记录

14. 项目监理机械人员数量并不取决于(　　)。

A. 工程类别　　B. 工程建设强度

C. 工程复杂程度　　D. 监理单位资质等级

15. 承包人提出费用索赔是指工程实施过程中，由于(　　)原因而造成的费用损失或增加。

A. 不可预见因素　　B. 天气因素

C. 业主因素　　D. 非承包人自身

16. 下列说法不正确的是(　　)。

A. 完工验收指完成分部施工的中间交验

B. 交工验收指承包单位向业主申请对承建的整个合同工程进行交验

C. 竣工验收指由业主向上级主管部门申请对已完成了交工验收的工程项目进行竣工验收

D. 完成交工验收的工程，不能标志工程施工阶段的结束

17. 建设工程安全生产管理必须坚持(　　)的方针。

A. 安全第一、预防为主　　B. 事中控制与事后控制相结合

C. 质量第一、安全先行　　D. 安全第一、质量为本

18.《公路工程施工监理规范》中规定可以作为监理依据的补充文件不包括(　　)。

A. 监理工程师和承包人在施工过程中有关会议记录、电函和其他文字记录

B. 监理月报

C. 监理工程师批准的所有图纸

D. 监理工程师发出的所有指令

19. 在下列几种款项的支付中，哪种款项在支付前需要确认银行的担保(　　)。

A. 工程进度款　　B. 动员(开工)预付款

C. 材料设备预付款　　D. 保险金

20. 动态控制的基本步骤是(　　)。

A. 检查成效—纠正偏差

B. 确定目标—检查成效—纠正偏差

C. 确定目标—检查成效—分析原因—纠正偏差

D. 检查成效—分析原因—纠正偏差

二、多选题(在下列各题的备选答案中,有两个或两个以上的备选项符合题意,请将你认为符合题意的备选项在答题卡相应的代号框格内涂黑;若选项中有错误选项该题不得分,选项正确但不完全的每个选项给0.5分,完全正确的得满分。每题2分,共40分)

1. 施工监理招标应具备的条件是(　　)。

A. 初步设计和概算文件已被批准

B. 列入国家或地方公路建设计划,建设资金已落实

C. 征地拆迁工作已基本完成或落实

D. 监理招标文件已编制完毕

2. 施工单位(　　)应经建设行政主管部门或者其他部门考核合格后方可任职。

A. 项目负责人　　B. 技术负责人

C. (单位的)主要负责人　　D. 专职安全生产管理人员

E. 安全生产教育培训负责人

3. 监理单位按照其拥有的(　　)等资质条件申请监理企业资质。

A. 持有交通部监理工程师和专业监理工程师证书监理人员数量

B. 专业技术人员数量

C. 注册资本

D. 监理业绩

E. 成立年限

4. 动态控制分(　　)。

A. 主动控制　　B. 前馈控制　　C. 被动控制　　D. 反馈控制

5. 凡列入基本建设计划的公路工程项目,都应实行(　　)的质量保证体系。

A. 政府监督　　B. 舆论监督

C. 社会监理　　D. 企业自检

E. 法人管理

6. 网络计划中,工作之间的逻辑关系包括(　　)。

A. 工艺关系　　B. 紧前关系　　C. 紧后关系　　D. 组织关系

7. (　　)是评价项目施工质量的尺度。

A. 质量检验评定标准　　B. 合同文件　　C. 设计文件

D. 质量数据　　E. 质量评定资料

8. 工程监理月报的主要内容包括(　　)。

A. 工程描述　　B. 工程质量、进度、费用情况

C. 监理工作执行情况　　D. 经验与教训

E. 小结

9. 网络计划优化内容包括(　　)。

A. 时间优化　　B. 时间—费用优化

C. 资源优化　　D. 施工管理组织优化

10. 标准试验是对各项工程的内在品质进行施工前的数据采集,它是控制和指导施工的科学依据,下列试验中属于标准试验的是(　　)。

A. 标准击实试验　　B. 集料的级配试验

C. 混合料的配合比试验　　D. 结构的强度试验

11. 公路工程施工监理单位选定后,业主的主要精力应放在(　　)。

A. 监督监理工程师的工作　　B. 积极创造实施工程项目的基本条件

C. 协调外部环境　　D. 组织建设资金到位

E. 决定工程的重大变更　　F. 加强对承包人的管理

12. 风险控制的基本对策有(　　)。

A. 分析出现概率　　B. 风险转移

C. 风险控制　　D. 风险自留

E. 规划决策

13. 关于计量,下列说法(　　)是正确的。

A. 不符合合同文件要求的工程,不得计量

B. 按合同文件所规定的方法、范围、内容、单位计量

C. 按业主满意的方法计量

D. 以合同图纸为计量依据

E. 以承包人实际完成的工程量计量

14. 公路工程环保监理的依据有(　　)。

A. 项目环境影响评价报告书　　B. 项目环境行动计划

C. 国家文物保护法　　D. 国家环境保护法

E. 地方有关环境保护法规

15. 工程网络计划的计算工期等于(　　)。

A. 单代号网络计划中终点节点所代表的工作的最早完成时间

B. 单代号网络计划中终点节点所代表的工作的最迟完成时间

C. 双代号网络计划中结束工作最早完成时间的最大值

D. 双代号网络计划中结束工作最迟完成时间的最大值

E. 时标网络计划中最后一项关键工作的最早完成时间

16. 监理工程师同意承包人向项目法人提出交工验收申请前,应确认工程已具备的条件有(　　)。

A. 质量监督机构已对工程质量等级进行了核定

B. 工程合同约定的各项内容已完成

C. 工程质量自检合格

D. 监理对工程质量评定合格

E. 竣工文件已按规定的内容编制完成

F. 监理单位已作好了主持交工验收的准备

17.(   )属于监理员的职责和权限。

A. 记好监理日志

B. 严格施工现场监理，对施工现场进行有效的质量控制

C. 对施工中出现的问题提出处理意见，向承包人发工作指示

D. 复核承包人所有试验、测量记录认定并留下痕迹

E. 核实承包人提交的工程计量表，提出审查意见

18. 在 FIDIC 合同文件中，属于业主承担的风险包括(   )。

A. 任何危险性物质的放射或污染

B. 施工现场不利的气候条件

C. 一个有经验的承包人通常无法预测和防范的任何自然界力量破坏

D. 因工程设计不当而造成的损失或破坏

E. 承包人雇员的工伤事故

19. 施工中因不可抗力事件的影响而使承包人受到损害时，他有权获得补偿的款项可能包括(   )。

A. 直接费　　B. 间接费

C. 利润损失　　D. 施工现场管理

E. 公路总部管理费

20. 监理设施包括(   )。

A. 试验室设备　　B. 测量仪器及设备

C. 交通工具及通讯设备　　D. 监理人员旅游休闲设备

E. 办公和生活设施

三、判断题

(认为题述观点正确的请在答题卡上将该题的[√]框格涂黑，错误的将该题的[×]框格涂黑，判断准确得分，否则不得分。每题 1 分，共 10 分)

1. 在施工过程中，监理工程师有权检查进度计划的执行情况，但无权指令修改计划。(   )

2. 监理工程师可以通过任何一期《中期付款证书》，对已支付工程中发现的问题或已颁发的支付证书的错误进行纠正。(   )

3. 缺陷责任期的起算日期应以签发工程交工证书的日期为准。(   )

4. 当某项工程在施工期间出现了质量事故时，监理工程师应立即指令承包人暂停该项工程的施工，及时向有关部门报告并采取有效的措施保护好现场。(   )

5. 承诺是不能附带任何条件、对要约毫不保留地表示同意。(   )

6. 监理工程师控制工程进度的技术措施是建立进度控制目标体系。(   )

7. 承包人提出和采取的加快工程进度的措施经过监理工程师批准后，为此而增加的施工费用应由承包人自负。(   )

8. 监理工程师与业主、承包人的正式函件对各方当事人均不具有约束力。(   )

9. 监理工程师有权督促业主及时妥善履行合同规定的各项责任和法定承诺。(   )

10. 关键线路上所有节点的最早时间不一定等于该节点最迟时间，但所有工作的总时差一定为零。(   )

四、综合分析题（按所给问题的背景资料，正确分析并回答问题，请将答案和题号写在答题纸上，每题15分，共30分）

1. 简述监理工程师在开工后施工阶段的主要监理工作内容。
2. 在公路工程现场的监理组织机构中，各类监理人员应如何组合才为合理？

参考答案

一、单选题

1. C　2. A　3. A　4. B　5. A　6. B　7. C　8. A　9. D　10. A
11. B　12. A　13. C　14. D　15. D　16. D　17. A　18. B　19. B
20. C比B更好(按照书中答案是B)

二、多选题

1. ABCD　2. ACDB　3. ABCD　4. AC　5. ACD(新教材有E)
6. AD　7. ABC　8. ABCE　9. ABC　10. ABCD
11. BC　12. BCD　13. ABD　14. ABDE(C书中也是)　15. ACE
16. BCDE　17. ABDE　18. ACD　19. ABD　20. ABCE

三、判断题

1. ×　2. √　3. √　4. √　5. √　6. ×　7. √　8. ×　9. √　10. ×

四、综合分析题

1. 简述监理工程师在开工后施工阶段的主要监理工作内容。

答：略。[围绕三(现在是五)监理、两管理、一协调]

2. 在公路工程现场的监理组织机构中，各类监理人员应如何组合才为合理？

答：高级占10%、中级占40%、初级占40%、行政人员占10%。

附录7 模拟试题六及参考答案

一、单选题（下列各题中，只有一个备选项最符合题意，请将你认为最符合题意的一个备选项在答题卡相应的代号框格内涂黑，选错或不选不得分。每题1分，共20分）

1. 第一次工地会议应由（　　）主持。

A. 监理工程师　　B. 总监理工程师

C. 业主或其授权代表　　D. 承包人或其授权代表

2.（　　）不属于监理工程师的知识结构范围。

A. 技术　　B. 管理　　C. 经济　　D. 实践经验

3. 动态控制可分为（　　）。

A. 前馈控制与反馈控制　　B. 主动控制与被动控制

C. 风险控制与评估　　D. 目标控制与程序控制

4. 识别施工现场危险源的方法有许多，（　　）是安全管理人员对危险源识别采取的主要方法。

A. 安全检查表法　　B. 工作任务分析法

C. 现场调查法　　D. 事件树分析法

5. 为了有效地控制工程建设进度，必须事先对影响进度的各种因素进行全面分析和预测。其主要目的是为了实现工程建设进度的（　　）。

A. 动态控制　　B. 主动控制　　C. 事中控制　　D. 纠偏控制

6. 社会监理处于工程管理新体制中的（　　）。

A. 重要位置　　B. 核心地位　　C. 关键环节　　D. 特殊部位

7.（　　）不是计算流水作业工期（注：是时间）的主要参数。

A. 工序数　　B. 流水节拍　　C. 计划工期　　D. 工艺间歇时间

8. 安全生产费用的报价一般不低于投标价的（　　），且不得作为竞争性报价。

A. 0.5%　　B. 1.0%　　C. 1.5%　　D. 2.0%

9. 分部工程流水施工是（　　）。

A. 细部流水　　B. 专业流水

C. 综合流水　　D. 前三者都不是

10. 监理计划不是（　　）文件。

A. 指导工程建设的纲领性

B. 指导项目监理机构全面开展监理工作的指导性

C. 反映监理工作中五项监理及合同其他事项的管理工作流程

D. 实施总体监理工作的计划性

11.《世界银行借款人以及世界银行作为执行机构使用咨询专家的指南》规定：世界银行贷

款项目监理咨询公司的选择范围是(　　)。

A. 联合国成员国　　B. 世界银行会员国与瑞士

C. 国际咨询工程师联合会成员国　　D. WTO 成员国

12. 公路工程施工质量监理程序的第一个环节是(　　)。

A. 承包人自检　　B. 承包人填报《质量验收通知单》

C. 承包人填报《开工申请单》　　D. 监理抽检质量

13. 监理工程师在施工过程中应按(　　)的频率对主要原材料及各种混合料进行抽检，以确定承包人的抽样试验是否真实可靠。

A. 5　　B. 10　　C. 15　　D. 20

14. 监理投标书由技术建议书和(　　)组成。

A. 监理实施细则　　B. 监理人员岗位责任书

C. 财务建议书　　D. 工程量清单

15.《公路工程施工监理规范》(JTG G10—2006)规定：完工后无法检验的关键工序未(　　)，下道工序施工不得进行。

A. 实施　　B. 完成

C. 经监理工程师签认　　D. 计量支付

16. 质量数据的收集方法中，(　　)不是抽样检验的方法。

A. 单纯随机抽样　　B. 分层抽样　　C. 等距抽样　　D. 系统随机抽样

17. 根据《公路工程施工监理规范》(JTG G10—2006)B. 3 表，监理日志的内容不包括(　　)。

A. 主要施工项目内容简述　　B. 天气情况

C. 完成工程数量签认　　D. 监理机构的主要工作简述

18. 下面提法正确的是(　　)。

A. 关键线路上的工作是关键工作，关键工作连接起来一定是关键线路

B. 关键线路上的节点是关键节点，关键节点连接起来一定是关键线路

C. 非关键线路上的工作都是非关键工作

D. 非关键线路与关键线路是不会互相转换的

19. 交通建设工程重大生产安全事故报告原则是(　　)。

A. 迅速、准确　　B. 迅速、安全　　C. 方便、准确　　D. 迅速、有序

20. 我国公路工程建设监理机构组织模式分为(　　)。

A. 工程指挥部管理. 业主自管和社会监理管理模式

B. 平行承发包. 设计/施工总分包和工程项目总承包模式

C. 工程项目总承包管理. 施工联合体和施工合作体模式

D. 直线式. 职能式. 直线职能式和矩阵式监理模式

二、多选题

(在下列各题的备选答案中，有两个或两个以上的备选项符合题意，请将你认为符合题意的备选项在答题卡相应的代号框格内涂黑；若选项中有错误选项该题不得分，选项正确但不完全的每个选项给 0.5 分，完全正确的得满分。每题 2 分，共 40 分)

1. 公路工程施工期间(　　)均接受质量监督部门的管理和监督检查。

A. 供货商　　B. 监理单位　　C. 业主

D. 承包商　　E. 施工人员

2. 监理工程师对进度计划的审查内容为(　　)。

A. 工期和时间安排的合理性　　B. 施工准备的可靠性

C. 质量保证体系的完善性　　D. 机械设备的协调性

E. 计划目标与施工能力的适应性

3. 在工程质量控制中(　　)为自控主体。

A. 监理单位质量控制　　B. 承包人质量控制

C. 政府质量控制　　D. 勘察设计单位质量控制

E. 材料供应单位的质量控制

4. 安全生产必须处理好(　　)关系。

A. 安全与危险的并存　　B. 安全与生产的统一

C. 安全与质量的同步　　D. 安全与进度的互促

E. 安全与效益的兼顾

5. 公路工程施工监理的阶段划分为(　　)。

A. 设计阶段的监理　　B. 招投标阶段的监理

C. 施工准备阶段的监理　　D. 施工阶段的监理

E. 交工验收及缺陷责任期阶段的监理

6. 公路工程施工项目三大目标间的对立统一辩证关系表现在(　　)。

A. 提高质量标准就要增加费用

B. 严格控制质量肯定要延长工期

C. 加快进度就增加费用

D. 严格控制质量,避免工程返工,进度就会加快

E. 加快进度项目提前动用,提高投资效益

7. 业主把工程项目委托给监理单位监理之后,其精力应主要放到(　　)上去。

A. 监督监理单位履行合同　　B. 筹集建设资金

C. 创造实施工程项目基本条件　　D. 创造工程项目外部环境

E. 检查承包人的工作

8. 监理工程师签发支付材料预付款,说明(　　)。

A. 该材料质量已获监理工程师批准

B. 该材料将被用于永久性工程

C. 承包人已向监理工程师提交该材料的订货单或收据

D. 该材料已运抵工地现场且保管方式被监理工程师认可

E. 该材料已全部用于永久工程

9. 风险管理过程除了风险的预测与识别外,还包括(　　)。

A. 风险分析与评价　　B. 风险控制对策的规划

C. 风险控制对策的实施　　D. 检查与监控

E. 风险的统计与处理

10. 公路工程实行工程监理制度的必要性(　　)。

A. 是规范.发展和完善社会主义建设市场的需要

B. 是使用国际金融组织贷款的需要

C. 是国际市场竞争的需要

D. 是对工程管理职能分工调整的需要

E. 是提高项目管理水平的需要

11. 监理计划的主要内容包括(　　)等。

A. 监理依据　　B. 监理目标

C. 监理人员和设备的配备　　D. 监理费支付计划

E. 监理方案

12. 公路工程施工监理是监理单位按照监理合同约定的职责与权限对(　　)及合同其他事项实施监督管理。

A. 工程质量　　B. 工程进度

C. 工程费用　　D. 施工安全

E. 施工环境保护

13. 监理招标资格评审工作包括以下几个方面(　　)。

A. 符合性检查　　B. 强制性资格条件评审

C. 推荐中标候选人　　D. 澄清与核实

E. 资格评分

14. 择优选择公路工程监理单位的通常方式有(　　)。

A. 公开招标　　B. 邀请招标

C. 直接委托　　D. 议标

E. 联营体招标

15. 公路建设所引起的水土流失表现出不同的外部形式. 发展程度和不同的潜在危险性，概括起来，主要包括以下几种(　　)。

A. 水力侵蚀　　B. 重力侵蚀

C. 风力侵蚀　　D. 冰冻侵蚀

E. 泥石流侵蚀

16. 在《公路工程施工监理规范》(JTG G10—2006)中，规定工程结束时，监理工程师应提交的监理工作报告的内容一般为(　　)等。

A. 工程基本情况

B. 关于工程质量、安全、环保、费用、进度监理及合同管理执行情况

C. 对业主和承包人的评价

D. 工程质量评估及费用分析

E. 存在的问题与处理意见

17. 确定关键线路的主要方法有(　　)。

A. 线路枚举法　　B. 关键工作法

C. 关键节点法　　D. 时标图法

E. 树形图法

18. 常见的固体废物处置方法有(　　)。

A. 沉淀法　　B. 化学法　　C. 焚烧法

D. 生物法　　E. 分选法　　F. 固化法

19. 标准试验是对各项工程的内在品质进行施工前的数据采集，它是控制和指导施工的科学依据，下列试验属于标准试验的是(　　)。

A. 标准击实试验　　B. 检测设备标定
C. 混合料的配合比试验　　D. 结构的强度试验
E. 集料的级配试验

20. 网络图绘制方法有(　　)。

A. 前进法　　B. 后退法
C. 先粗后细法　　D. 先细后粗法
E. 时标法

三、判断题

(认为题述观点正确的请在答题卡上将该题的[√]框格涂黑，错误的将该题的[×]框格涂黑，判断准确得分，否则不得分。每题 1 分，共 10 分)

1. 关键线路上所有节点的最早时间不一定等于该节点最迟时间，但所有工作的总时差一定为零。(　　)

2. 安全事故理论认为，从直接原因来预防安全事故可以完全保证生产过程中的安全。(　　)

3. 公路建设项目环境影响评价，是指对公路建设项目过程中可能造成的环境影响进行分析、预测和评估，提出预防或者减轻不良环境影响的对策和措施，并进行跟踪监测的方法与制度。(　　)

4.《缺陷责任终止证书》是证明承包人合同义务完成的重要文件，监理工程师在签发该文件前应对承包人完成的工程是否存在质量缺陷进行认真地检查。(　　)

5. 施工单位在建设工程安全生产中处于核心地位，施工单位的负责人依法对本单位的安全生产工作负责。(　　)

6. 工程全部完成，根据承包人申请，监理工程师按照合同有关规定，对工程进行交工验收，承包人取得工程交工证书后，就结束承包人的一切责任。(　　)

7. 公路建设项目竣工后，建设单位应当向有审批权的环境保护行政主管部门申请环境保护设施竣工验收，同时报省级以上人民政府交通主管部门。(　　)

8. 分包单位应当服从总承包单位的安全生产管理，分包单位不服从管理导致生产安全事故的，由总承包单位承担主要责任。(　　)

9. 进度计划的编制中，逻辑关系中紧前工作与紧后工作可以互逆，当 B 工作的紧前工作有 A 时，A 工作的紧后工作也只有 B。(　　)

10. 无论采用何种监理评标方法，监理费用均不应在评标中起主导作用。(　　)

四、论述题

(按所给问题的背景资料，正确分析并回答问题，请将答案和题号写在答题纸上，每题 15 分，共 30 分)

1. 在《公路工程施工监理招标投标管理办法》(2006 年交通部令第 5 号)中，规定在监理招标工作中，评标可以使用哪几种评标方法？简述各种方法的具体程序和要点。

2. 按《公路工程施工监理规范》(JTG G10—2006)的规定

(1)高速和一级公路的现场监理机构应如何设置。各级监理机构的名称是什么？

(2)监理机构中监理人员的数量和结构应如何确定？各类工程项目配备持部证监理工程师的标准是什么？

(3)总监理工程师、驻地监理工程师各应具备什么资格条件？

参考答案

一、单选题

1. B　2. D　3. B　4. C　5. B　6. B　7. A　8. B　9. B　10. A
11. C　12. C　13. D　14. C　15. C　16. C　17. C　18. A　19. A　20. D

二、多选题

1. ABCD　2. ABE　3. BDE　4. ABCDE　5. CDE
6. DE　7. ABCD　8. ABCD　9. ABCD　10. AE
11. ABC　12. ABCDE　13. BE　14. AB　15. ABCE
16. ABDE　17. ABC　18. BCDEF　19. ACDE　20. ABC

三、判断题

1. ×　2. ×　3. √　4. √　5. √　6. ×　7. ×　8. ×　9. ×　10. √

四、论述题

略。

附录8 考试样题

一、单选题（每题1分，共10分）

1. 目前我国的工程监理是根据（　　）基本理论并结合我国的具体情况提出的。

A. QS　　B. CM　　C. PM　　D. TQC

2. 在实施工程建设监理的项目中，监理单位应以公正的第三方身份出现主要是由于（　　）。

A. 项目业主的授权　　B. 项目业主与承建商的合同规定

C. 建设监理制的规定　　D. 监理工程师职业道德准则的约束

3. 如果我国监理单位不具备（　　）在监理活动中就难以做到维护业主的权益公正调解业主和承包商的纠纷。

A. 专业化　　B. 竞争性　　C. 独立性　　D. 高智能性

4. 在建设工程施工阶段，质量目标定得较高，往往需要投入较多的（　　）。

A. 时间和资金　　B. 时间和机械　　C. 人员和资金　　D. 机械和资金

5. 在某网络计划中，工作的最早开始时间为第28天，其持续时间为9天。该工作有三项紧后工作，它们的最迟开始时间分别为第40天、第43天和第48天，则工作的总时差为（　　）。

A. 20　　B. 11　　C. 3　　D. 5

6. 网络图中的中间节点（　　）。

A. 既有外向箭线，又有内向箭线　　B. 只有外向箭线

C. 既无外向箭线，又无内向箭线　　D. 内有内射箭有线

7. 建设项目（或标段）所含单位工程全部合格，单位工程优良率不少于（　　），且工程质量评分值不小于85分时其工程质量等级才可评为优良。

A. 90％　　B. 85％　　C. 80％　　D. 70％

8. 在工程监理过程中如何控制工程质量（　　）。

A. 被动控制　　B. 强制控制

C. 主动控制　　D. 除主动控制外也应辅以被动控制方法

9. 支付必须以（　　）为基础。

A. 工程质量　　B. 工程进度　　C. 工程计量　　D. 工程量清单

10. 工程项目总进度计划应在（　　）阶段编制。

A. 前期决策　　B. 设计前准备　　C. 设计　　D. 施工招标

二、多选题（每题1分，共40分）

1. 在工程监理过程中下面哪能说法是正确的。（　　）

A. 工程监理的行为主体是施工单位　　B. 业主和监理是合同关系

C. 业主和承包人是合同关系　　D. 监理和承包人没有关系

2. 公路工程监理过程中应该抓住(　　)关键性的问题。

A. 明确监理工程师的职责　　B. 强化其在工程管理中的地位

C. 充分发挥监理工程师作用　　D. 为承包人当好参谋

3. 工程建设过程中,施工监理的依据包括(　　)。

A. 国家法律、法规　　B. 业主和承包人签订的承包合同

C. 设计图纸　　D. 建设市场的要求

4. 公路工程建设有(　　)特点。

A. 建设周期短　　B. 涉及面广

C. 需协调配合　　D. 强调政府、社会和企业质量保证体系

5. 全面质量管理体系在 P 阶段(　　)。

A. 分析原因,找出存在的问题　　B. 分析产生问题的各种原因或影响因素

C. 找出主要的影响因素　　D. 研究处理措施

6. 工程建设承发包结构模式有(　　)

A. 平行承发包　　B. 施工总分包　　C. 工程项目总承包　　D. 施工分包

7. 监理工程师的职责与权限下列哪些说法是正确的(　　)。

A. 向承包人技术交底

B. 有权拒绝用于工程的材料、设备

C. 有权利用施工单位的测试仪器设备

D. 督促业主及时履行合同规定的各项责任

8. 总监理工程师为保证工程质量,可对(　　)等情况下达停工令。

A. 擅自采用未经认可或批准的材料　　B. 擅自将工程转包

C. 未经检验即进入下一道工序　　D. 工程出现质量下降征兆

9. 风险控制对策中基本对策有(　　)。

A. 风险控制　　B. 风险自留　　C. 工程投保　　D. 风险转移

10. 主动控制与被动控制的(　　)。

A. 控制对象不同　　B. 纠正方式不同　　C. 调整时机不同　　D. 控制后果不同

11. 工程项目三大目标的对立关系表现在(　　)。

A. 提高质量标准就增加投资

B. 提高质量标准就延长工期

C. 提高质量工程不返工,相当于缩短工期

D. 缩短工期,项目提前动用增加效益

12. 进度调整的主要方法有(　　)。

A. 调整关键工作的持续时间　　B. 改变工作间的逻辑关系

C. 改变子项工作的持续时间　　D. 利用非关键工作的总时差

13. 在工程施工过程中,承包单位提出工程延期的条件有(　　)。

A. 监理工程师发出的变更令而导致工程量增加

B. 对合格工程的剥离检查

C. 施工方案失当

D. 施工图纸未按时提供

14. 工作之间的逻辑关系包括(　　)。

A. 工艺关系　B. 紧前关系　C. 紧后关系　D. 组织关系

15. 监理工程师审查进度计划的内容为(　　)。

A. 工期和时间安排的合理性　B. 施工准备的可靠性

C. 计划目标与施工能力的适应性　D. 各项施工方案和技术水平相适应

16. 工程项目质量的内涵应包括(　　)。

A. 工程项目的实体质量　B. 分项工程质量

C. 分部工程质量　D. 单位工程质量

17. 材料选择和使用不当均会严重影响工程质量或造成质量事故,为此针对工程特点,根据材料的(　　)等方面慎重地选择材料。

A. 性能　B. 品种　C. 质量检验数据　D. 质量标准

18. 质量控制中较常用的统计方法有(　　)。

A. 直方图　B. 排列图　C. 控制图　D. S 曲线

19. 钢筋的一般检验项目包括(　　)。

A. 屈服强度　B. 疲劳强度　C. 延伸率　D. 冷弯性能

20. 下面属于路基工程分部工程的有(　　)。

A. 路基土石方　B. 排水　C. 小型挡土墙　D. 小桥涵洞

21. 基坑检验的内容有(　　)。

A. 基底平面位置　B. 基底高程　C. 承载力　D. 排水

22. 目前公路隧道洞身开挖的方法一般有(　　)。

A. 新奥法　B. 矿山法　C. 沉管法　D. 明挖法

23. 环境保护必须与主体工程(　　)。

A. 同时决策　B. 同时设计　C. 同时实施　D. 同时交付使用

24. 利用世界银行贷款建设的公路项目,应按(　　)程序办事。

A. 按国际招标　B. 国内招标

C. 国内的基本建设　D. 要符合世界银行的

25. 政府监督具有的性质(　　)。

A. 公正性　B. 强制性　C. 全面性　D. 执法性

26. 影响公路工程施工进度的因素,按 FIDIC 管理模式可分为(　　)。

A. 政府行为原因　B. 承包人原因

C. 业主的原因　D. 监理工程师的原因

27. 质量保证体系有(　　)。

A. 政府监督　B. 业主管理　C. 社会监理　D. 企业自检

28. 公路工程投资总额由(　　)组成。

A. 工程费用　B. 公路工程造价　C. 成本费用　D. 营运费用

29. 下面属经济效果评价方法的有(　　)。

A. 投资回收期法　B. 现值法

C. 计算法　D. 收益率法

30. 对于工程项目来说,索赔有(　　)。

A. 费用索赔　B. 质量索赔　C. 时间索赔　D. 违约索赔

31. 工程变更费用的支付依据是(　　)。

A. 工程清单　　B. 工程合同　　C. 工程变更令　　D. 工程变更清单

32. 世界银行采购指南对合同价格调整一般采用(　　)。

A. 票证法　　B. 数据法　　C. 公式法　　D. 推算法

33. 中间支付程序包括(　　)。

A. 中间支付申请　　B. 计量汇总

C. 中间支付申请的审定　　D. 中间支付证书的签发

34. 监理工程师在质量控制中应遵循的原则是(　　)。

A. 以人为核心　　B. 以施工过程控制为重点

C. 坚持"质量第一"　　D. 预防为主

35. 监理工程师对环境因素的控制中,(　　)均属于工程劳动环境的因素。

A. 气象　　B. 劳动组合　　C. 劳动工具　　D. 地质条件

36. 施工阶段的质量监理首先要做好开工前检查,目的是检查(　　)。

A. 是否具备开工条件　　B. 施工组织设计是否符合要求

C. 能否连续地进行正常工作　　D. 开工后能否保证质量

37. 对工程质量事故的发生,监理工程师也要承担间接监控责任因为监理工程师对工程质量具有(　　)。

A. 事前介入权　　B. 事中检查权　　C. 事后验收权　　D. 事故调查权

38. 预备费包括的内容有(　　)。

A. 物价上涨　　B. 器材处理亏损费

C. 设计变更增加的费用　　D. 隐蔽工程重新开挖增加的费用

39. 进度控制的主要方法有(　　)。

A. 技术　　B. 规划　　C. 优化　　D. 协调

40. 锚喷支护的基本要点有(　　)。

A. 钢筋应清除污锈　　B. 钢筋不得外露

C. 锚杆可有适当的外露　　D. 喷射时钢筋不得晃动

三、判断题 (每题 1 分,共 10 分)

1. 监理单位在与业主签订监理合同后,首先要做的是建设监理机构。　(　　)
2. 交通部每五年对监理工程师资格和部批专业监理工程师资格进行复查。　(　　)
3. 工程质量监理是监理工程师对一项工程实行全过程、全方位和全天候的全面质量管理。　(　　)
4. 由于发生质量事故,以不降低质量标准或使用要求为前提,可不考虑造价的影响。　(　　)
5. 柔性路面主要指水泥混凝土作面层的路面结构。　(　　)
6. 环刀法适用于粗粒土。　(　　)
7. 隧道施工中防排水应与永久防排水设施相结合,以防、截、排、堵相结合。　(　　)
8. 隧道施工中,复合式衬砌中防水层的施工在初期支护后即可进行。　(　　)
9. 环境空气质量一级标准总悬浮物年平均为 0.8mg/m^3。　(　　)
10. 验证试验可由承包人选定试验进行。　(　　)

四、综合问答题（每题 15 分，共 30 分）

1. 试论述监理工程师在质量监理、进度监理、费用监理的职责和权限。

2. 某桥梁工程项目建设的承建人提供给监理工程师的施工网络计划如图所示。监理工程师审核中发现施工计划安排不能满足施工总进度计划对该桥施工工期的要求（施工总进度计划要求 $T_r=60$ 天）。监理工程师向承包人提出质疑时，承包人解释说，由于该计划中的每项工作作业时间均不能够压缩，且工地施工桥台的钢模板只有一套，两个桥台只能顺序施工，若一定要压缩工作时间，可将西侧桥台基础的扩孔桩改为预制桩，但要修改设计，且需增加 12 万元的费用。监理工程师提出不同的看法。

经监理工程师审查确认，该桥的基础工程分包给了某专业基础工程公司。在东侧桥台的扩大基础施工时，基础工程公司发现地下有污水管道，但设计文件和勘测资料中均未有说明。由于处理地下污水管道，使东侧桥台的扩大基础施工时间由原计划的 10 天延长到 13 天。基础工程公司根据监理工程师签证的处理地下污水管道增加的工程量，向监理工程师提出增加分包合同外工作量费用和延长工期 3 天的索赔要求。

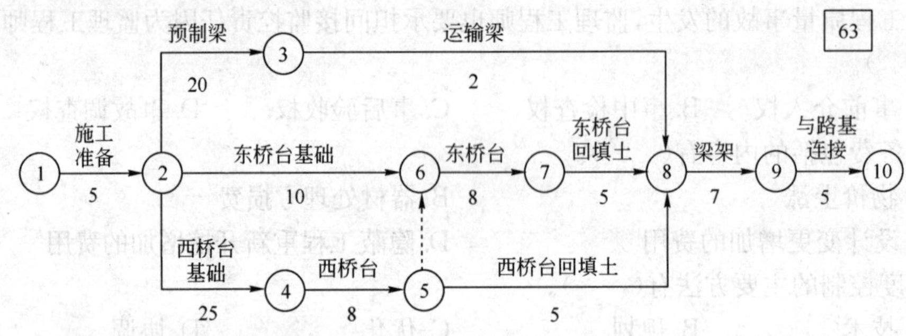

问题：(1)监理工程师应对该桥的施工网络计划提出什么建议？

(2)监理工程师应如何处理上述的索赔要求？

参考答案(略)

附录9 《监理理论》科目考试参考书

1.《中华人民共和国环境保护法》(1989年12月26日　中华人民共和国主席令第22号)
2.《建设工程质量管理条例》(2000年1月30日　国务院令第279号)
3.《建设工程安全生产管理条例》(2003年11月24日　国务院令第393号)
4.《建设工程监理与相关服务收费管理规定》(2007年3月30日　国家发改委、建设部　发改价格[2007]670号)
5.《公路工程施工监理办法》(1992年5月16日　交通部交工发[1992]378号文发布)
6.《公路工程竣(交)工验收办法》(2004年3月31日　交通部令2004年第3号)
7.《公路水运工程监理企业资质管理规定》(2004年6月30日　交通部令第5号)
8.《公路建设市场管理办法》(2004年12月21日交通部发布，交通运输部依据2011年第11号部令《关于修改〈公路建设市场管理办法〉的决定》经修改后于2011年12月13日重新发布。
9.《公路工程施工监理招标投标管理办法》(2006年5月25日　交通部令2006年第5号)
10.《公路建设监督管理办法》(2006年6月8日　交通部令2006年第6号)
11.《公路水运工程安全生产监督管理办法(2007年2月14日　交通部令2007年第1号)
12.《公路水运工程监理工程师登记管理办法》(交通运输部　交质监发[2007]572号)
13.《关于印发公路水运工程监理企业资质定期检验和复查办法的通知》(2007年11月19日　交通部办公厅　厅质监字[2007]246号)
14.《关于开展"监理企业树品牌、监理人员讲责任"行业新风建设活动的通知》(2008年10月30日　交通运输部　交质监发〔2008〕419号)
15.《公路水运工程监理信用评价办法》(2009年1月7日　交通运输部　交质监发[2009]5号)
16.《公路水运工程混凝土质量通病治理活动实施方案》(2009年4月13日　交通运输部　交质监发[2009]174号)
17.《关于开展工程建设领域突出问题专项治理工作的意见》(2009年7月9日　中办发[2009]27号)
18.《关于印发公路工程竣交工验收办法实施细则的通知》(2010年1月27日　交通运输部　交公路发[2010]65号)
19.《公路水运工程"平安工地"建设活动实施方案》(2010年3月12号　交通运输部　交质监发[2010]132号)
20.《关于印发公路水运工程生产安全事故应急预案的通知》(交通运输部　交质监发[2011]6号文件)

21.《公路水运工程监理工程师登记管理办法》(交通运输部　交质监发[2011]572 号)
22. 中华人民共和国标准施工招标文件. 北京:中国计划出版社,2007
23. 中华人民共和国交通行业标准. JTG G10—2006　公路工程施工监理规范. 北京:人民交通出版社,2006
24. 中华人民共和国交通行业标准. JTG F80/1—2004　公路工程质量检验评定标准　第一册　土建工程. 北京:人民交通出版社,2004
25. 中华人民共和国交通行业标准. JTG F80/2—2004　公路工程质量检验评定标准　第二册　机电工程. 北京:人民交通出版社,2004
26. 公路工程施工监理招标文件范本(交通运输部　2008 年 12 月 25 日　交质监发〔2008〕557 号). 北京:人民交通出版社,2009
27. 李治平. 监理概论. 2 版. 北京:人民交通出版社,2007
28. 李宇峙,秦仁杰. 工程质量监理. 2 版. 北京:人民交通出版社,2007
29. 罗娜. 工程进度监理. 2 版. 北京:人民交通出版社,2007
30. 袁剑波. 工程费用监理. 2 版. 北京:人民交通出版社,2007
31. 中国交通建设监理协会. 交通建设工程安全监理. 第二版. 北京:人民交通出版社,2010
32. 中国交通建设监理协会. 交通建设工程施工环境保护监理. 北京:人民交通出版社,2010
33. 公路工程标准施工招标文件(上册). 北京:人民交通出版社,2009
注:大纲中没有列出,但考试内容包含该书的内容。